帝国斜阳

细说晚清七十年

Fall of
the Qing Empire

雷颐 著

中国出版集团

东方出版中心

图书在版编目(CIP)数据

帝国斜阳：细说晚清七十年 / 雷颐著. -- 上海：
东方出版中心, 2025.9. -- ISBN 978-7-5473-2733-3

Ⅰ. K252.07

中国国家版本馆 CIP 数据核字第 2025U0A385 号

帝国斜阳：细说晚清七十年

著　　者　雷　颐
策　　划　朱荣所
责任编辑　荣玉洁
装帧设计　张贤良

出 版 人　陈义望
出版发行　东方出版中心
地　　址　上海市仙霞路 345 号
邮政编码　200336
电　　话　021‐62417400
印 刷 者　上海盛通时代印刷有限公司

开　　本　890mm×1240mm　1/32
印　　张　13
字　　数　266 千字
版　　次　2025 年 9 月第 1 版
印　　次　2025 年 9 月第 1 次印刷
定　　价　78.00 元

PREFACE

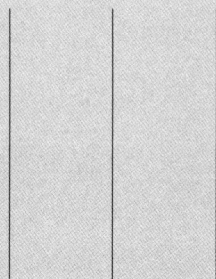

1867 年的一个夏夜，时任两江总督的重臣曾国藩与幕僚赵烈文聊天时谈到时局，忧心忡忡，不知清王朝还能撑多久。赵烈文回答说："天下治安一统久矣，势必驯至分剖。然主威素重，风气未开，若非抽心一烂，则土崩瓦解之局不成。以烈度之，异日之祸必先根本颠仆，而后方州无主，人自为政，殆不出五十年矣。"就是说，现在"天下"统一已经很久了，势必会渐渐分裂，不过由于皇上一直很有权威，而且中央政府没有先烂掉，所以现在不会出现分崩离析的局面。但据他估计，今后的大祸是中央政府会先垮台，然后出现各自为政、割据分裂的局面；他进一步判断，大概不出五十年就会发生这种灾祸。

对他的判断，曾国藩半信半疑，但历史惊人而准确地应验了赵烈文的预言：清王朝终于在 1911 年"抽心一烂"，土崩瓦解，距 1867 年赵预言它不出五十年就彻底垮台正好四十又四年。

回顾这段历史，清王朝的垮台，很大程度上是由于它自作自受、自食其果。1840 年的鸦片战争，使古老的中华文明第一次遇到了一个名为"现代"的外来文明的挑战，迫使中国带着深深的屈辱开始在通往"现代"的道路上蹒跚而行。然而，中国现代化的道路之所以如此艰难曲折，不仅因为它是外来、被强迫、后发的，更是因为当时的统治者大清王朝在相当长的时间内对这个挑战实际是"现代"开端的意义竟毫无认识，因此不知所措，进退失据，步步被动，一拖再拖，一误再误，最终丧失了主动变革、主动"现代化"的机遇。这种主动权的自我丢失不仅使大清王朝最终覆灭，更重要的是使中华民族追求"现代"的进程被大大延误，屡受重挫。

"船坚炮利"是近代国人对西方列强的第一个感受，身处抗英前线的林则徐对此感受更加深刻，因此提出"师夷长技以制夷"。这本是克敌制胜的常识，也是寻常的治国之道，但林则徐等人却因此受到"溃夷夏之防""以夷变夏"的严厉指责。在外患频仍、内乱不断的近代中国，此点对清王朝能否"永延帝祚"至关重要，但清政府却迟至二十年后才"半心半意"地开始仿造"洋枪洋炮"！之所以说"半心半意"，是因为这场为挽救王朝造枪造炮的"洋务运动"，却遭到当时"主流"的激烈批判和极力阻挠，依然指责这是"以夷变夏"。多的不说，从中国应不应该使用电报的争论，就可看到阻力之大。近代中国外患内乱不断，时时军情紧急，能够瞬息万里的电报无疑是一直身处危境的清政府的当务之急。然而，"电报"却被长期被认为有害。李鸿章在 1865 年首先提出要开办电报事业，却一直不被朝廷批准，最主要的理由竟是电报"用于外洋，不可用于中国"，因为："夫华洋风俗不同，天为之也。洋人知有天主、耶稣，不知有祖先，故凡入其教者，必先自毁其家木主。中国视死如生，千万年未之有改，而体魄所藏为尤重。电线之设，深入地底，横冲直贯，四通八达，地脉既绝，风侵水灌，势所必至，为子孙者心何以安？传曰：'求忠臣必于孝子之门'。借使中国之民肯不顾祖宗丘墓，听其设立铜线，尚安望尊君亲上乎？"在这种逻辑中，电报姓"天主、耶稣"，兴办电报就是入洋教，是背祖叛宗、背叛中国传统文化，中国人架设电线就是不孝，不孝必然不忠，架设电线必然导致不忠不孝，罪莫大焉！直到 14 年后，朝廷准允李鸿章设立电报。

电报之利非常直接，显而易见，根本不需要统治者"高瞻远瞩"即能明白。但如此"直观"之利清政府都看不清，一个"电报"都办得如此困难曲折，诸如行政体制改革、政治体制改革等事，其"好处"非常间接隐晦，需要长时间才能显现，清政府更不可能积极主动进行了。总是在大难之后，如甲午战争、八国联军侵华，才非常被动地作某些"改革"。因为非常被动，因此在"温和立宪"与"激进革命"的最后竞赛中，以彻底推翻清王朝的"激进革命"胜出告终。

"辛亥革命"这些年来几乎成为"激进"的代名词，颇有人对清政府的"新政""立宪"被辛亥革命"打断"而深感遗憾。不经革命的大动荡、大破坏而收革命之实效，当然是值得追求的理想状态，作为一种良好的愿望，更是无可指责。但若强以近代中国的历史来为之佐证，指维新运动和辛亥革命为"过激"，则有违史实大矣。康、梁想通过"明君"自上而下改良，何曾"过激"？其实，人们似乎忘记，被尊为"辛亥之父"的孙中山并非一开始就想"干革命"的，起初也是想方设法上书清政府，想走"改良"路线的。只是在"改良"被拒之后，他才立志走上"革命"一途的。发动辛亥革命的"革命党"无疑是激进的，然而，开始只是人数极少、原本很难成气候的革命党，最后竟能一举推翻清王朝，结束中国几千年的帝制，确实出人意料。这种天翻地覆之变当然有许多深刻的政治、经济、社会的原因，其中还有一个不能说不重要的原因，就是实际上是清政府"制造"了革命党。

　　1907 年初，坚决反对激进革命的立宪派领袖梁启超在与革命派激烈争论后，看到越来越多的人因清政府的所作所为而从"温和立宪"转为"激进革命"后，在《新民丛报》发表了《现政府与革命党》一文，无奈地承认："革命党者，以扑灭现政府为目的者也。而现政府者，制造革命党之一大工场也。"端的是一语中的。

　　纵观晚清历史，每当还有一线希望，还能控制一定局面的时候，清廷总是拒不变化；直到时机已逝、丧失了操控能力的时候，它才匆匆忙忙地被动"变革"。改革愈迟，所付出的"利息"也将愈大。然而清廷对此似乎毫无认识，它总是在下一个阶段才做原本是上一个阶段应做的事情，而且拒不"付息"，不愿再多作一点让步和妥协，完全丧失了变革的主动权，完全是被"形势"推着走，改革的空间终于丧失殆尽。正应宋苏东坡的一段名言："夫言之于无事之世者，足以有所改为，而常患于不信。言之于有事之世者，易以见信，而常患于不及改为。此忠臣志士之所以深悲，天下之所以乱亡相寻，而世主之所以不悟也。"

　　"改革"是当事各方都以理性的态度妥协的结果，只要有一方坚持不妥协，就无法"改革"，社会矛盾必然以"革命"一类的暴力方式解决。一场巨大的社会革命，并不是革命者的主观"激进"造成的。在社会矛盾中，统治者往往居于"主导"地位，革命往往是由上层的种种"极端"触发、造成的。纵观近代中国的历史，清朝统治者根本没有那种审时度势的能力、容纳各方的明智与气度，更没有妥协精神。所以，与其说"革命"是下层"激进"的结果，不如说是被上层的"极端"

逼迫出来的；与其指责下层"过激"，不如指责上层的"极端"；与其呼吁被统治者"告别革命"，不如吁请统治者"放弃极端"、主动改革。

几乎每一场重大的政治、社会变动，人们都会有不同看法。有人赞扬，有人批评；有人肯定，有人否定。但是，比这些"价值评判"，即个人的好恶喜厌更重要、更基础的，其实是认真理清它的来龙去脉，细心爬梳整理复杂纷繁的丝丝缕缕，慢慢解开纠结不清的环环扣扣。一句话，首先要冷静、客观分析它的"原因"。这是几十年学习、研究历史使我养成的"历史性思维"，当然也是本书的主旨。

有必要说明的是，这本书中的文章大都散见于我以前出版的一些书中，而此次将有关内容汇集一处，或更有利于读者对晚清历史脉络的整体把握和理解。

2011 年

新 版 说 明

拙作《走向革命：细说晚清七十年》于 2011 年出版，距今已十五年，不断有读者朋友询问再版情况。承东方出版中心不弃，认为此书十五年后仍有价值和意义，重出此书，改名为《帝国斜阳：细说晚清七十年》。十五年前的旧作仍被读者和出版者"惦记"，深感荣幸，特向读者和出版社表示感谢！新版做了个别增补，其余一仍其旧。

雷颐

2025 年 6 月

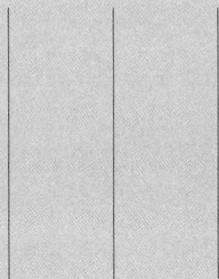

CONTENTS

目 录

第一辑

1840：定势

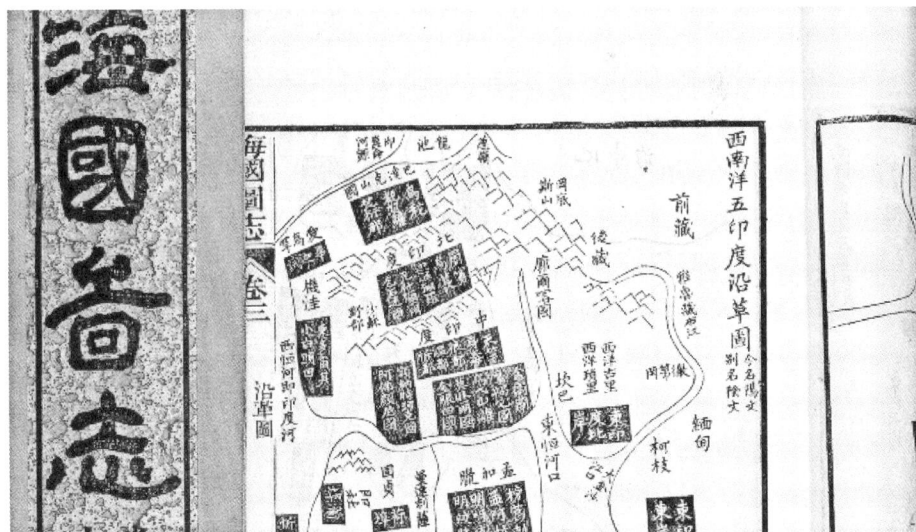

林则徐与"夷夏之防"

　　1839 年 9 月初，距"虎门销烟"已近三个月。三个月来，由于英方不甘就此停止贩卖鸦片，中英矛盾日益尖锐，武装冲突一触即发。负责禁烟的钦差大臣林则徐身处"第一线"，对此感受更深，自然不敢掉以轻心。他与两广总督邓廷桢联名给道光帝上了一道奏折，提出："窃思鸦片必要清源而边衅亦不容轻启，是以兼筹并顾，随时密察夷情，乃知边衅之有无，惟视宽严之当否。"

　　对有可能发生的"边衅"，他颇为乐观地认为中国肯定能够取胜，其主要原因是："夷兵除枪炮之外，击刺步伐俱非所娴，而其腿足裹缠，结束紧密，屈伸皆所不便，若至岸上更无能为，是其强非不可制也。"近一年后，1840 年 8 月初，此时鸦片战争爆发已经两月，浙江定海已被英军攻陷。一直在广东紧张备战的林则徐忧心如焚，再次上折，为收复定海出谋划策。他提出可以利用乡井平民打败英军，收复定海。但他的主要理由仍是英军仅持船坚炮利，而"一至岸上，则该夷无他技能，且其浑身裹缠，腰腿僵硬，一仆不能复起，不独一兵可手刃数夷，即乡井平民，亦尽足以制其死命"。看来，在相当长时间内，林则徐对英国人"腰腿僵硬""屈伸皆所不便"因而"一仆不能复起"这一点深信不疑。

　　之所以会有"英夷"腿不能屈竟至"一仆不能复起"之

说，盖源于乾隆五十八年（1793）年英使马戛而尼（George Macartney）来华以向乾隆祝寿为名想行通商之实，终因不愿行跪拜之礼而不欢而散之事。对一向认为中国是"天下之中"，"番邦"不是"狄"就是"夷"，再不就是"戎"或"蛮"，中国皇帝是"天之骄子"当然也是"天下共主"的"华夏"臣民来说，无论什么人都应向皇帝下跪，不愿向皇帝下跪确实难以理解。合理的解释是，这些"英夷"不是"不愿"向中国皇帝下跪，而是因为他们膝盖压根就不会弯曲，所以"不能"下跪。半个世纪以来，此说流传甚广，林则徐亦明显受此影响。在同代人，尤其是在同时代官员中，林则徐确是对"外面的世界"最为了解之人，倘不能不受此影响，适足说明举国上下当时对"世界"的认识水平。不过，林则徐毕竟识见过人，认为"英夷"腿不能弯曲并非天生如此，而是因其"浑身裹缠""腿足裹缠"。不过，他毕竟深感对外了解不多，迫切需要了解外情，对"沿海文武员弁不谙夷情，震于英吉利之名，而实不知其来历"之状况大为焦虑，所以南下时就带一位在"理藩院"任事、曾在印度受过教育因此会英文的老人随行。到广州后，他又将几名会英语的华侨、澳门教会学校学生招入己幕，在行辕翻译西方书报，以了解"夷情"。今天看来，这是最正常之举，但在当时却饱受非议。因为那些人的职业如洋行买办、引水、通事等在当时是为人不齿的卑微行当，社会地位极低；尤其是他们不是曾经学过"夷文"，就是曾经"事夷"，在当时几被目为"汉奸"，堂堂钦差竟将这等人招至幕中，确难为世人理解。

　　与"夷"接触越多，越感对其了解不够。林则徐对外部世界的历史、地理、制造等各方面的兴趣越来越浓，或许，他已隐约感觉到这比鸦片更重要。他令人将1836年英国出版的《中国人》译成中文，名为"华事夷言"，成为了解"夷情"的重要文献。令人更为诧异而且今天更应该重视的是，林则徐"居然"开始注意到"国际法"，在1839年7月组织了对瑞士法学家滑达尔（Vattel Emericide）的国际法著作《各国律例》的翻译。虽然他仍不曾也不可能放弃中国是"天下之中""天朝上国"的观念，仅仅是从对夷斗争策略"以其人之道还治其人之身"的角度翻译、利用"国际法"的，但这毕竟是中国注意到"国际规则"、与"国际接轨"、开始放弃"天朝"规则而进入"国际社会"的开始！意义确实重大。身处与"夷人"作战前线，林则徐当然要尽可能多地了解"夷情"。1839年底，他开始组织翻译英国人慕瑞（Hugh Murray）1836年在伦敦出版的《世界地理大全》，译名为"四洲志"，对五大洲三十余国的地理、历史、政情作了初步的介绍。这也是近代中国第一部较为系统地介绍外部世界的著作，对近代中国"走向世界"起了重要的启蒙作用。同时，为了克敌制胜，林则徐还组织编译了有关西方近代船舰、火炮的资料，并试图"师夷"仿造。

　　1841年夏秋，已被革职遣戍新疆伊犁的林则徐路过镇江，与好友魏源同宿一室，对榻畅谈。林则徐将编译的有关外夷资料《四洲志》等交给魏源，嘱其编撰成书。魏源不负重托，于《南京条约》订立后不久整理成《海国图志》出版。

　　秉承林则徐旨意编成的《海国图志》是当时最为详尽介绍各国之书，使国人眼界大开。但魏源在此书中仍坚持传统观点，面对现代地理学，他花了许多功夫"考证"出"自古以震旦为中国，谓其天时之适中，非谓其地形之正中也"。即承认中国在地理上虽不居"正中"，但在文明教化、典章制度上仍是世界的中心。但他认识到"狄夷"在形而下的"器物"层面尚有所长，中国可以师法，所以对其先进的制造轮船火炮之术、练兵养兵之法，更有专门介绍，并明确提出要"师夷长技以制夷"。鸦片战争使林则徐、魏源等人对外部世界有了初步客观的了解。

"知己知彼，百战不殆。"这是兵家常识，战争双方无不想方设法了解对方的情况。但在近代中国，这条"常识"却不适用，或者说是不准用。像林则徐、魏源这样仅为了解敌情而编译《四洲志》《海国图志》便被视为大逆不道，认为"知夷""悉夷"本身就是罪过，"堂堂天朝"岂能去了解那些"蛮夷之邦"？他们甚至不得不为"制夷"而"知夷""悉夷"百般辩解，也因为这种不畏浮议、敢于面对现实的勇气，林则徐才被后人誉为近代"睁眼看世界的第一人"。仅仅"知夷"尚且如此，他们提出的"师夷长技以制夷"的政策，则必然遭到更加严厉谴责。

"师夷长技以制夷"是林则徐、魏源的重要思想。这在今日看来是最平常不过的思想，当时却被认为是"溃夷夏之防"，甚至是"以夷变夏"的违禁背俗之作、惊世骇俗之论，受到时论的猛烈抨击，成为"众矢之的"。所谓"溃夷夏之防"就是说"华夏"文化与"狄夷"文化间有一道"防线"，林则徐、魏源等使这条防线"溃败"，用今天的话说就是"破坏中国的文化安全"，最终会导致中国被"夷化"。在这种道德严责面前，林、魏的"师夷制夷"之说"举世讳言之"。林则徐因主战获罪，朝野均有不少人对他深表同情，甚至敢于为其鸣不平，但是愿意或敢为他负上"溃夷夏之防"之罪责而辩解者实在是少而又少，这顶帽子委实可怕。例如，广州士绅梁廷枏是当时极少数对西方有所了解之人，林则徐到广州后曾慕名亲访，咨以战守之事。梁也积极参与禁烟活动并发动当地士绅，获得他们的支持，在许多方面都与林、魏一致。然而，他也批评"师夷"之说是丧失国家体统的奇耻大辱："既资其力，又师其能，延其人而受其学，失体孰甚"；"反求胜夷之道于夷也，古今无是理也"。不知梁氏的批评是出于外在的巨大压力想表明自己要与林、魏"破坏中国文化安全"之罪划清界限，还是内心确实如此认为，但无论哪种情况，都反映出了"师夷"之说面对的巨大压力和孤立无援之境。

对现实的回避，其实只能使现实更加严酷。

结果，对中国人具有启蒙意义的《海国图志》在相当长的一段时间内对中国的影响非常有限，然而这本书传到日本去后却产生了极大的影响，短短几年就再版二十几次，日本朝野正是通过这本书对世界大势有了更多的了解，可以说这部著作对日本明治维新的发生起了相当重要的作用。一部旨在启发中国改革的著作，在自己的祖国备受冷落，却在异邦大受欢迎，启发了异邦的改革，且此异邦反过来不断侵略中国，这不能不说是历史的讽刺，是中国的悲剧。

在随后的岁月中，"师夷长技以制夷"这简单的几个字一直引起激烈争论，虽然赞同与反对双方对"制夷"这一目的其实并无异议。种种流派不论彼此攻讦如何激烈甚至于你死我活，无论是坚守"夷夏之防"，还是主张"彻底夷化"，目的都是为了"救国"，因此本质上都可归于广义上的民族主义或"爱国主义"。但不无遗憾的是，人们往往只将那些严守"华夷之辨"、反对"师夷长技"者视为民族主义或爱国主义。对"师夷长技以制夷"，则抹去其"制夷"的目的后便扣以"变夷""媚外""崇洋""卖国""殖民"等大帽，使其居于道德和政治的绝对否定性境地和劣势地位因而最多只有招架之功，进而自己再倚道德和政治的优势地位对其作义正词严的攻击或批评。这样，在近代思想概念的流变中，所谓"民族主义"便常常带有相当程度的封闭排外色彩，实际应称之为"狭隘民族主义"。近代历史表明，这种"民族主义"对中国真正的繁荣富强起了巨大的阻碍作用，实际误国匪浅，为害甚烈。对此，我们应有清醒的认识和相当的警惕。可以想一想，究竟是杨芳坚守中国传统的"马桶战法"能救中国，还是林则徐的"师夷长技以制夷"能救中国？历史说明，近代中国的些微成就、终未亡国恰恰是许多不同时期、不同程度地主张"师夷"（"向西方寻求真理"）的有识之士不惜负重谤而努力奋斗的结果。或许，这就是所谓"历史的辩证法"吧。

从鸦片战争以后，"溃夷夏之防"或曰"破坏文化安全"就像一个巨大的阴影，阻碍着自林则徐开其端的近代中国的变革。近代中国的种种不幸，清王朝的最终灭亡，都与此大有关系。

"粪桶妙计"与"师夷长技"

　　1840 年 6 月，英国船舰 40 余艘和 4 千余名士兵到达中国广东海面，鸦片战争正式开始。双方打打停停，浙江定海于 7 月初失陷。1841 年元月，广东的大角、沙角炮台又被英军攻占。消息传到北京，道光皇帝慌忙任命皇侄奕山为靖逆将军，户部尚书隆文、湖南提督杨芳为参赞大臣，调集各省军队 17 000 余人开往广东，与英军作战。

　　此时已至古稀之年的杨芳是湖南提督，距广州最近，所以在 3 月初率先带领大批湖南兵勇进入广州。他是贵州松桃县人，行伍出身，曾是林则徐部下。他早年从军，参与镇压湘黔苗民起义，升守备。嘉庆年间，随军清剿川湘陕三省白莲教起义军，又参与镇压河南李文成起义，升甘肃提督。道光初年，历任直隶、湖南、固原提督；在平定张格尔之役中用计生擒张格尔，战功卓著，被封三等果勇侯，加太子太保衔；不久又因平定彝族起义而晋封一等果勇侯。鸦片战争爆发前后，任广西、湖南提督。就在他进入广州之前，虎门炮台失守，英舰驶入省河，广州城直接暴露在英军的炮火下。这时，琦善已被革职，即将押解去京，关天培战死，而奕山、隆文尚未到任，杨芳以参赞大臣的身份短时期主持了广东军务。杨芳武功赫赫，以善战闻名，所以他一到前线广州，当地民众如大旱之望云霓，据说所到之处"欢呼不绝"，当地官员也认为他是一道可以倚靠的"长城"，甚至已被解职但仍居广州的林则徐还特地出面为这位老部下祭旗。

但 3 月 6 日，也就是杨芳到广州的第二天，广州城附近又有两座炮台被英军攻克。时人梁廷枏写的《夷氛闻记》记载，杨芳看到夷舰上的大炮总能击中我，但我却不能击中夷，我方炮台还是在陆地固定不动，而夷炮却处是在"风波摇荡中"的舰船上；我主夷客，种种条件都大大有利于我而不利于"夷"，但夷炮威力远在我炮之上，认定"必有邪教善术者伏其内"，于是广贴告示，"传令甲保遍收所近妇女溺器"作为制胜法宝。他将这些马桶平放在一排排木筏上，命令一名副将在木筏上掌控，以马桶口面对敌舰，驾筏冲去，以破邪术。此事，《粤东纪事》也有记载，杨芳初到广州，"惟知购买马桶御炮，纸扎草人，建道场，祷鬼神"。3 月 18 日，英军进犯，杨芳的这些招数自然完全无用，筏上副将仓皇而逃，英舰长驱直入，杨芳急将部队撤回广州内城，匆忙与英军"休战"。但在给皇上的奏折中，他却文过饰非，反称自己如何用计巧妙、英勇退敌。然而，杨芳在难得的休战期间并不积极备战，而是白天热衷于购买西洋钟表和其他洋货，"夜则买俏童取乐"，有时地方巡捕买不到"俏童"，便只得"将女子剃发，装跟班送进"。

在杨芳主持军务的一个多月间，实际并没有与英军进行过什么较大的战斗。4 月 14 日，奕山、隆文与新任的两广总督祁贡同时到达广州。奕山等也实际"不知兵"，仍依靠杨芳出主意。几仗之后，清军大败，奕山等于 5 月末与侵略者议和，签订《广州和约》。在求和谈判中，杨芳很是积极，曾亲至城上与英方讲和，对英方要求悉数答应，按期交付了他们索取的"赎城费"洋元六百万元。所以《粤东纪事》说自杨芳到广州之后，"未打胜仗，鬼子之毛，未拔一根"，而"至今兵临城下，开库求和，欺君辱国，贻害无穷，此杨芳之大罪也"。

对杨芳的所作所为，当时就有人以诗讥讽道："杨枝无力爱南风，参赞如何用此功。粪桶尚言施妙计，秽声长播粤城中。芳名果勇愧封侯，捏奏欺君竟不羞。试看凤凰冈上战，一声炮响走回头。"（《平夷录·广东·感时诗》）还有人作对联嘲笑琦善、杨芳、奕山和祁贡道："琦侯爷痛哭龙牌，杨参赞广收马桶，奕将军潜师赴敌，祁宫保出示安民。"（《入寇志·省中联语》）

不过，以马桶，尤其是妇女溺器等作为破敌法宝，并非杨芳的发明，而是颇有些年头的传统。其实，杨芳还算"文明"的，因为他并未如传统那样直接以妇女下身面对敌阵。

明万历年间四川播州土司杨应龙造反，巡抚李化龙奉命征剿。据李化龙编撰的《平播全书》记载，当他用火炮轰击敌阵时，杨应龙令数百裸体妇女排立高处，手拿箕器，"向我兵扇簸，而贼锋厉，我兵即以狗血泼之"。在他的记载中，此法似以普遍，因"贼凡遇我兵放铳，即令妇人脱去中衣，向我兵以箕扇之"，果然"炮不得中"。他找到的破解之法是"军中即斩黑狗血洒之，法立破"。明代大思想家、哲学家方以智向来注重方术，所以又被认为是明代的科学家，他的《物理小识》对此事亦有记载。方以智同时还记述崇祯八年（1635）张献忠围攻安徽桐城时，守城官军在城上架炮，张献忠逼迫妇女"裸阴向城"，城上火炮顿哑，但官军立即"泼狗血、烧羊角以解之，炮竟发矣"。方以智认为，这也是自古以来凡铸剑、铸钟、炼丹等都不许妇女在场的原因。据《流寇志》记载，张献忠在围攻安徽滁州时将许多妇女斩首，裸体倒埋坑中，使其阴部露出向城，结果城上大炮不是一放即裂，就是哑不能放。守城官军立取民间粪器挂在墙头，于是"炮皆发""贼大创"。后来，李自成进攻开封时，也以"阴门阵"攻之，守城官军则以僧人裸体站在城墙破之。

清乾隆三十九年（1774），山东王伦白莲教之乱中，教徒围攻临清城，被守军所败，《临清寇略》详记此事。开始时，城上守军向敌军开炮，但并不能命中，敌军仍然向前冲锋。守将叶信将鸡血、粪汁洒在城上，叫来一些妓女在城上以阴门向敌。此招果然有效，一开炮就命中敌兵敌将，临清之围遂解。大学士舒赫德在给乾隆皇帝的奏折中也细述此事，只是他说守军在城上洒的是狗血。

由于其来有自，杨芳在鸦片战争中自然仍用此法宝。甚至几年后，太平军可能也用过此法。鲁迅在《阿长与山海经》中回忆了小时家中女佣阿长的故事，阿长对他说，长毛占城时"我们也要被掳去。城外有兵来攻的时候，长毛就叫我们脱下裤子，一排一排地站在城墙上，外面的大炮就放不出来；再要放，就炸了"。此事使年幼的鲁迅"对她发生过空前的敬意"，因为"这实在是出于我意想之外的，不能不惊异"，"不料她还有这样伟大的神力。从此对于她就有了特别的敬意，似乎实在深不可测"。

直到20世纪初的义和团运动时，团民们也认为女性身体是污秽之物，将攻打不下教堂归因于教堂内许多妇女赤身裸体或手拿秽物站在墙头或骑在炮上，破坏了神拳的法术。当他们火烧教堂或一些店铺延烧到附近民房时，则经常归因于路过的妇女或出门泼"秽水"的女性。因此对女性外出有种种"以防污秽"的限制、规定，有时严禁外出，有时准许外出但必须头戴红布或轿盖红布，有不少不知者无辜被杀。但他们认为由女团民组成的"红灯照"，却有避秽去邪的神功。

这种女性具有破邪魔力的观念，来自传统认为妇女"不洁""肮脏"的深深歧视。在国门大开已久的 20 世纪初义和团还坚信此点，在国门尚未打开的 19 世纪中叶，杨芳在鸦片战争中以"粪桶妙计"御敌便不足为怪了。相反，不能不令人啧啧称奇的却是在此背景下林则徐、魏源能"睁眼看世界"，进而提出"师夷长技"；而他们因此被指为"溃夷夏之防"、有失国体而受到舆论的强大压力，也不足为怪了。愚昧排外、坚持"天朝上国"的妄自尊大观念仍主宰"世道人心"，据当时人记载，由于被"夷"所败，不要说"师夷"，连谈海外之事都成为禁忌："海疆之事，转喉触讳，绝口不提。即茶房酒肆之中，亦大书'免谈时事'四字，俨有诗书偶语之禁。"林、魏的"师夷胜夷"主张，当然更是"犯诸公之忌"而"举世讳言之"。"师夷长技以制夷"在中国近代化"开篇"的遭遇，预示着中国近代化进程的艰难曲折。

"北洋"兴起的历史讽刺

提起"北洋",人们自然会想起"北洋水师""北洋政府""北洋军阀"(甚至中国第一所大学都是"北洋大学堂")等一系列与清末民初政治紧密相联的词,足见"北洋"对近代中国政治的影响之深。而清王朝的覆亡,与其一手打造的"北洋系"却大有干系,这种"历史的讽刺",确令人深思。

欲究事情的原委,还不能不从中国传统观念说起。中国向以位于"天下"之中,文化最为发达、优越的"华夏之邦"自居,四周都是文化、制度远不如中国的"蛮、狄、夷、戎",中国是"天下共主",而周边各国都是中国的"藩属"。在这种"宗藩"关系中,中国皇帝是"天子",有"德化蛮夷""涵养四方"的责任,藩属国要到中国来朝贡,藩属国立新王也要经中国皇帝册封。在鸦片战争之前,中国没有近代意义上的外交观念,自然也没有外交机构。在传统关系中,对外的交往就是"宗主"对"藩属"的管理,所以管理对外交往的机构就是"理藩院"。总之,当时只有"理藩"而无"外交"。

鸦片战争开始后,这种状况不得不渐渐改变。清政府不得不与英、法等国打交道,虽然中国打了败仗,但清政府自认是"天朝上国"的观念还很强,仍视此时的西方列强为传统"狄

夷"，不屑甚至根本不想与之"外交"，所以每当有中外交涉
事件时，由于没有专门机构和专人负责，朝廷总是因事随时择
人办理。但由于中英签订了不平等的《南京条约》，中国被迫
开放了五口通商，中外交涉遽增。"五口"成为外国人从事各
种活动的法定地点，也是中外交涉的法定地点，清政府于
1844 年设置了五口通商大臣，处理这些地方的中外交涉事宜。
传统的体制，开始打开一个小小的缝隙。由于这"五口"都
在南方，广州历来是对外交往较多的地方，所以五口通商大臣
开始由两广总督兼任。但随着上海的开埠，外国人的活动重心
向此移动，因此从 1859 年起改为由江苏巡抚或两江总督兼任，
如李鸿章任江苏巡抚时就兼任通商大臣。设立五口通商大臣，
其目的是将对外交涉局限在"地方"，不让外国人进京，以符
合中国传统体制。而且，从观念上说，这样清政府仍有一种虚
幻的满足感，即中国仍是"天朝上国"，那些"蛮夷之邦"只
能与中国的地方政府打交道，而不能（因根本无资格）与中
国的中央政府打交道。

为了进一步打开中国大门，英、法又发动了第二次鸦片战
争。这次战争又以中国惨败、签订不平等的《北京条约》而
结束，英、法等国取得了公使驻京的权利。对清政府来说，这
可谓体制上的一次巨变。为了适应这种变化，恭亲王奕䜣等于
1861 年初上奏"请设总理各国事务衙门"负责对外交涉事宜，
朝廷颁谕同意奕䜣等"京师设立总理各国通商事务衙门"，比
奕䜣等人的奏请多了"通商"二字，奕䜣于是再次奏请在铸
造关防时，略去"通商"二字，遂改名为"总理各国事务衙
门"。另外，在列强的压力下又增加了许多沿海沿江开放口

岸，长江以南由原来的五口增设为十三口，长江以北新开牛庄、天津、登州三口。清政府于是将原来的五口通商大臣改为"办理江浙闽粤内江各口通商事务大臣"，驻地设在上海，后来演变称之为南洋通商大臣或南洋大臣；在天津新设办理牛庄、天津、登州涉外事务的"三口通商事务大臣"，后来演变称为北洋通商大臣或北洋大臣。南北洋大臣都是为"通商"而设，若依朝廷本意，连总理衙门前也要加"通商"二字，反映出当时把"夷务"与"通商"看成一回事的观念，或者说仍想保持与"狄夷"只有"通商"关系而无外交、政治关系（因其无资格）的名分。

南洋通商大臣从设立之初即由江苏巡抚或两江总督兼任，因此江苏巡抚或两江总督在清政府对外交往体制中占有一席之地。而北洋通商大臣则在设置之初则是专职，专办洋务兼筹海防，而直隶总督不兼北洋通商大臣，因此从体制上说此时直隶总督与外交无缘。由于与北京近在咫尺，再加清廷仍是尽可能将对外交涉活动局限于地方，所以北洋通商大臣在天津设立之初实际就参与了国家外交活动。例如，从 1861 年到 1869 年这 9 年间，清政府与一些国家签订了 9 个条约，而三口通商大臣崇厚参与了 9 个条约的谈判签约，并且签约地都是天津而不是中国的首都北京，有些国家代表到了北京，清政府仍坚持要他们到天津。各国外交人员只能在中国的"地方"活动且主要是与"地方官"打交道，这明显不合国际惯例，引起各国强烈不满，一再要求进京。但清政府为传统观念所围，一直坚持与各国的交涉只能在国门天津而不能在国都北京进行。若想进京交涉，必须先在天津等候，由三口通商大臣先向总理衙门呈报，获得批准后方可进京；如果不经三口通商大臣同意而直接进京投谒总理衙门大臣，则肯定被拒。这些规定或曰惯例，使三口通商大臣实际上深度参与了国家外交。

由于三口通商大臣是专任，因此与直隶总督往往各自为政、相互掣肘，屡有矛盾。所以曾经参与天津教案处理、对直隶总督曾国藩与三口通商大臣崇厚之间矛盾有切身感受的工部尚书、总理衙门大臣毛昶熙于 1870 年 10 月上折，认为独立于直隶总督而设专职办理对外交涉的三口通商大臣彼此难以协调，因而奏请"三口通商亦不必专设大员，所有洋务、海防，均宜责成直隶总督悉心经理"，一如南洋通商大臣之例。11 月 12 日，清廷发布上谕，决定裁撤专任三口通商大臣，照南洋通商大臣之例，由直隶总督兼任。这一改变解决了直隶总督和三口通商大臣各自为政的积弊，大大扩充了直隶总督的职权，其工作重心亦从"省防"转为"海防""洋务"，确立了直隶总督在清政府外交体制中的地位。直隶的府城是保定，三口通商大臣衙署在天津，为解决这一矛盾，上谕规定"将通商大臣衙署改为直隶总督行馆"，直隶总督在天津、保定间轮驻，但可"长驻津郡"，"如天津遇有要件"更不必回省城保定，明定直隶总督驻天津优先于驻保定，为直隶总督处理"海防"重于"省防"提供了另一方面的保证。

恰恰此前不久，李鸿章被任命为直隶总督，因此成为直隶总督兼通商大臣第一人。李鸿章当上"北洋"大臣不久，就开始积极参与一系列国家外交活动。就体制上的承属系统而言，总理衙门设立之后南北洋大臣只是地方上办理外交的代表，为总理衙门所统属，受总理衙门之命主持对外重大交涉，但实际上南北洋大臣尤其是北洋大臣常常是代替总理衙门的总代表。在李的努力经营下，其活动范围迅速扩大，总理衙门几乎办理每一件事都要向他通报，听取他的意见和建议，许多驻外外交人员更是经常向他汇报，听取他的指示，李已俨然成为国家外交全局的主持人。他在天津的官衙渐渐成了清政府实际上的外交部，外国人与他打交道越来越多，反之又进一步提高了他的地位。一位英国外交官说：北洋大臣李鸿章"甚至不想掩盖他实际上是中国的外交大臣这一事实"，"像现在这样组成，这样管理的总理衙门，只不过是李鸿章大学士在天津的衙门的一个分支机关"。

本应承属于总理衙门的北洋大臣现在却超越总理衙门，固然有李的个人原因，更有体制原因。负责对外交涉的南北洋大臣本无兵权，但由于是督抚兼领，所以既有兵权又有地方行政权，自然成为国防、外交上的重镇。而就南北洋的"份量"而言，由于南洋大臣早设约二十年，再加上早期南方对外交涉事件远多于北方，所以早期是"南重于北"；后来由于外交重心北移，北洋大臣更多地参与全国外交，渐渐地"北重于南"。

"北洋系"终成清朝中央政府难以驾控的巨大政治力量，对清末乃至民国政治都影响殊深。晚清政治格局的一大特点是地方势力慢慢崛起，中央政府渐渐大权旁落，此乃清朝灭亡的重要原因之一。造成这种现象的原因固然多多，其中不容忽视的一点即清政府在"欧风美雨"的侵袭中已经风雨飘摇，却仍固守于自己是"天朝上国"的虚幻观念，竟然把"外交"这种最重要的国家政治交与"地方"处理，地方自然要崛起、

"坐大"。许多年后，正是任北洋大臣的袁世凯成为清王朝的重要掘墓人！如此结局，是当初为维护传统"礼制"和"面子"、想把外交局仍限于"地方"而设南北洋大臣的清廷万万没有想到的。历史，确实吊诡。

面对已经深刻变化了的世界，清廷仍然如此愚蠢僵化地固守传统观念、传统意识形态，其最终不亡也难。

"柔远"与"全球化"

"柔远能迩，以定我王"，语出《诗经·大雅·民劳》；"柔远人，则四方归之"则是"子曰"。几千年来，"柔远""怀柔"成为中国统治者理想的驭外、安抚四方狄夷之术。不过何谓"柔远"或"怀柔"，圣人则语焉不详。于是，后世帝王对"九夷八蛮"或抚或剿、或和或战都统称"柔远"或"怀柔"，因中国是"礼义教化之邦"，所以对狄夷的抚、剿、和、战，统统都是"宣我圣教"，"布我德威"。更广泛些说，因中国是位于"天下之中"的"天朝上国"，其他都是蛮夷之邦，因此彼此所有关系在时人眼中都只能是华夏的"柔远"，而无所谓"中外关系"。

这样，近人王之春以编年体形式综述清代自顺治元年（1644）到同治十三年（1874）间中外交涉和与边远少数民族关系的史书，就理所当然地名之为《国朝柔远记》（亦名为《清朝柔远记》）。王之春，字爵棠，亦作芍棠，湖南清泉（今衡南县）人，清道光二十一年（1841）生。他早年入彭玉麟幕，后曾随曾国藩、李鸿章等转战各地，以"文人兼武事"的才干受到称赞和重用，历任广东按察使，广东、湖北、四川布政使，山西、安徽、广西巡抚等职。这种经历不能不使他对"夷务"（后称"洋务"）格外关心留意，大约于光绪五年（1879）撰成此书。他在"自序"中坦承编撰此书的目的是详述有关大小历史事件，彼此得失互证，希望以此得消除隐患，使朝廷能够控制狄、夷，或许有益于国家的长治久安。然而，其完整的刻本迟至光绪十七年（1891）才问世，据他自己说本意不过是自己备忘之用，而未敢问世。然而由于向他借阅者越来越多，苦不暇给，于是决定刊刻发行。真实原因可能是这类介绍外国的书在19世纪70年代的中国不仅不受重视，反而受到抵制，到90年代风气变化，他才敢全本付梓。全书共20卷（含《附编》2卷），跨度230年，但从道光二十年（1840）至同治十三年（1874）虽才35年，这后35年却占了一半以上的篇幅，可见鸦片战争后这35年间的"柔远"远胜于此前的195年。不过问题便由此而来：在前190余年间，我中华"天朝"对"外藩"的政策是，如果它对天朝俯首称臣，自然优待；如果它气焰嚣张、不服"天朝"的管，"则罚灭之"，在理论上无论是优待还是罚灭，都可说是"柔远"；而后35年却是国势凌夷，列强侵逼，割地赔款，丧权辱国……所有这些明明是被人蹂躏，如何能说是"国朝"的"柔远"呢？对此，书前彭玉麟、谭钧培、卫荣光、俞樾、李元度等人所作之"叙"却有详细的分说，读来饶有趣味。

彭玉麟为湘军勇将，武功赫赫，但他在"叙"中却用《尚书》中的理论，说只有"柔"才是最完美的"不易之经"。因此，只有自身的"柔"并不够，而且要以"柔"让别人归顺自己，以自己的诚信使归附者也变"柔"，和蔼可亲，就是以"柔"制胜。所以要推崇的，是以和顺可亲来感化狄夷的"犷悍桀黠"本性。读完这本书，他"穆然仰见列祖神宗声教"传到全世界，不禁盛赞"盖自文、武以后，柔远之政未有若是之尽美尽善，可以行久远而无弊者"。自周文王、周武王之后，中国历朝历代的"柔远之政"竟没有晚清"尽美尽善"！不过，他只是自说自话地泛泛而论，并未论证为何遭受列强侵凌以来的柔远之政是文、武以后的"尽善尽美"之政。

对此，曾任云南巡抚的谭钧培在"叙"中则明确用《易经》中"惟圣知几，亦惟圣因天""知几其神乎"的理论，说早在康乾时期，康熙皇帝和乾隆皇帝就看到"天"要合四海为一家的端倪了。所谓"几"是指事物运动微弱的苗头，只有圣人才能洞察。也就是说，中国遭列强侵凌的实质是"天之欲合四海为一家"，康乾盛世时"天下承平"的中西交往只是这种四海一家的开始，康熙、乾隆才刚刚有所觉察，而外患日甚的咸丰时期却是"天"要中国降服狄夷的正式过程。道光、咸丰年间虽然列强不断入侵，京师曾为英法联军攻克，皇家园林圆明园亦为其焚毁，但若对此作深刻细致的研究，这恰是上天赐给的由中国来同化世界的良机，这部《柔远》记述的便是"四方"归化"中国"的历史，所以要"极深研几以承天贶"。

鸦片战争打破了中国的闭关状态，使中国的大门被迫打开。面对此一局面，曾任江苏巡抚的卫荣光则从"历史"中寻找根据，认为今日的列强就是昔日《禹贡》《周官》中所说的"九夷八蛮"，仍是中国属臣。在他的论述中，列强之所以要以船坚炮利翻山越岭、跨洋过海一路打来，原来是为"我朝"圣主的道德、声望折服，都是来接受指教，将要仿效中国"德政"的，于是四海一家，"如天君泰而百体从令"。列强竟是为听从"天朝"君王的命令而来。

俞樾是晚清著名学者，他认为此书意义深远，读后不禁叹服"天道"宏伟、覆盖一切，"而我国家所以长驾远驭、陶六合为一家者，其将在此乎"！他更是断言当今世界分为五大洲即印证了中国上古的"大九州"之说，但推出上古的"大九州"并不是他的目的，他的目的是要说明在神农以前，世界（天下）是由中国统治的。自神农以后，天下分裂，"中国"只是神州内的小九州。但天下大势合久必分，分久必合。现在列强不远万里来到中国，就是为了使世界再恢复到神农氏以前由中国统治"大九州"即全世界的状态，中国君王将重为"大九州"之君。因为西方的"长技"只是"末技"，只有中国的文化才是世界的根本。所以，他极为乐观地认为这部《柔远记》的出现便是这种世界重新由中国"大一统"的先兆。

所谓"本"，自然是指孔孟之道。曾入曾国藩幕，后任云南按察史、贵州布政使等职的李元度写道："尧舜孔孟之教，为天地立心，为生民立命。"这是万世不变的。因此，中国现虽遭西方诸国侵略，但他们的文化价值观不但不可能"夺吾尧舜孔孟之席"，恰恰相反，尧舜孔孟之教将在西方各国盛行，此时便是这一时代的开始。因为上古时代西方各国不通中国，又相去数万里，所以他们不知道有圣人，未能得到中国圣人的教诲。他们发明铁路、轮船，就是为了前来中国接受教诲。他把洋人的特性概括为残忍、机巧、强梁、阴险、狡猾、忘本、黩武、专利、奢侈、忌刻，这十大特性条条都深犯"天忌"。但是，天心仁爱，圣人有教无类，要把孝悌忠信从中国恩赐给这些毫无文化的"蛮貊"。今天西方列强侵华，恰是上天诱使他们进一圈套，他们为了通商得利都来到中国，于是"渐近吾礼义之教，自当幡然大变其故俗"，所以我们不必担心西方的"教"将"夺吾尧舜孔孟之席"，结果必然是他们"幡然改从尧舜孔孟之教，然后不失乎人之性，而无犯造物之所忌"。他坚信："吾知百年内外，尽地球九万里，皆当一道同风，尽遵圣教。天下一家，中国一人之盛，其必在我朝之圣人无疑矣！"

经过他们如此这般的一番分说，明明是一部充满屈辱的"被蹂躏"的中国近代史，反却成了一部"国朝""柔远"的丰功伟业记，这种阿Q式妙论着实妙不可言。若用"现代话"来说，他们倒是看到了今日的"全球化"趋势，认识到地球九万里将会有"一道同风"的价值观，但他们坚信最终不仅要用中国文化即所谓"圣教"来实行"全球化"，而且更是由"我朝"即"大清"王朝来实现全球化的价值观。可惜，此书刊行二十年后，不仅"我朝"轰然坍塌，而且君主制——中华"圣教"核心价值观的制度性外化——都被废除。然而百余年来，不识孔孟之道因此没有"人之性"的狄夷并未"幡然大变其故俗"，相反，我"衣冠上国"从政治制度到衣食住行许多方面都在一点点地"大变其故俗"。

有趣的是，虽经百余年历史剧变，此种思想却是香火不绝，近年尤炽。现在有人一方面置史实于不顾，否认中国传统的"天下"观是只有居天下之中的中国才是礼仪之邦，其他邦国都是狄夷蛮貊，有待我"天朝"教化（拯救）的强烈的民族文化、道德优越论。另一方面，他们实际又承继这种民族文化、道德优越论，提出只有中国文化才能够救世界，现在要由中国来为世界制定规则、来"为万世开太平"。凡此种种，与以上诸公的世界将"一道同风，尽遵圣教""其必在我朝之圣人""统大九州而为之君"的种种高论如出一辙。

使清王朝"起死回生"的关键奏折

在镇压太平军的血腥战斗中,以当时十分先进的洋枪洋炮装备起来、由侵略中国的"洋人"组成的武装为清政府立下了汗马功劳。不过,令人奇怪的是,两次鸦片战争外国侵略者给清军以重创,甚至攻下都城北京,迫使大清皇帝仓皇出逃,皇家名苑圆明园竟被侵略者付之一炬,清政府被迫与外国侵略者一次又一次签订不平等条约……清政府与这些侵略者本应有不共戴天之深仇大恨,但曾几何时,侵略者枪炮的硝烟未散、不平等条约的墨迹未干,却突然能"中外和好"以至"借师助剿",昔日之敌成为今日之友!这一切是怎样发生的?具体历史情境究竟如何?在"外患"与"内乱"间,清政府是如何权衡利弊的?对内对外方针发生了哪些改变?这些都须从头说起,慢慢道来。

在对外方面,对洋人有所了解的郭嵩焘、冯桂芬一直就"主和"。郭认为"夷""无意于中国土地民人",而冯更曾明确提出要借兵"俄法"助剿,收复东南。但应者寥寥。而据守东南的一些封疆大吏在太平军的严重打击面前,多次请奏,提议借"夷兵"助剿,认为不如此根本无法剿灭太平军。对此提议,咸丰皇帝勃然大怒,一再强调不许也不需要借"夷"兵助剿,"若借资夷力,使该夷轻视中国,后患何可胜言"。他当然认为最可能进犯京城、最可能推翻清王朝的"外夷"

是最危险的敌人。

1860 年，清政府在第二次鸦片战争中惨败于英法侵略军，清王朝确实岌岌可危：在北方，外国侵略者已将京师攻克，咸丰帝出逃热河；在南方，"天京"久攻不克，太平天国声势仍然浩大，远无"肃清""剿灭"迹象。清政府显已内外交困，走投无路。它的灭亡，几乎已板上钉钉，然而没想到它却又"起死回生"。是恭亲王奕䜣的《统计全局折》使清政府的战略方针发生根本性转变，使其又苟延残喘了半个世纪之久。

咸丰帝在英法联军攻克北京前出逃之际，命恭亲王奕䜣留下负责与英法侵略军议和，这实际是朝廷第一次与侵华的洋人直接打交道，使中央政府对侵略者有了较多的了解。经过一番"谈判"，备受侵略者侮辱的奕䜣终与侵略者"议和"成功，签订了《北京条约》。与侵略者直接打交道，使奕䜣对新的侵略者的认识发生了重大转变。此前，他以为这些"狄夷"与中国以前面临的异族入侵者完全一样，是要将清王朝推翻而自己在中国称帝。现在，他认识到清政府面对的新的侵略者与传统的异族入侵者完全不同，并非要推翻清朝的统治，自己成为新的皇帝，而仅仅是要租界、要开放口岸。一句话——为通商得利！"其意必欲中国以邻邦相待，不愿以属国自居，内则志在通商，外则力争体面，如果待以优礼，似觉渐形驯顺。"他看到北京城被攻破后，侵略军"分踞京城，把守安定门，所有城内仓库及各衙门，彼亦深知，倘有包藏祸心，势必据为己有。乃仅以增索五十万现银及续增各条为请，其为甘心愿和，不欲屡启衅端，似属可信"。在满足了侵略者的这些要求之后，他们竟陆续撤军南返，清廷着实感到意外，对侵略者最终要"问鼎中原"的恐惧、担心和疑虑渐渐打消。对外认识发生这种变化的，不仅仅是奕䜣一人，某些官员和士大夫也开始作如是观。如兵部尚书沈兆霖此时也认为侵略者"以万余众入城，而仍换约而去，全城无恙，则彼等之专于牟利，并无他图，已可深信"，所以"夷人不足虑"。名士李慈铭也认为："窃谓夷以数万里外浮海孤悬之军，长驱入都，据坚城以自便。"中国军队已溃不成军，京津间广大地区都被他们控制，如要侵占土地早就占了，但他们竟"往返请期，惟和是议"，其目的显然不是占地。与前相比，这种对外认识的"新变化"在中央和地方显然已颇有人在，尤其是位居中央、手握大权的恭亲王奕䜣，成为这种观点的总代表。

清廷对侵略者认识的变化，直接导致其对外政策的巨大变化。正是在这种"新认识"的基础上，奕䜣于1861年初与其他几名重臣会衔上了《统计全局折》，正式系统地阐述了这种新认识。此折在回顾了清代"夷祸"之患及《北京条约》签订过程后说："自换约以后，该夷退回天津，纷纷南驶，而所请尚执条约为据。"可见"夷"并不想要大清的土地和人民，故"犹可以信义笼络，驯服其性，自图振兴，似与前代之事稍异"。从此认识出发，他们自然要把太平军、捻军等农民起义军与西方列强对清政府的危害两相比较，得出了如下结论："发、捻交乘，心腹之害也；俄国壤地相接，有蚕食上国之志，肘腋之忧也；英国志在通商，暴虐无人理，不为限制则无以自立，肢体之患也。"以这种分析为基础，自然得出"灭发、捻为先，治俄次之，治英又次之"的结论，并据此重新制定了明确的战略目标。

更为阴狠的是，他们以历史上的"三国"为模式，分析了当下的农民起义军、列强侵略者和清政府三者之间的关系后，提出"今日之御夷，譬如蜀之待吴"，主张联合列强镇压农民起义。他们提出："今该夷虽非吴蜀与国之比，而为仇敌则事势相同。此次夷情猖獗，凡有血气者，无不同声愤恨。臣等粗知义理，岂忘国家之大计。惟捻炽于北，发炽于南，饷竭兵疲，夷人乘我虚弱而为其所制。如不胜其忿而与之为仇，则有旦夕之变；若忘其为害而全不设备，则贻子孙之忧。古人有言：'以和好为权宜，战守为实事。'洵不易之论也。"新的对外基本方针是："就目前之计，按照条约，不使稍有侵越，外敦信睦，而隐示羁縻。数年间，即系偶有要求，尚不遽为大害。"

对这一奏折，咸丰帝于 1861 年 1 月下旬颁发上谕，正式予以旨准施行。这标志着新国策的正式施行，反映出清廷重新冷静审视国内外矛盾后摒除了"感情用事"，其对外基本国策发生了根本性变化。

从维护清政府统治来看，《统计全局折》战略分析确实透彻，提出的具体建议可说是"刀刀见血"的狠招。这段历史再次说明，能否因时而变、冷静客观地制定"国际战略"对任何政权都生死攸关。

第二辑

1851：求索

"天国"悲剧

"太平天国"是中国可能也是世界历史上规模最大的一次农民起义，在短短几年内就席卷大江南北，定都"天京"，强烈震撼了大清王朝，几乎将其推翻。太平军的"兴"，无疑是清政府腐败专制逼迫农民"不得不反"的结果，但如此浩大、轰轰烈烈的农民运动，最终仍然失败，原因多多，但最根本的还是其自身迅速、严重的腐败。

内 讧

从 1851 年"金田起义"起，太平军一路势如破竹，大败清军，不久就攻占武汉三镇，随后挥师沿江东下，在 1853 年 3 月攻克向有虎踞龙盘之称的南京，并在此定都，改称"天京"。

定都天京之后，虽然太平军的北伐失利，但其他军事行动却胜仗连连，尤其是 1856 年春夏，太平天国在军事上取得了一系列辉煌胜利。在江西，太平军控制了全省五十二个州府；在湖北，西征将士保卫武汉，打退清军一次次围攻；更重要的是，在天京外围，太平军先后击溃长期直接威胁天京的"江北""江南"两个大营，天京终于解围。

但就在这时，天王洪秀全和东王杨秀清的权力之争终于爆发，并发展到血洗天京的地步。"天京内讧"使太平天国由盛转衰，成为它从胜利走向失败的转折点。

洪、杨矛盾由来已久，与太平天国"政教合一"的体制有极大关系。洪秀全早年自视极高、抱负极大，但偏偏屡试不售，在失意、彷徨、痛苦和憎恨中于 1843 年与冯云山等创立"拜上帝会"。洪秀全从一些基督教小册子中得到启示，认为只有创造万物、主宰一切的上帝是独一真神，人们所崇拜的其他一切对象都是"邪魔"，必须斩尽杀绝。他宣称自己是上帝的次子、天兄耶稣之弟，受上帝之命下凡"斩邪留正"。不久，他与冯云山来到偏僻的广西山区传教，信者甚众，准备发动起义。但就在紧张准备起义之时，冯云山却在 1848 年初被捕，洪秀全急忙奔走营救。拜上帝会一时群龙无首，会众内部发生混乱，面临分裂瓦解。这时，以烧炭为业的杨秀清急中生智，利用当地流行的代鬼传话习俗，忽然口哑耳聋，不吃不睡，假托"天父上帝"下凡附体，怒责动摇分子，要广大会众遵守天父之命跟随"万国之主"洪秀全斩妖杀魔。杨秀清"代天父传言"，以天威神力稳定了众心，对维系拜上帝会组织起了重要作用。洪秀全营救冯云山归来后，肯定了杨秀清在关键时刻挽救拜上帝会的功绩，承认"代天父传言"的合法性，承认他受天父特差下凡的地位。这样，太平天国就出现了"一朝二主"的现象。在政治上，洪秀全是天王，是一国之主，称"万岁"；杨秀清是东王，位极人臣，居于洪下，称"九千岁"，洪、杨是君臣关系。但在宗教神权上，洪只是皇上帝次子，而杨却是皇上帝（天父）的代言人，杨秀清的地位反高于洪秀全，这实际剥夺了洪秀全是上帝在人间唯一代表的资格，由于太平天国实行的是"政教合一"的体制，所以这实际上成为对洪秀全在现世权力来源（合法性）的潜在挑战。因此，这种政治上的君（洪）臣（杨）关系和宗教上的父（杨）子（洪）间的矛盾，使洪、杨关系一直十分微妙，为以后的分裂埋下隐患。

　　由于杨秀清有卓越的组织、指挥才能，在永安建制封王时，杨秀清被封为东王，而且"所封各王俱受东王节制"，地位高于其他各王，仅在洪下。不过，由于在神权上杨高于洪，在战斗中杨曾屡次以"天父下凡"鼓舞士气确有实效，所以杨秀清常以"天父下凡"的名义斥责洪秀全。洪秀全虽知这是骗局，但也无可奈何，只能假戏真做，因为神话一旦被揭穿，连自己也被否定。定都天京之后，洪秀全闭在深宫，耽于享乐，荒于政事，杨秀清更是不可一世，屡为无谓小事斥责、羞辱洪秀全，借以树立自己的权威。如1853年12月，杨秀清曾以洪秀全虐待宫内女官为由，赶到天王府以"天父下凡"的名义当众怒斥洪秀全："尔有过错，尔知么？"洪秀全立即下跪回答："小子知错，求天父开恩赦宥。"杨继续怒喝："尔知有错，即杖四十。"众人一再替洪求情，杨仍下令杖责，直到洪秀全俯伏在地表示愿意受杖才算罢了。有时深夜杨秀清突往天王府，因朝门紧闭数重，洪秀全迎候稍迟，杨秀清就以天父之名要怒杖洪秀全，洪只得跪求："求天父恩赦小子迟延之罪！"对天王尚且如此，杨秀清对其他诸王大小官员更是任意打杀。久之，形成许多重大战略和政策都由杨秀清决定，一些典章制度由他改定，大权也由他总揽的局面。

　　1856年8月，天京外围敌人威胁解除不久，实权在握的东王杨秀清又假托天父下凡，将天王洪秀全召到东王府，逼洪秀全封他为"万岁"，洪只得答应："东王打江山，亦当万岁。"杨又逼问："东世子岂止是千岁?"洪又回答说："东王既万岁，世子亦便是万岁，且世代万岁。"

这样，潜伏已久的洪杨矛盾不能不迅速激化。面对杨的步步紧逼，洪秀全急忙密诏正在江西作战的北王韦昌辉、在丹阳作战的燕王秦日纲立即率部回京诛杀杨秀清。9月1日深夜，韦昌辉率精兵三千赶回天京包围东王府，冲入卧室，将熟睡中的杨秀清杀死。而后血洗东王府，将府中其他官员、卫兵、杨的亲属、仆役等，无论男女老幼，全部杀尽。杀戒一开便难封刀，韦、秦之部又滥杀无辜，仅9月4日就屠杀已放下武器的杨秀清余部五千人，一个多月下来共杀两万余人，甚至婴幼、儿童也不能免，天京城内一片恐怖。

正在湖北战场的翼王石达开听说天京内讧急忙赶回，想要制止韦、秦滥杀。但此时韦昌辉已杀红了眼，不但不听规劝，反而要杀石达开。石达开闻讯慌忙逃出天京，结果，韦昌辉将石达开留在天京的家属满门抄斩。逃出天京后，石达开从湖北调回所部四万精兵攻入天京，斩杀韦昌辉、秦日纲。

经过天京事变，石达开成为众望所归、辅佐朝政的理想人物。但经过这场惊心动魄的事变之后，洪秀全对人更加猜忌，只重用洪氏兄弟，处处防备、排挤、打击、限制石达开。石达开忍无可忍，最后率大批精锐部队出走，六年后终在大渡河被清军围歼。

天京内讧使太平天国元气大伤，而且"天父""天兄"自相残杀，神话开始受到质疑，信念开始破灭，太平天国的基础开始动摇，预示着以后的失败。

腐　　败

"龙廷"还未坐稳，"自家兄弟"就如此互相屠戮，当非偶然，而是腐败空前所致。

在封建社会，反抗统治者压迫的农民战争当然是正义的，但最终不可能建立一个超越封建专制的特殊政权，太平天国也不例外。早在1851年3月，金田起义不久，洪秀全就登基称天王，年末在永安下诏分封五王。在洪秀全旨准颁行的《幼学诗》中，充满了"生杀由天子""王独操威柄"的帝王思想。定都天京后，太平天国的皇权专制、等级制度更是恶性发展。

与历代封建皇帝一样，洪秀全本人也以"朕"自称，经常告诫臣民"天下万国朕无二"，"朕乃天父上帝真命子"，自比"太阳""日头"，臣民遇见天王必呼"万岁万岁万万岁"。"真命天子"当然是世代相传，"爷哥朕幼坐天国"，"父子公孙永作主"。不仅天王世袭，各王也都世袭，从高官到基层官员如两司马也世袭，"世食天禄""累代世袭"，打破了以往封建统治者只袭爵位不袭职位的惯例，可谓有过之而无不及。到了后期，洪秀全不顾汹汹群情，给无功、无才、无德的洪氏族人大肆封王，引起他人强烈不满，互相攀比，纷纷要求封王。后来最高权势者为了敛财，干脆大规模甩卖王爵封号。结果，后来总共封了两千七百多个"王"，形成了一个极其强大的特权阶层，大大加重了平民百姓的负担。

自天王以下，王与各级官员的生活也非常腐化，刚刚入城一个月，敌人威胁还未解除，就开始大兴土木，建造天王府。天王府以原两江总督署为基础，向外扩展十里，每天征用万余民工，拆毁民房万余间。由于建材不够，还把明故宫拆了拿去建他的天王府。宫中金碧辉煌，重殿叠宇，象征九重天庭。金龙殿饰以黄金，绘以五彩，光彩夺目。宫中珍宝无数，在外征战的太平军将领一直源源不断地将各种奇珍异宝运到天王府。天王所用王冠、浴盆、夜壶等许多器皿俱以金造。东王府也同样富丽堂皇，尤其是所藏珍宝，竟超过了天王府。直到后期，大兴土木之风一直未息，如忠王李秀成驻在苏州，一直与敌紧张作战，但忠王府之豪华也令人叹为观止，据说仅次于天王府，直到苏州城破前夕仍在动工，连后来进占苏州的李鸿章都惊叹"真如神仙窟""平生所未见之境也"。其他各王都纷纷修造自己的王府，而驻在外地诸王在天京又都另建有王府，如李秀成、陈玉成在天京建有豪华王府。

封建帝王的后妃制度也为太平天国所继承，也是有过之而无不及。早在永安建制时，洪秀全就有三十六个"王娘"，到天京后有八十八个"王娘"，经常挑选民间秀女入宫，连九岁的幼主洪天贵也分得了四个"幼娘娘"，诸王过生日都要选送美女。因妻妾太多，洪秀全无法记住全部姓名，于是一概编号。天王府不设太监，所以另外还有许多服役的"女官"，各项人数加起来，天王府总计有两千三百多名女性陪侍洪秀全。洪秀全作的《天父诗》是太平天国刊印颁行的"官书"之一，其中相当一部分是他写给嫔妃、女官的告诫条文，如不能高声说话："娇娥美女娇声贵，因何似狗吠城边？"端茶捧痰盂要注意："捧茶不正难企高，拿涎不正难轻饶！"对不会刷牙、化妆者，他讽刺挖苦说："跟主不上永不上，永远不得见太阳！面突乌骚身腥臭，喙饿臭化烧硫磺！"甚至规定："看主单准看到肩，最好道理看胸前；一个大胆看眼上，怠慢尔王怠慢天！""起眼看主是逆天，不止半点罪万千。"只能看他的肩以下，这点实在难以做到，仅凭这点，就可任意处罚嫔妃、女官了。他还规定了十个"该打"："服事不虔诚一该打，硬颈不听教二该打，起眼看丈夫三该打，问王不虔诚四该打，躁气不纯静五该打，讲话极大声六该打，有喙不应声七该打，面情不欢喜八该打，眼左望右望九该打，讲话不悠然十该打！"受罚者胆敢辩护则加重处罚："打开知错是单重，打不知错是双重；单重打过罪消融，双重雪下罪难容！""雪下"是太平军"刀下"的代称。与高官的淫欲无度、耽于女色相反，太平天国对下层和百姓实行的却是严格的禁欲政策，家庭被解散，夫妻分住男行女行，只有经过允准，才能过"夫妻生活"，否则要受到严惩。

太平天国的等级之森严，也是史所罕见。早在永安建制时就明确规定"贵贱宜分上下，制度必判尊严"，君臣上下之间称呼、服饰、舆马等方面都有严格规定，违者要受到严惩。官员朝见天王时必须下跪三呼万岁，见王爵则要下跪三呼千岁。天王出行乘六十四人抬大轿，东王乘四十八人大轿，连基层小官两司马也乘四人抬轿。诸王出行有盛大的仪仗队，所有官民都必须回避或跪道旁高呼万岁或千岁，倘有继续步行者则斩无赦，一些高官也因此受到严惩。

与领导人的严重腐化形成鲜明对照的是，太平天国在所占地区实行的却是一种近于严酷的统治管理，其特点是把军事化组织管理模式推广到民间、社会，其社会结构是以军事组织为核心的军事、政治和社会一元化。

从中央到地方，几乎都是清一色的武职官员，在县以下的地方，其基层组织单位是"两"，每二十五家为一"两"，由"两司马"管理。两司马之上设有卒长、旅帅、师帅、军帅、监军、总制等官职，总制管一郡，相当于清朝统治时期的府。一个县约分五军，一军一万三千一百五十六家，每家出一人为伍卒，组成一军，寓兵于农，"有警则首领统之为兵，杀敌捕贼；无事则首领督之为农，耕田奉尚（上）"。由于土地归公，所以农民生产出来的粮食除自留口粮外，一切都要上缴，由两司马支配，甚至农民的生活也要受两司马的监督和支配。这种政策遭到农民的强烈抵制，农业生产受到严重破坏。

在所控城市，太平天国更是强令推行"军事共产主义"，最重要的一点就是解散家庭。如进入武昌后，就把居民按性别、年龄分馆居住，开始以十人为一馆，后来以二十五人为一馆，有专人管理。定都天京后，完全废除私有制，也是将居民按性别分别编入男馆女馆、男营女营，夫妻不得同居，居民原来的财物全部没收归"圣库"，生活必需品由圣库按定额供给。60岁以上老人和16岁以下儿童入"牌尾馆"，男性青壮年则住"牌面馆"，其任务除参加战斗外，还包括从事体力劳动，有手工业技能者进入诸营与百工衙、天茶衙、豆腐衙、酱人衙……在监管之下从事集体生产劳动，产品不经过市场交换直接入圣库分配，生产者除按定额分配的衣食外也别无报酬。按照"天下人人不受私，物物归上主"的原则，一切私营商业资本全被没收，个体小商贩也不例外，"铺店照常买卖，但本利皆归天王，不许百姓使用"。经商所获利润全部上缴圣库，商业实际被完全废除。女馆则不分年龄，在监管之下参加各种诸如抬砖运瓦、收割拾柴一类的劳动，善女红者则编入锦绣营。丈夫到女馆探妻只能在离门数步之外问答，而且声音必须洪亮，让大家都听见，以防说"私房话"。

这种把社会变成"大兵营"的做法完全违背常理，遭到各式各样的抵抗，生产受到破坏，物资极度匮乏，粮荒日益严重。为保证这些政策的贯彻实行，执政者只能用重典、施严刑，把苛刑重罚作为治国基本手段，结果是滥施刑罚，人人自危。

各类刑罚千奇百怪，从杖责、鞭笞到熨斗烙背、跪火链、缠火链、斩足、挖眼等，死刑有斩首、五马分尸、点天灯、凌迟等。如燕王秦日纲的牧马人因见杨秀清的"同庚叔"时没有起身而失礼，被那个同庚叔怒打二百鞭后又被杨秀清处以五马分尸的极刑，秦日纲被杖一百，掌管刑部的翼王岳丈黄玉昆被杖二百。有次参护李凤先路遇兵部尚书侯谦芳时没有让路，也被处死。盛夏时，天京酷热难当，男营女营中都有人因头上生疮或生虱而剪发，结果被指为"通妖"，被施以腰缠烧红铁链或用烧红铁钎刺入股内的酷刑。百工衙内的工匠如果争吵斗殴、逃走被捉甚至寄宿他馆，都要被斩首处死。有的妇女被怀疑出外与丈夫"野合"受孕，结果竟被剖腹查孕。百姓有若藏金一两、银五两者斩，藏有儒、释、道著作者斩……滥施酷刑，百姓必然怨声载道。

太平天国提出的理想是"天下人人不受私，物物归上主，主有所运用"，"务使天下共享天父上主皇上帝大福，有田同耕，有饭同食，有衣同穿，有钱同使，无处不均匀，无人不饱暖"。要实现这种理想，只能承认要有一个至高无上、公正无私、洞察一切的"上主"来分配这种公正、平等，实际却是更不公正、更不平等，因为"主权者"不受任何监督制约，有权任意使用圣库的公共财产，这必然要走向腐败。在那种没有任何私人财产的"兵营"式社会中，个人最基本的生存用品都完全依赖权力者分配，因此没有任何自由，社会没有活力，更没有创造性，而且军事化社会的等级更加鲜明、森严。

按照一种人工设计的社会模式来建构社会是危险的，设计得越细，危险性越大——如《天朝田亩制度》明文规定每户只能养五只母鸡、两头母猪。太平天国的理想，起码前期，不能说不真诚，但实践的结果却不能不与自己的理想背道而驰。

曾、赵之辩：清王朝到底
还能撑多久？

如果不是曾国藩回乡组织湘军拼死镇压太平军、不是他开启引进西方"船坚炮利"的洋务运动，晚清不可能出现所谓"同治中兴"，清王朝可能更早就寿终正寝了。然而，尽管他对清王朝忠心耿耿、效尽犬马之劳以保其江山社稷，但与机要幕客赵烈文的一次小小论辩，却使他开始忧虑清王朝究竟还能支撑多久、其寿命到底还有多长。在《能静居日记》中，赵烈文详记了他与曾的这次谈话及此后曾国藩对清王朝命运的思索。

只要没有紧急繁忙的军政事务，曾国藩晚上往往喜欢与幕客聊天。同治六年六月二十日，即公历 1867 年 7 月 21 日，时任两江总督的曾国藩晚上与赵烈文聊天时忧心忡忡地对赵说："京中来人所说，云：'都门气象甚恶，明火执仗之案时出，而市肆乞丐成群，甚至妇女亦裸身无裤。'民穷财尽，恐有异变，奈何？"赵烈文回答说："天下治安一统久矣，势必驯至分剖。然主威素重，风采未开，若非抽心一烂，则土崩瓦解之局不成。以烈度之，异日之祸必先根本颠仆，而后方州无主，人自为政，殆不出五十年矣。"就是说，现在"天下"统一已经很久了，势必会渐渐分裂，不过由于皇上一直很有权威，而且中央政府没有先烂掉，所以现在还不会出现分崩离析的局面。但据他估计，今后的大祸是中央政府会先垮台，然后出现各自为政、割据分裂的局面；他进一步判断，大概不出五十年就会发生这种灾祸。

听了赵烈文这番话，曾国藩立刻眉头紧锁，沉思半天才说："然则当南迁乎?"显然，他不完全同意赵烈文的观点，认为清王朝并不会完全被推翻，有可能与中国历史上多次出现的政权南迁、南北分治、维持"半壁江山"的王朝一样。对此，赵烈文明确回答说："恐遂陆沉，未必能效晋、宋也。"他认为清政府已不可能像东晋、南宋那样南迁偏安一隅，恐将彻底灭亡。曾国藩反驳说："本朝君德正，或不至此。"赵烈文立即回答道："君德正矣，而国势之隆，食报已不为不厚。国初创业太易，诛戮太重，所以有天下者太巧。天道难知，善恶不相掩，后君之德泽，未足恃也。"赵的谈话确实非常坦率，他实际上否定了清王朝"得天下"的道德合法性。清军因明亡于李闯、因吴三桂为红颜一怒大开城门而入关，所以"创业太易"；入关后为震慑人数远远多于自己的汉人而大开杀戒，如"扬州十日""嘉定三屠"，所以"诛戮太重"，这两点决定了清王朝统治缺乏"合法性"。而清王朝后来的君王——可能他心中所指为康、乾、嘉——的"君德"固然十分纯正，但善与恶并不互相掩盖弥补，何况"天道"已给他们带来了文治武功的"盛世"，作为十分丰厚的报答，因此这些后来君主们的"德泽"并不能抵消清王朝"开国"时的无道，仍不足补偿其统治合法性的匮缺。对赵从清王朝得天下的偶然性和残暴性这两点否定其统治的合法性的这番言论，曾国藩并未反驳，沉默很久后才颇为无奈地说："吾日夜望死，忧见宗祐之陨。""祐"是宗庙中藏神主的石屋,"宗祐之陨"即指王朝覆灭,曾国藩也预感到清王朝正面临灭顶之灾。

当然,在一段时间内,曾对此问题看法仍十分复杂矛盾。虽然有时承认现在"朝无君子,人事债乱,恐非能久之道",但有时又对清王朝仍抱某种希望,认为现在当朝的恭亲王奕䜣为人聪颖,慈禧遇事"威断",所以有可能避免"抽心一烂""根本颠仆"的结局。而赵烈文则坚持己见,认为奕䜣"聪明信有之,亦小智耳",慈禧"威断"反将使她更易受蒙蔽。要想挽救颓局,像现在这样"奄奄不改,欲以措施一二之偶当,默运天心,未必其然也"。"默运天心"颇有些神秘主义色彩,但在此更可将其理解成为一种"天道"、某种"历史规律",现在局面如此不堪,如无体制的根本性变革,仅靠现在这样头痛医头、脚痛医脚的修修补补,实则无济于事,而奕䜣、慈禧均非能对体制作出重大改革之人,所以清王朝难免分崩离析的命运。

赵烈文端的是富有洞见,不仅对历史大势看得透彻,而且作为一个远离权力中心、根本无法近观奕䜣、慈禧的"幕客",对此二人的判断却准确异常,为以后的历史所证明。奕䜣确是朝廷中少有的开明权贵,近代初期的一些革新措施大都与他有关,因此当时有视野开阔、思想开明之誉;但1898年清王朝救亡图存最大的机会维新运动兴起时,他却坚决反对,证明赵在1867年对他作的仅"小智耳"的论断不虚。慈禧乃至大清王朝以后不断为其"威断"所蔽所误已为众所周知,无须再赘。赵的眼光,确实老辣。

不过,曾对赵的论断仍无法或不愿完全相信,总感到清王朝总还有一线生机，尤其是当不久朝廷下谕依总理衙门奏请，令督、抚、将军对外交问题开诚布公畅所欲言时，曾国藩兴奋异常，认为这是当政者将振衰起弊之兆，清王朝振兴有望，最起码可以像东晋、南宋那样长期偏安。

同治七年七月下旬（1868 年 9 月上旬），曾国藩被任命为直隶总督。由于直隶管辖京城四周，曾国藩终于有机会第一次见到慈禧太后、同治帝、恭亲王奕䜣及文祥、宝鋆等高官，在几天之内四次受到慈禧太后的召见。对此，他当然备感荣耀，直隶总督之职位不仅使他能近距离观察清王朝的"最高层"领导，而且使他能对全国的形势有更多了解，这时他才知道国家的颓败远远超过自己原来的预料，而朝中根本没有可以力挽狂澜之人。同治八年五月二十八日（1869 年 7 月 7 日）晚上，他对刚刚来到保定直隶总督府的赵烈文坦承自己对时局、朝政的失望，对慈禧太后、慈安太后、奕䜣、文祥、宝鋆、倭仁这些清王朝最高统治者的人品、见识、能力、优点与弱点逐一分析点评了一番，分析点评的结果是他们皆非能担当王朝中兴重任之人。他们尚且如此，其余的人更加庸碌无为，曾国藩不禁哀叹清王朝的未来"甚可忧耳"。这种局面正是一个衰朽政权用人制度"逆淘汰"的结果，但反过来，这种"逆淘汰"又会加速这个政权的衰败。最终，他不得不同意赵烈文两年前的论断：清王朝已经病入膏肓，难以救药。

历史惊人准确地应验了赵烈文的预言，清王朝终于在1911 年土崩瓦解，距1867 年预言它不出五十年就彻底垮台时四十又四年；而且，接踵而来的也是赵所预言的长期"方州无主，人自为政"，即军阀割据的混乱局面。当然，曾、赵已分别于 1872 年和 1894 年去世，并未看到自己的预言、预感"成真"。对他们来说，这或许倒是一种安慰。因为虽然预料到清王朝行将就木，他们也只能做大清王朝的孤臣孽子，难有他选。

成大事不能昧于历史大势

1862 年春到上海参与"协防",可说是李鸿章摆脱曾国藩、真正"自立门户"的开始,李鸿章以后的事业即由此"隆隆直上",他以后能手掌倾国之权,实皆由此奠基。为何如此,还须细细从头说起。

太平天国起义后,作为清朝"国家军队"的绿营兵腐朽不堪,简直是不堪一击,相反,倒是曾国藩办的团练、组建的湘军这种"民间武装",在镇压太平天国的战斗中却屡建奇功,于是朝廷开始鼓励地主豪绅大办团练。

1853 年 2 月,太平军从武汉顺江东下,攻占安徽省城,杀死安徽巡抚。这时,安徽地方当局一片混乱,犹如惊弓之鸟,也开始纷纷兴办团练自保。此时李鸿章还在京城当翰林院编修,据说某天他正在琉璃厂海王村书肆访书时,听说家乡省城被太平军攻占,于是"感念桑梓之祸",同时认为投笔从戎、建功立业的时机到来,于是赶回家参与兴办团练。李鸿章以一介书生从戎,无权、无兵、无饷,更无丝毫军旅知识,徒有雄心壮志,所以一败再败,一事无成,曾作诗以"书剑飘零旧酒徒"自嘲,足见其潦倒悲凉的心境。

1859 年初,几乎走投无路的李鸿章在其兄李翰章的引荐下入曾国藩幕。在曾国藩幕中,经过几年戎马历练的李鸿章显示出过人的办事能力,深得曾的器重。不过,心志甚高的李鸿章并未对幕主唯唯诺诺，而是主见甚强，曾因某些建议不为曾国藩所用而负气离开曾幕。不久曾国藩念其才干，修书力劝他重回己幕。而李也认识到离开曾国藩自己很难成大事，于是"好马也吃回头草"，并不固执己见，欣欣然重回曾幕。由此亦可见曾、李二人处世之道的圆熟。

　　1861 年下半年，太平军在浙东、浙西战场连获大捷，直逼杭州、上海。此时上海早已开埠，"十里洋场"中外杂处，富庶繁华，有"天下膏腴"之称。上海受到太平军威胁，官绅自然惊恐万状，于是派代表到已经克复安庆的曾国藩处乞师求援。此时正在倾全力围攻"天京"的曾国藩感到手下无兵可分，于是拒绝了上海官绅的乞求。不过来者知道李鸿章深受曾国藩的器重，于是私下找到李鸿章"晓之以理，动之以利"，详陈上海的繁华盛况："商货骈集，税厘充羡，饷源之富，虽数千里腴壤财赋所入不足当之。"如果上海被太平军占领，如此巨大的财源"若弃之资贼可惋也"。此说利害明显，自然打动了李鸿章，于是他力劝曾国藩援救上海。在他的劝说下，曾国藩亦认识到上海对兵饷的重要，同时想借此争得江苏巡抚这一重要职位，于是决定派兵沪上。经过慎重考虑，曾国藩决定派他的胞弟曾国荃前往，不过考虑到此时湘军兵勇严重不足，又改派曾国荃为主帅、得意门生李鸿章为辅领兵援沪。

　　之所以要派李鸿章前去辅佐曾国荃，并非因为曾国荃能力不行，而是湘军素来只征召湖南人，无论在何处作战，都要经常返湘募兵，长期作战在外，兵源终愈来愈紧，此时很难大量分兵援沪。而曾国藩早就认为徐、淮一带民风强悍，可招募成军以补湘军之兵源不足。李鸿章是安徽合肥人，又是他久经历练的"门生"，自然是回籍募兵援沪的最佳人选。早就想"自立门户"的李鸿章立即抓住这一机会，急忙赶回家乡。要在短期内组建一支军队殊非易事，于是他通过种种渠道，将家乡一带旧有的团练头领召集起来，迅速募兵招勇，加紧训练，短短两月之内就组建起一支有几千人之众、以湘军为"蓝本"的私人军队——淮军。

不料，曾国荃对率兵援沪却是百般不满，因为他一心要争夺攻克"天京"的头功，于是采取种种办法违抗兄命，拒不放弃进攻"天京"而援兵上海。无论老兄曾国藩如何三番五次地催了又催，老弟曾国荃就是迟不动身，无奈之中，曾国藩只得改变计划，仅派李鸿章率淮军前往。这样，李鸿章就由"辅"变"主"，对他来说，这可是改变一生命运的关键一步。

1862年4月初，在曾国藩湘军的支持下，李鸿章率刚刚练成的淮军乘船东下抵达上海；当月底，就奉命署理江苏巡抚，几个月后便实授江苏巡抚。他之所以能如此一帆风顺，端赖曾国藩保举。就在李鸿章在1861年12月赶回家乡办理团练时，曾国藩接到谕旨，奉命调查江苏、浙江两省巡抚是否称职、能否胜任。曾国藩在覆奏《查复江浙抚臣及金安清参款折》中称这两省巡抚均不称职，指责江苏巡抚"偷安一隅，物论繁滋"，"不能胜此重任"，并附片奏保李鸿章不仅"精力过人"，而且"劲气内敛，才大心细，若蒙圣恩将该员擢署江苏巡抚，臣再拨给陆军，便可驰赴下游，保卫一方"。以曾氏当时的地位，他的意见不能不为朝廷重视。因此，李鸿章迅速被任命为巡抚，同时身兼通商大臣。

对曾国藩而言，通过此事将地位重要的江苏行政权力纳入了自己的"势力范围"，使当地的"军政"和"民政"实际统归自己，解决了困扰自己多年的"军队"与"地方"的矛盾。对年近40的李鸿章而言，此事使他成为朝廷的一员大臣，虽然从官制上说仍是两江总督曾国藩的属下，但已摆脱了曾国藩"幕员"身份，顿时豪情万丈，其一生事业"由此隆隆直上"。当然，李鸿章也知道这完全是曾国藩对自己的"栽培"，所以立即致书曾氏深表感谢：这都是您对我多年训练栽培的结果，真不知如何报答，"伏乞远赐箴砭，免丛愆咎"。

近代中国的历史大势证明，"华洋杂处"的上海在近代中国的地位越来越重要，"洋人"在中国政治中起的作用越来越重要。谁能掌控上海，谁就财大气粗；谁能与"洋人"打交道，谁就举足轻重。正是在防卫上海的过程中，李鸿章开始了具体与"洋人"打交道的漫长生涯，也因此他后来才能在政坛上超过"湘系"，成为近代中国最重要的权臣。

显然，就个人权势而言，当时"防卫上海"要比争得"克复天京"的"头功"重要得多。可惜曾国荃拒不赴沪而失此"良机"，足见其昧于历史大势。更显曾国荃短视的是，当他九死一生夺下"天京"后，连夜上奏报捷，结果不仅没有得到清廷的奖赏，反而被清廷严厉斥责。朝廷降谕指责他不应在破城当日夜晚返回雨花台大本营，责备他应对上千太平军将士突围负责。不久上谕又追查天京金银下落，命令曾国藩查清追回上缴。清廷的谕令对曾国荃毫不客气，点名痛斥道："曾国藩以儒臣从戎，历年最久，战功最多，自能慎终如始，永保勋名。惟所部诸将，自曾国荃以下，均应由该大臣随时申儆，勿使骤胜而骄，庶可长承恩眷。"这实际提醒曾氏兄弟，如不知进退，将"勋名"难保，不能"长承恩眷"，暗伏杀机。鸟尽弓藏、兔死狗烹是中国政治传统中屡见不鲜的一幕，曾氏湘军以一支私人军队如此功勋卓著，清廷不可能不对其高度警惕，一定要将其裁撤而后安。显然，对曾国荃来说，当时他的最佳选择应该是去"协防"上海，而将"克复天京"的头功让与他人。但正是曾国荃对历史大势的短视无知，恰恰成就了李鸿章以后的"宏图伟业"。

事实说明，凡成大事者，必不能昧于历史大势。

李鸿章与"阿思本舰队"

——清政府初次试办海军的失败

"船坚炮利",可说是近代国人对西方列强的最初印象。但清政府建设近代海军的过程却一波三折,极不顺利,在近代史上一度沸沸扬扬的"阿思本舰队"事件中,李鸿章配合曾国藩,起了重要作用。透过这一事件,可以看出李鸿章的真实思想,可以看到清政府起初是短视愚昧、不思进取,继而又过于急功近利,亦反映出中外之间的矛盾以及各地方利益集团间的矛盾。而对这些矛盾的处理不当,则是清政府初次试办近代海军失败的重要原因。

在鸦片战争中直接与英国侵略军交战的林则徐深刻感受到近代海军的威力,提出"师夷长技以制夷"的主张,最早提出了建立近代海军的构想。但当时朝野却仍昧于世界大势,还认为中国是位于世界中心的"天朝上国",外国仍是远逊于中国的"蛮夷之邦","师夷造船"有失"天朝"体制,所以不仅安于现状,而且反对买船造船。林则徐提出购买、仿造近代军舰的想法和实践遭到朝野上下的激烈反对,道光帝甚至在林则徐建议造船的奏折上朱批道:"一片胡言。"

林则徐建立近代海军的方案被否定,有名无实、落后腐败、早就不堪一击的绿营水师仍是当时中国唯一的水军。虽然后来在镇压太平天国的运动中,湘军在江南多次与太平军水战,不得不建设水师,但所建仍是旧式水军。第二次鸦片战争时期，英法侵略军从海上进攻，最后直入都城，朝野深受震动，一些人开始认识到近代海军的厉害。随着第二次鸦片战争的结束，出现"中外和好"之局，太平天国成为清政府的"心腹之患"，从19世纪60年代初开始，清廷考虑仿造或向西方购买军舰以镇压太平天国。这时，距林则徐提出的建立近代海军的建议已过去整整20年矣！而就在这20年间，西方的海军发生了飞跃性发展，蒸汽舰已逐步取代帆舰成为海军主要舰只。

清政府准备建立近代舰船的消息传出后，英国反应最为迅速，驻华外交官和其他人员等立刻到总理衙门劝说建造轮船不如买英国轮船。1861年4月，刚刚代理中国海关总税务司的赫德向恭亲王奕䜣建议说，只要花几十万两银子就可从外国买一支舰队，并可请外国军官进行训练。奕䜣为赫德的建议所动，认为曾国藩等提出的造船太慢，缓不济急，于是饬令赫德经办买船事宜。赫德制定了详细计划，实际要花银130万两。对财政长期困难的清政府来说，一百多万两银子确非小数，所以奕䜣一时难以决定，故未上奏。

8月下旬，曾国藩上《复陈购买外洋船炮折》，承认"购买外洋船炮，则为今日救时之第一要务"。"轮船之速，洋炮之远，在英、法则夸其所独有，在中华则震于所罕见。若能陆续购买，据为己物，在中华，则见惯而不惊，在英、法，亦渐失其所恃。"这年冬天，浙江数城接连被太平军攻克，清廷惊慌不已，加快了买船进程。在此期间，赫德一直积极活动，鼓动买船，他知道清政府因财政困难一时难下决心时，便提出可动用关税。主管此事的奕䜣即为此议所动，于1862年1月下旬上奏，称现在"浙江宁波、杭州两府，相继失守，贼势日张，难保不更思窜出宁波，为纵横海上之计"，因此"请饬下江苏巡抚，迅速筹款，雇觅外国火轮船只，选派将弁，驶出外洋，堵截宁波口外，以防贼匪窜逸。并令广东、福建各督抚，一体购觅轮船，会同堵截"。第二天，朝廷就批准了此奏。早无准备，丧失了 20 年时光，现在事到临头、军情十万火急时，才匆匆忙忙想建立近代海军，这就难免要付代价不菲的"学费"。

从 1862 年 2 月起，清政府与赫德开始具体商谈买船的各项事宜。经过一番交涉和讨价还价后，最后确定购买英国制造的中号轮船 3 艘、小号轮船 4 艘，共需银价 65 万两，并经赫德推荐由正在英国休假的中国海关第一任总税务司、英国人李泰国（Horatio Nelson Lay）在英具体经办买船事宜。他早在 1842 年即随父来华，曾任英国驻上海副领事，1857 年以汉文副使身份北上天津，参与与中国钦差大臣交涉修约事宜。1858 年的中英《天津条约》与《通商章程》据说都出自他手，1859 年被任命为海关首任总税务司。这些经历使他总以"中国通"自居，对华态度粗暴。

确定了所买船只的大小、数量与价格后，紧接着就要确定水手、水勇的选配。这个问题事关新舰队的控制权，有关各方都不相让，矛盾骤然尖锐。由于买船的目的是镇压太平军，所以总理衙门起初自然奏明由正与太平军激战的曾国藩"酌配兵丁，学习驾驶，以备防江之用"。但赫德认为，曾国藩不会由他摆布，故反对此议，提出"添配内地水勇人等，应由广东、福建、山东沿海等处，选募生长海滨、习惯出洋、不畏风

涛之人，分配驾驶，可期得力"。他的建议自然得到这些地方
的地方官支持，却遭到曾国藩的强烈反对。曾国藩认为，仍应
维持总理衙门原议，"配用江楚兵勇，始而试令司舵、司火，
继而试以造船、造炮，一一学习，庶几见惯而不惊，积久而渐
熟"。曾国藩位高权重，对他的话，赫德也不能不让三分，于
是提出船上炮手可用湖南人。最后，总理衙门决定由曾国藩
"悉心筹商，妥为配派，不必拘定何省之人，但以熟悉洋面、
能守法度、日久易于驾驭为要议"。这一饬令可谓圆滑，既决
定由曾国藩办理，照顾了他的利益和面子，又要求他"不必
拘定何省之人"，关照了他人的利益。最后，曾国藩决定每船
酌留三四名"洋弁"，其余即配楚勇，以后再参以浙江、广
东、福建等沿海处兵勇。曾国藩的想法是："始以洋人教华
人，继以华人教华人，既不患教导之不敷，又不患心志之不
齐，且与长江各项水师出自一家，仍可联为一气，不过于长
龙、舢板数十营中，新添轮船一营而已。"

但事实证明，曾国藩过于乐观了。

1863 年 1 月中旬，李泰国在英筹建舰队。他推翻了 65 万
两的原议，提出再加 20 万两，经过一番讨价还价后，中方同
意再加 15 万两，共 80 万两。同时，李泰国聘请英国海军上校
阿思本（Sherrard Osborne）为总司令，因此史称"阿思本舰
队"或"李泰国–阿思本舰队"。然而令人震惊的是，身在伦
敦的李泰国未经清政府同意，就擅自代表清政府同阿思本签订
了一份有十三款条目的合同，其主要内容是："中国现立外国
兵船水师，阿思本允作总统四年。但除阿思本之外，中国不得
另延外国人作总统。""凡中国所有外国样式船只，或内地船

雇外国人管理者，或中国调用官民所置各轮船，议定嗣后均归阿思本一律管辖调度。""凡朝廷一切谕阿思本文件，均由李泰国转行谕知，阿思本无不遵办；若由别人转谕，则未能遵行。""如有阿思本不能照办之事，则李泰国未便转谕。""此项水师各船员弁、兵丁、水手，均由阿思本选用，仍须李泰国应允，方可准行。""倘有中国官员，于各兵船之官员、兵丁、水手人等有所指告事件，则李泰国会同阿思本必得详细查办。""李泰国应即日另行支领各员薪俸工食、各船经费等银两，足敷四年之数，存储待用。"

这些条款最重要的内容就是中国政府实际不能管理、指挥阿思本舰队，不仅如此，今后中国购买的军舰、组建的新式海军都归阿思本管理指挥！而阿思本只接受中国皇帝的谕令，实际是只受李泰国指挥，因为中国皇帝谕令只有通过李泰国转达才有效，否则就不遵行！1863 年 5 月，李泰国回到中国，来往于上海、北京之间。在上海，他要求李鸿章由海关提银 12 万两支付船炮欠款和官兵川资，并告诉李鸿章船到之后每月开销将不止赫德曾说过的三万两。他要银 12 万两的要求为李鸿章严词拒绝，李泰国于是大怒说要向恭亲王索要这笔钱款。李鸿章也不示弱，回答说无论怎样也无钱，你能把我怎样？并且颇有些自吹自擂地说自己现有重兵十万，攻克长江上游从未有过外国人援助。若你现在如此要挟，可能会激怒军情，你我不免一战。李泰国当即拂袖而去，而李鸿章也怒不相送。李鸿章感到事情严重，舰队到达后仅日常维持费用海关就难以保证，便急忙将详情函告总理衙门，要总理衙门早作准备："外国弁兵口粮，既非中国兵勇可比，李泰国性情褊躁，索饷甚急，情势汹汹，刻不容缓。目下海关收数太绌，无力承应。若不预为陈明，稍有贻误，致滋他变，则鸿章罪戾更重。敢祈迅速核定分派，请旨严饬各关，按月由税务司扣交李泰国、赫德收用，应免决裂。"义正词严，却又有出于自己利益的考虑，希望各方分摊费用，而不是仅由上海一处负担。几天后，李鸿章再次致函总理衙门。首先，他对李泰国任意加价极其不满，认为"国家度支有节，岂同买菜求添"，恐怕今后李泰国还会不断加价，"将来漫无限制，何以应其所求"？第二，他认为船员应以中国人为主，并且只要是中国人即可，不必分这省那省，而李泰国却提出要以英国人为主，四年内不可更换。他提醒总理衙门，此点与赫德原议不符，应坚持原议。第三，他还对李泰国与赫德两人的人品作了一番比较，认为"赫德人尚平正"，"周旋中外之间，随事尽力，众誉交推"。而"李泰国承其父余焰，权谲百出"，由于参与天津换约谈判，"既狡焉得逞，眼界遂大，气势颇张，其视赫德若辈蔑如也"。李泰国"见赫德渐为中国宠信，稍自树立，既阴忌之，又恐此项兵船谨受中国节制，不能复遂其恣肆，故立意尽反赫德之议，将以困中国而便其私"。他建议总理衙门"仍用原议赫德会同办理轮船一切事宜，即不能专倚赫德而置李泰国于局外。要在处处隐寓抑扬，以重赫德之势而轻李泰国之权"，"赫德此时所以不能置议者，权势不足故也。若中国益倚任之，外国人亦承随其言论所向而左右之，则赫德可复理其原议。庶不致此项兵船落在李泰国手中，为虎傅翼，后患将不可终穷也"。看来，他不仅在处理国家间关系时"以夷制夷"，在处理个人关系时竟也"以夷制夷"。从他对赫德的褒扬有加，可以看到今后赫德在中国政坛将起重要作用。最后，他强调"船中自总理大员以及弁兵舵手炮手人等，须层层节制，倘有违反罪过，不遵调遣，应照中国法律惩治。总之，此项兵船系中国购买雇用，即是中国水师，进退赏罚，应由中国统兵大员及该船管带之中国大员主张。其会带之外国兵官，及办事人等，不得把持专擅。以上各条，仰祈慎之于始，严定章程，明立条约"。显然，李鸿章最关心的是中国政府对此舰队的主权。

在上海与李鸿章争执一番后，李泰国来又到北京，与奕䜣等总理衙门官员反复争论。李泰国一定要清政府认可他擅自与阿思本签订的合同，而总理衙门则认识到这个合同的实质是"一切均归阿思本、李泰国调度。而每年所用经费则以数百万计，并请将各关税务全归李泰国管理，任其支取使用。其意思借此一举，将中国兵权、利权全行移于外国"。所以在谈判中不论李泰国如何"反复抗论，大言不惭"，总理衙门坚持认为："所立合同十三条，事事欲由阿思本专主，不肯听命于中国，尤为不谙体制，难以照办。"总之，此次总理衙门坚持中国一定要有指挥权。经过一个多月的争辩，李泰国自知未经中国政府认可，就擅自签约实在没有道理，于是不得不与总理衙门重新议定《轮船章程》五条，其主要内容是："由中国选派武职大员，作为该师船之汉总统。阿思本作为帮同总统，以四年为定。用兵地方，听督抚节制调遣。阿思本由总理衙门发给札谕，俾有管带之权。此项兵船，随时挑选中国人上船学习。"经费每月供给，统归李泰国经理。

重新议定的《轮船章程》之实质是指挥权在中国，对其能否实现，曾国藩、李鸿章等人均持怀疑态度。曾国藩此时早无起初的乐观，认为"寄谕所示，悉由中国主持，窃恐万办不到，其势使之然也"，"节制之说，亦恐徒托虚名"。甚至提出为挫折李泰国之骄气，"以中国之大，区区一百七万之船价，每年九十四万之用款，视之直轻如秋毫，了不介意。或竟将此船分赏各国，不索原价，亦足使李泰国失其所恃，而折其骄气也"。如此建议虽说荒谬，却说明他认为李泰国压根不会将舰队交给清政府，所以不如干脆白白送给他人。

李鸿章在致总理衙门函中也表示了自己的疑虑。他认为指挥权归中国、中国派人上船学习"名綦正矣，义极严矣"，但"外国人性情，揽权嗜利，不约皆同"，所以欲分其权有"三难"：一是外国水兵有几百人之多，"彼众我寡，一传众咻"，加之语言不通，所以中国官员根本无法指挥。二是"李泰国久在中国，深知虚实"，所以他总是趾高气扬，即便他不从中使坏，阿思本之流也未必听中国调度，若他"再把持唆弄，颠倒是非，更难保统兵大员之不受挟制"。三是洋人"未必肯实心教练，果愿华人之擅长。且其轮船机器、炮火精微，亦非顽夫健卒所能尽得其奥妙"。最后，他语重心长地说："鸿章近与若辈交涉军务，悉心体会，微有阅历，又深知李泰国心术险诈，目前不愿中国人专权，即将来不愿中国人接手。愚虑所及，不敢不为殿下切实陈之。"应该承认，此"三难"确实深中肯綮。

然而，主管总理衙门的奕䜣对李鸿章的意见并不以为然，仍乐观地认为《轮船章程》五条能够实现，中国有可能收回指挥权，故回答李鸿章说："来书论及此事共有三难，崇论宏议，令人钦佩。但本处犹望阁下知其难而制之，不愿阁下畏其难而听之。现在轮船奏明归曾帅及阁下节制调遣，应如何设法钤制，收回在我之权，惟望阁下与曾帅图之也。"

事情果然不出曾、李所料，阿思本于当年9月率舰队驶抵上海，并于9月20日到达北京。到京后便与李泰国一起到总理衙门，坚决要求推翻《轮船章程》五条，双方激烈争辩长达20多天。英国驻华公使布鲁斯也参与进来，公开表态支持阿思本，而总理衙门则以布鲁斯自己曾多次说过"中国兵权不可假与外人"反驳，布鲁斯哑口无言，便请美国驻华公使蒲安臣（Anson Burlingame）出面调解。蒲安臣多次与双方商谈，但双方意见仍无法统一。最后，双方都认为只能将此弁员遣散，舰队驶回英国变卖。又经过一番讨价还价，决定价款归还中国，但中国要支付阿思本和其他兵弁一笔不小的遣返费。总之，这一买一卖，清政府损失了数十万两银子。

这就是清政府初次试办近代海军的命运。

"发威马齐"的意义

　　李鸿章脱离曾国藩独立组建淮军，开始是以曾氏湘军为蓝本的，但随着他身处"华洋杂处"的上海，并且几乎日日与"洋兵洋将"打交道，对西方坚船利炮的认识越来越直观，也越来越深刻，所以不久在许多方面就开始更多地学习西方，引进西方武器，甚至用西法操练淮军。

　　在具体主持"华洋会剿"太平天国的过程中，他真切地感受到西方武器的威力，决定"师夷之长技"以"自强"。早在 1862 年 4 月他抵达上海不久，初次看到西方武器的威力就让他眼界大开，叹为观止。在给曾国藩的信中，他感叹亲眼看到英法军队"防卫"上海与太平军作战的情形："洋兵数千，枪炮并发，所当辄靡，其落地开花炸弹真神技也！"他认为要镇压太平军"惟有多用西洋军火以制之"，于是决心"讲求洋器"，积极设法尽可能以西式武器武装淮军。

　　但当时"讲求洋器"仍是骇世之举，大规模引进西方武器遇到了巨大阻力，甚至一贯讲求"变通""致用"且并不保守的曾国藩由于此时与洋人打交道远不如李多，所以对"洋枪火炮"的认识有限，远不如李鸿章的认识直观、深刻，因此也对李的做法不以为然，去信劝阻，认为带兵治军在"人"而不在"器"。由此，亦可见李鸿章所遇阻力之强大。对此，李鸿章在复信中一方面对"师门"表示尊重，承认"用兵在人不在器，自是至论"，另一方面又表示："鸿章尝往英法提督兵船，见其大炮之精纯，子药之细巧，器械之鲜明，队伍之雄整，实非中国所能及。其陆军虽非所长，而每攻城劫营，各项军火皆中土所无，即浮桥、云梯、炮台，别具精工妙用，亦未曾见。"他还以"贼亦徒震于炸炮之名"说明洋枪洋炮的厉害，然后向曾表明心迹："鸿章亦岂敢崇信邪教，求利益于我。惟深以中国军器远逊外洋为耻，日戒谕将士，虚心忍辱，学得西人一二秘法，期有增益而能战之。""若驻上海久而不能资取洋人长技，咎悔多矣！"对清王朝而言，无论是对内镇压农民起义，还是对外反对列强侵略，学习西方先进军事技术都是生死攸关之举，却被认为是"崇信邪教"，清王朝统治者的颟顸愚昧，由此可见一斑。

　　显然，李鸿章学习西方"坚船利炮"的态度比曾国藩更为坚决。几个月后，他在给曾的另一封信中进一步阐明了必须学习西方的根据："每思外国兵丁口粮贵而人数少，至多以一万人为率，即当大敌。中国用兵多至数倍，而经年积岁不收功效，实由于枪炮窳滥。若火器能与西洋相埒，平中国有余，敌外国亦无不足。"更值得注意的是，他在信中以俄国、日本为例论述学习西方"长技"的重要，说明他的视野已更开阔。而且他还吁求其师曾国藩以自己的威望倡导学习西方："俄罗斯、日本从前不知炮法，国日以弱，自其国之君臣卑礼下人，求得英、法秘巧，枪炮、轮船渐能制用，遂与英、法相为雄长。中土若于此加意，百年之后，长可自立，仍祈师门一倡率之。"

　　李鸿章此时以西法治淮军的具体步骤是以购买外国枪炮为

先，虽然经费紧张，他却不惜重金，想方设法求购较为先进的武器。1862 年 6 月，他的部将程学启组建了一支有百余支来复枪的洋枪队，到当年 9 月，淮军各营就有来复枪一万余支。到 1863 年 5 月，随着淮军的急剧扩张，并有许多门能发射 26 磅炮弹的大炮。为了让官兵尽快学会操作先进武器，他还高薪聘请一些外国军官到淮军教习，教演使用洋枪洋炮。除了用西方武器装备淮军，他还聘请外国军官按"西法"操练军队，一些口令都音译成中文，如"前进"就按英语"forward march"音译成"发威马齐"。虽然"发威马齐"有机械照搬之嫌，但以近代军法操练，其意义实不下于引进洋枪洋炮。

引进近代化武器，自然而然就要逐渐以近代军事训练法练兵，进而引出军制的近代化。淮军源自湘军，本来是以湘军为师，但不久就以洋人掌管的"常胜军"为师，学习现代军事操练和战法，在近代兵器装备和近代军事训练方面迅速超过湘军。所以近人王闿运在《湘军志》中说："淮军本仿湘军以兴，未一年尽改旧制，更仿夷军，后之湘军又更效之。"在中国军队近代化的道路上，淮军引进西方武器、以西法操练，最终超过湘军，是中国军事近代化过程中极为重要的一步。

"华夏中心"与新的世界图式

——徐继畲的命运

在美国华盛顿纪念塔内壁所砌、当时世界一些国家及美国各州所赠的 190 方铸文、石刻中，第十层内壁上镶嵌着一长方形花岗岩中文石碑，碑文为：

> 钦命福建巡抚部院大中丞徐继畲所著《瀛寰志略》曰：按，华盛顿，异人也，起事勇于胜广，割据雄于曹刘，既已提三尺剑，开疆万里，乃不僭位号，不传子孙，而创为推举之法，几于天下为公。
>
> 骎骎乎三代之遗意。其治国崇让善俗，不尚武功，亦迥与诸国异。余尝见其画像，气貌雄毅绝伦。呜呼！可不谓人杰矣哉！米利坚合众国以为国，幅员万里，不设王侯之号，不循世及之规，公器付之公论，创古今未有之局，一何奇也！泰西古今人物，能不以华盛顿为称首哉！
>
> 　大清国浙江宁波府镌　　耶稣教信辈立石
> 　咸丰三年六月初七日　　众国传教士识

在鸦片战争结束后不久刊出的《瀛寰志略》中，身为封疆大员的徐继畲，对"不僭位号""不传子孙""推举之法""天下为公""公器付之公论"的共和体制竟有如此之高的评价，其识见与胆略在当时确属罕见。因为这是对当时居绝对统治地位的皇权神授、万世一系、"朕即国家"、"普天之下，莫非王土；率土之滨，莫非王臣"这种将国家、臣民视为一姓之私的"皇权神圣"观念的挑战。更重要的是，这标志着无论多么痛苦，中国人的"世界观"即将开始改变；无论多么艰难，一个启蒙的时代已经来临。

坎 坷 人 生

徐继畬，字健男，号松龛，乾隆六十年（1795）生于山西五台一官宦之家。生在这种人家，自然是幼读诗书，科举入仕，曾任翰林院庶吉士、编修等职。后又出京任陕西江南两道监察御史，开始了更加实际的从政生涯。道光十六年（1836），徐氏调升广西浔州知府，未及一年又升任福建延建邵道。

其时，正值鸦片战争前夜，中西两大文明的碰撞冲突即将开始。由封闭的内陆来到"文明冲突"前沿的东南沿海，这是徐继畬人生经历和思想历程发生重大转变的开始。

面对日益严重的鸦片灾难，从中央权臣到地方官员无不忧心忡忡。作为基层官员，虽无上奏资格，但他仍写了《禁鸦片论》一文，表明自己的观点。他坚决主张严禁鸦片，但认为目前沿海鸦片泛滥成灾，揆诸现实，防不胜防，所以无法"杜来源"，只能"严吸食"。对吸食鸦片者处以极刑，以禁烟害。

鸦片战争爆发后，为加强海防，徐继畬由闽西北的延建邵道被调至闽东南沿海任汀漳龙道代理道台。漳州离厦门很近，徐继畲到任后便积极备战，以防英军进攻。1841 年秋，厦门被英军攻陷，徐继畲管辖之海澄县也受到英军进攻，由于徐早有准备、指挥得当，加之退潮水浅，未被英军攻克。但是，此番英军的船坚炮利给他留下了极深的印象，虽未能完全明了其意义，朦胧中却也感到这可不是一般的"夷狄"。

战争结束后，徐继畲颇受赏识，短期内几度升迁，于 1843 年被任命为福建布政使，奉命移驻厦门，因其略有"夷务"经验，还要兼办"通商"事务。1845 年他又代理福建巡抚，两年后正式任命该职。

中英《南京条约》规定中国开"五口通商"，其中徐继畲治下的福建就占了厦门、福州这"两口"。这种情势迫使他究心"夷务"，尽其所能地了解"夷情"；同时，也使他有较多的机会接触"夷人"。还是在厦门任福建布政使时，他就结识了美国传教士雅裨理（David Abeel），关系甚洽。一位政府大员与"逆夷"有着良好关系，在当时可谓绝无仅有。这时，他已意识到中国正面临着前所未有的大变局，亟须了解这个极其陌生的外部世界。在与雅裨理的长期交往中，徐继畲学习了大量的各国史地知识；同时，徐氏又向在公务中结识的其他外国人虚心求教，如美国传教士甘明（W. H. Cumming），英国首任驻福州领事李太郭（G. T. Lay）、继任领事阿礼国（R. Alcock）等。当然，这些外国人与徐氏交往的目的各不相同，有的为了传教，有的为了扩大商贸，但徐继畲的目的却很明确，无论与谁交往，都是为了尽可能多、尽可能细地了解外部世界，因为他感到中国传统典籍中对外部世界的描述不仅语焉不详，而且极不可靠。对徐继畬的这种态度，以传教为目的的雅裨理曾颇为失望地说："他对了解尘世间各国的状况，比对获知天国的真理要急切得多。"在公务之余，他的精力几乎全部用于《瀛寰志略》的写作。当时有关的中文资料极少，只言片语都很难得，要广泛搜求才能找到。每见到一个外国人，他都仔细询问海外各情，反复考证、对比，力求准确完备。日复一日，经过五年时间，才于1848年付梓。他回顾写作经历时说："每得一书，或有新闻，辄窜改增补，稿凡数十易。自癸卯至今，五阅寒暑，公事之余，惟以此为消遣，未尝一日辍也。"

但此书"甫经付梓，即腾谤议"，仍沉迷于中国是"世界中心""天朝上国"迷梦中的朝野士夫，根本无法接受一个新的"世界观"。所以，这本带给人们一个"新世界"的著作在痛遭诋毁之后，即被遗忘。直到近二十年后，中国屡遭重创开始兴办"洋务"之时，人们才重新想起这部尘封已久的作品，多次重刻，成为"洋务"人员的必读书。

《瀛寰志略》出版不久，一向"官运亨通"的徐继畬也突遭仕途的巨变，被贬职回家。此事虽与《瀛寰志略》无直接关系，却也是起因于"夷务"，即所谓"神光寺案"或"神光寺事件"。福州是《南京条约》规定的通商口岸之一，条约签订不久，英国就据约在福州设立领事馆。经过一番交涉后，徐继畬同意英国外交人员由福州城外搬入城内，但仍严禁外国其他人员入城居住。道光三十年（1850）夏，一名英国传教士和一名英国医生经侯官县令允许后，在福州城内神光寺租屋居住。徐继畬知悉后一面严斥侯官县令，一面与英人交涉，要求其退租出城。但英国人以有约为据，拒不搬出。这时，被朝廷病免回家的林则徐串联福州的一些绅士要求徐继畬采取强硬手段驱逐英人，甚至不惜募勇、"调兵演炮"。此建议为徐拒绝，他主张"按约理论"，通过谈判等和平的外交手段解决问题，认为"调兵演炮"等强硬手段将扩大事态，甚至引发新的中外冲突。林、徐矛盾一时间十分尖锐，林联络一些福建籍京官和地方大员，接连参奏弹劾徐继畬，语气都十分尖锐。其实，徐继畬对英国人采取的是"明示德意，阴为钳制""以民制夷"的方针。当得知这两名英国人在神光寺租住的房屋十分破旧时，他便下令严禁任何人为英国人修葺房屋。秋冬时节，福州一直阴雨绵绵，英人所住神光寺的房子渗漏严重，难以住人。几个月来，英国人一直雇不到愿意为他们修房的泥瓦匠，不得不于1850年12月搬出城外。事情虽已结束，余波却并未平息。此时，广州民众在一年前发动的"反入城斗争"的胜利使清廷的对外政策发生由妥协到较为强硬的转变，加上咸丰帝刚刚继位，气势仍盛，认为徐继畬对"夷人"的态度过于软弱，终在1851年春免去了徐继畬的福建巡抚之职。与林则徐的激烈冲突，为他的声名长久抹上了一道原不应有的阴影。其实，徐、林之分歧只是策略的不同，二人目的都要"驱夷"，但徐主和缓、林主强硬，这种分歧在相当程度上是因为徐继畬对世界大势有更多、更深的了解，对中、英实力的差距有更为清醒的认识，因此极力避免中外直接冲突。但此后的百余年间，徐、林之间的策略分歧却被说成立场不同，徐继畬一直深蒙"妥协""卖国"之诬。把策略分歧立场化甚至道德化，也是中国政治文化的传统之一。历史证明，这种传统每每于事有害。

回乡之后，徐继畲被聘为山西平遥超山书院山长，以读书授徒为业。

同治四年（1865），清廷政治格局已经发生重大变化，以"自强"为主旨的洋务运动正在兴起，"洋务派"已居举足轻重的地位。最早熟悉"夷情夷务"的徐继畲自然又被朝廷想起，召其回京，以三品京堂在新设的洋务机构总理衙门任职。《瀛寰志略》也由总理衙门于1866年重新刊行，成为近代中国人了解世界的"标准本"。1867年，徐氏出任新成立的培养洋务人才的"同文馆"总管大臣。同年10月，美国驻华公使蒲安臣在离任之前赠给徐继畲一幅美国总统华盛顿画像。在赠画仪式上，徐继畲对华盛顿又进行了热烈颂扬。不久，在华美国传教士在福建制作了一小块花岗岩石碑，碑上用中文镌刻了《瀛寰志略》中对华盛顿的称颂之词，赠给华盛顿国家纪念馆。

1869年，徐氏告老还乡。1873年，距嘉庆十八年他乡试中举整整60年，清廷赏加头品顶戴，似有"补赏"以前对他处分不公之意。同年，他在家中病逝。

中国在哪儿？

中国在哪儿？位居地球上的什么位置？今天看来不成问题的问题，或纯"地理"学的问题，当年却是牵一发而动全身、敏感至极的"政治问题"。《瀛寰志略》当年即因此而被封杀，而后人却因此而盛赞其巨大的启蒙意义。

　　《瀛寰志略》共 10 卷，约 14.5 万字，收图 42 幅，其中只有一幅关于日本和琉球的地图未用西方所绘地图，其余都按西方原图描摹。在当时，这可是大胆的非法之举。但他认为："地理非图不明，图非履览不悉。大块有形，非可以意为伸缩也。泰西人善于行远，帆樯周四海。所至辄抽笔绘图，故其图独为可据……此书以图为纲领，图从泰西人原本钩摹。"在这部著作中，他首先比较全面地介绍了地球的概貌和各大洲的基本知识、经纬度的划分等，然后分别介绍亚洲、欧洲、非洲和美洲这四大洲各国的地理、历史和现状，还介绍了太平洋、大西洋、印度洋及南极的基本情况。可以说，他的著作是当时中国最高水平的世界地理、历史著作，代表了当时中国人对世界认识的最高水平。

　　在这样一幅如实、客观的世界图景中，中国位于"世界之中"的神话自然破灭，"天朝上国"的迷梦也将破碎。对此，徐氏实际已有相当认识，但面对现实却又无可奈何。所以他虽在初稿中明确写道"亚细亚以中国为主"，但在定稿时却心有余悸地将此话改写成"坤舆大地以中国为主"。由"亚细亚"改为"坤舆大地"虽只一词之易，但徐氏内心那种不得已的苦衷，却可从中略窥一斑。还是在此书刻印的过程中，他的同乡好友、地理学家张穆见徐将《皇清一统舆地全图》置亚细亚图之后深感不安，甚为他担忧，急忙致书徐继畲，提醒他应将《皇清一统舆地全图》置于卷首，因为中国传统的"春秋之例"最严内外之词，严守"夷夏之防"，而且"执事以控驭华夷大臣而谈海外异闻，不妨以彼国信史，姑作共和存疑之论。进退抑扬之际，尤宜慎权语助，以示区别"。他特别以明代徐光启等人在此方面未加注意，结果"负谤至今"为例，要徐继畬吸取教训。"负谤至今"的确可怕，徐继畬立即采取张穆的建议，将《皇清一统舆地全图》放在卷首。同时，徐氏在"凡例"中谨小慎微地申明"此书专详域外"，于中国情况"不敢赘一辞"，以避免中外对比。因为"对比"起码意味着可以"并列"，而这是"主流话语"断难容忍的。因此，在介绍亚洲不得不提及中国时，便不得不将中国说成"壤尽膏腴，秀淑之气，精微之产，毕萃于斯。故自剖判以来，为伦物之宗祖，而万方仰之如辰极"的中央之国。尽管他已知道中国实际位于何处，但仍不得不说中国居于"万方仰之如辰极"的地位。的确，诸如"天朝上国""世界之中"这类根深蒂固的社会性观念，并非理性、知识等可轻而易举打破的，面对这种巨大的力量，徐继畬也不得屈从。

而且，《瀛寰志略》并不是一部单纯的地理学著作，它以更多的篇幅介绍了各国的风土人情、宗教社会、政治制度、历史沿革等。从这些介绍的重点和评论中，可以看出徐氏的苦心所在，即向对鸦片战争的意义仍毫无觉察、仍沉迷于"天朝上国"幻觉中的朝野人士呼吁，这实际是"古今一大变局"，中国当前的处境不仅不是什么处于世界之中，而是"求隔绝而不能"，面临"天下从此多事矣"的局面。

在对亚洲、非洲的许多国家的介绍中，徐继畬强调的是其亡国原因和反抗精神。他对文明古国印度沦为英国殖民地的过程作了较为详细的记述，提醒人们注意西藏南界、滇省西界及粤东的安全。苏禄是南洋小国，对苏禄人英勇反抗侵略者的斗争精神，他称赞道："当西班牙、荷兰虎视南洋，诸番国咸遭吞噬。苏禄以拳石小岛，奋力拒战，数百年来，安然自保，殆番族之能自强者哉!"对"南洋"被西方殖民后给中国的安全造成的威胁他忧心忡忡，格外关注，认为"中土之多事，亦遂萌芽于此"。

然而，徐继畬更加关心的是欧美等国是如何强盛的。所以他对欧美诸国作了更加详细的介绍。他认为欧洲"其人性情缜密，善于运思，长于制器……火器创自中国，彼土仿而为之，益加精妙……越七万里而通于中土，非偶然也"。正是这"非偶然"使他对鸦片战争的意义、对当时的世界大势、对西方强盛的原因等诸多方面的认识远远高于当时的其他人。所以，他要探究这"非偶然"，也就是探究西方强盛根本、必然的因素到底是什么。

这种探索使他初步意识到在华夏文明之外还有别种起码是与之相当的文明，所以他对伊斯兰教、佛教和基督教都作了公允的介绍评价。在谈到西方文化源头之一的基督教时，他这样写道："摩西十诫，虽浅近而尚无怪说。耶稣著神异之迹，而其劝人为善，亦不外摩西大旨。周孔之外无由宣之重译，彼土聪明特达之人，起而训俗劝善，其用意亦无恶于天下。"以徐继畬当时的身份，对"周孔之外"的文明能如此公开称赞，确属"骇人之论"。可以说，徐继畬此时已隐约触及文化比较的价值层面，而中国社会是在此大半个世纪之后，历经器物到制度层面的接触比较之后，才触及文化的价值问题。对欧洲文明的另一个源头希腊文明，尤其是雅典政治，他也作了详细介绍，并得出因此"势益富强"的结论。在对古罗马的介绍中，他也强调废除国王之后"选贤者二人，居高爵，立公会以治事。高爵每年一易，由是国无王而势日强盛"。明确说出"国无王而势日强盛"，当时确是石破天惊之论，这本身亦透露出重要的历史信息——新的时代已经来临。

在对欧洲16个主要国家和美国的介绍中，他认识到这些国家富强的主要原因在于"以商为本"，同时，他对闻所未闻的民主政治也抱有浓厚兴趣，因此在这两方面作了大量的评价。应该说，这表现出了徐氏的远见卓识，他的确抓住了事物的本质，更抓住了近代中国的时代课题。

在经济与国家强盛的关系方面他写道："欧罗巴诸国，皆善权子母，以商贾为本计。关有税而田无赋，航海贸迁，不辞险远，四海之内，遍设埠头，固由其善于操舟，亦因国计全在于此，不得不尽心力而为之也。"同时，他多次指出英、荷等国侵略他国的动机是为了牟利："逆夷以商贩为生，以利为命，并无攻城掠地、割据疆土之意，所欲得者，中国著名之马头，以便售卖其货物耳。"以此为框架，他对欧洲许多国家的富强之因一一评述，极力推崇"以商立国"。在长期以农为"本"、以"商"为末的中国，这是极具启发意义的，确是几十年后郑观应等人疾呼"商战"的先声。

作为一名政府要员，他对各国政治自然极为关注。难能可贵的是，他能超越政治、文化和个人身份的限制、偏见，对民主制度情有独钟。在介绍英国政治时，他写道："英国之制……都城有公会所。内分两所，一日爵房，一日乡绅房。爵房者，有爵位贵人及耶稣教师处之；乡绅房者，由庶民推择有才识学者处之。国有大事，王谕相，相告爵房，聚众公议，参以条例，决其可否。复转告乡绅房……乡绅酌核，上之爵房。爵房酌议，可行则上之相而闻于王，否则报罢……大约刑赏、征伐、条例诸事，有爵者主议；增减课税、筹办帑饷，则全由乡绅主议。此制欧罗巴诸国皆从同，不独英吉利也。"在当时，对英国的国会制度、上院和下院的功能能作如此准确的介绍，实属不易。在介绍荷兰的情况时，尤其强调其"税饷颇重，听绅士筹办，王不得专"。他还热情地将瑞士比作中国传统中理想的"桃花源"，该国"推择乡官理事，不立王侯"，"国无苛政，风俗俭朴淳良，数百年不见兵革"，为"西土之桃花源"。将现实中"化外"西方一蕞尔小国比作中国"三代"中"圣人之治"的理想国，在当时也是"冒天下之大不韪"的言论。

在风土人情的介绍中，他对伦敦、巴黎等现代化大都市的繁华胜景都有生动的描绘，特别是对图书馆、大学等公共文教设施的介绍，更使人闻所未闻。他以客观的态度介绍了英国的婚姻自主、一夫一妻制。在男女授受不亲、"父母之命、媒妁之言"、一夫多妻制被视为天经地义，自由恋爱、婚姻自主被视为伤风败俗的当时，他的这种客观而不带批评、谴责性的介绍，本身就被视为伤风败俗。同样，他还以这种客观的态度介绍了英国人晋见国王的礼仪："英俗宾主相见，以脱帽为恭，各伸右手相握为礼。除跪拜天帝救世主外，见君王亦无叩头之礼。"

但是，使徐继畬最为倾慕的，还是一开始就没有皇帝、国王的美国的民主制度。在这部书中，对美国的介绍所占篇幅最大（当时美国并非最强国），对美国当时的 26 个州都逐一作了介绍。特别是对其政治体制，徐氏情有独钟，似乎是他理想中的模式："米利坚政最简易，榷税亦轻。""统领虽总财赋，而额俸万圆之外，不得私用分毫。" 对美国的议会制、总统制，他更是赞不绝口。他之所以如此推崇华盛顿，是因为华盛顿在举兵起义、使美国获得独立后，却"谢兵柄欲归田，众不肯舍，坚推立为国主"，但华盛顿坚持"得国而传子孙，是私也"，"宜择有德者为之"，因此奠定了美国的总统制。而且，正是这种总统选举制使美国开国不久就迅速强大，这种制度使"各部同心，号令齐一，故诸大国与之辑睦，无敢凌侮之者"。当然，他在相当程度上仍是通过儒学的眼光来看待这些的，如认为美国的民兵制"与古人寓兵于农之法暗合焉"，而华盛顿更是"几于天下为公，骎骎乎三代之遗意"。

"张外夷之气焰，损中国之威灵"?

但正是由于这些非常富有启发性的思想，才使他受到种种攻击，如"张外夷之气焰，损中国之威灵"，"轻信夷书，动辄铺张扬厉"，"一意为泰西声势者，轻重失伦，尤伤国体。况以封疆重臣，著书宣示，为域外观，何不检至是耶"！在中国正遭"外夷"侵凌的时候，这种"张外夷之气焰，损中国之威灵"一类的指责无疑最能打动人心、煽起民情。在这种情势下，不仅显出客观介绍，甚至赞扬"夷情"的少数先觉者的识见过人，更显出他们为了国家、社会富强、进步而敢于"负重谤"的勇气之可贵。揆诸史实，正是那种看似极端"爱国"的论调，极大地阻碍了近代中国的思想启蒙，延误了中国的近代化进程，使中国长久沦于被动挨打的境地。而《瀛寰志略》与略早出版的《海国图志》传到日本后，却引起了极大的重视，被多次翻刻，对力图"脱亚入欧"、使日本走向强盛的明治维新起了积极的推动作用。从对这些书、这些人的不同态度中，便可看出中、日两国在近代的不同命运。当一个国家和民族对自己的有识之士不是赞扬、鼓励、学习，而是对其进行打击、迫害，这个国家、民族的前途、命运如何，就不言而喻了。的确，有时一个人的命运能相当准确地预示、反映一个国家、一个民族的历史命运。

只有在经历过一次又一次深创巨痛之后，人们才重新发现徐继畲及其《瀛寰志略》的意义与价值。王韬、康有为、梁启超等许多"先进的中国人"都曾从中汲取过丰厚的思想养料；一种新的世界图式，经过深重的曲折磨难之后，最终为中国人普遍接受。

"一蓑烟雨任平生"

——郭嵩焘的命运

近代中国面临着社会和文化的全方位转型，在如此全面、深刻却又如此急迫的大变动中，社会和文化的震荡必然格外强烈，重重矛盾必然格外尖锐。在这跌宕起伏、令人惊心动魄的历史大潮中，郭嵩焘作为弄潮儿时时处于风口浪尖之上，又不时被大浪抛开，无可奈何地成为观潮者。他那大起大落的戏剧性一生，最初的理想抱负与最终的失望潦倒，内心的种种矛盾和深痛……当然与他个人落拓不羁的文人性情紧密相关，但更与时代的震荡和矛盾紧紧相连。因此，他的一生又鲜明地反映出时代特征，反映出方生与未死之际先行者的历史命运。

坎 坷 仕 途

1818 年，郭嵩焘出生在湖南湘阴一户地主之家。这一年是清嘉庆二十三年，仍是"盛世"。就在此前，英国于 1816 年派阿美士德（William Pitt Amherst）率使团来华要求与中国通商，却被嘉庆皇帝坚拒，因为中国是无所不有的"天朝上国"，荒蛮之地的"狄夷"只能向"天朝"进贡，而无权与位于"天下之中"的中国"互通有无"。中国，依然沉浸在"华夏中心"论的迷梦中，对正在迅速变化的世界大势毫无了解。

谁能想到，"英夷"在20余年后竟悍然发动侵华的鸦片战争，凭借现代化的坚船利炮打败堂堂天朝上国呢！

但是生活并没有感到变化的必要。

与当时所有的读书人一样，郭嵩焘从小就受传统教育，走科举功名的道路。1835年，18岁的郭嵩焘考中秀才，第二年进入著名的岳麓书院读书。强调经世致用、坚忍不拔、不尚玄虚、摒弃浮词是湘学传统，历史悠久的岳麓书院一直是湘学重镇。作为"湖湘子弟"，郭氏本就受湘学影响不浅，岳麓书院的学习使他受影响更深。但更重要的是，正是在岳麓书院，他与曾国藩、刘蓉等相识，互相切磋学问，砥砺气节，成为志同道合的好友。当然，他很可能想不到，与曾国藩的结交将影响到自己的命运。他可能更想不到，这批"湖湘子弟"即将成为中国近代史上举足轻重的人物。

但在传统功名的道路上，郭嵩焘走得并不顺利。虽然他在1837年考中举人，但1838年、1840年接连两次到北京参加会试都名落孙山，而曾国藩却在1838年考中进士。在失意中，他只得接受友人的推荐，于1840年到浙江给浙江学政当幕僚。这次入幕时间虽然不长，但他今后思想偏离传统的变化契机也由此产生。因为此时正值鸦片战争爆发，浙江地处前线，他"亲见浙江海防之失"，一向为"华夏"所看不起的"岛夷"的船坚炮利，给他留下深刻印象。但他并不甘于游幕生涯，又几次赴京参加会试，终于在1847年第5次参加会试时考中进士，正式步入仕途。但不久他的双亲相继去世，依制他只能回家守丧。

或许，命运一定要安排郭嵩焘登上历史舞台。就在回家守丧这几年，正遇太平天国起义。1852 年，太平军由桂入湘，湖南官兵望风而逃。同样乡居的左宗棠、曾国藩对是否出山镇压太平天国都曾犹豫不决，而郭嵩焘则力劝他们出来建功立业。后来曾、左都成为功勋赫赫的名臣，他总以自己当年的"力促"为荣。劝他人出山，自己当然也难甘寂寞，随后几年，郭氏一直随曾国藩参赞军务，多有建树，同时在官场中建立了一定的"关系"。1856 年年末，他离湘北上，到京城任翰林院编修。

在京城，他深得权柄赫赫的户部尚书肃顺的赏识。肃顺性情刚严，以敢于任事著称，主张以严刑峻法改变当时吏治腐败的状况，屡兴大狱，唯严是尚，排除异己，但由于他深得咸丰皇帝倚重，其他人对他是敢怒不敢言。与其他满族权贵猜忌、排挤汉人不同，他却主张重用汉族官僚，对以曾国藩为首的湘系，他尤其重视。由于肃顺的推举，郭嵩焘在不长的时间内就蒙咸丰帝数次召见，自然受宠若惊。咸丰帝对他的识见也颇赏识，命他入值南书房。南书房实际是皇帝的私人咨询机关，入值南书房就意味着可以经常见到皇帝，参奏军国大事。咸丰帝还进一步对他说："南斋司笔墨事却无多，然所以命汝入南斋，却不在办笔墨，多读有用书，勉力为有用人，他日仍当出办军务。"（《郭嵩焘日记》，咸丰八年十二月初三日）

不久，咸丰帝就派他到天津前线随僧格林沁帮办防务。1859 初，郭嵩焘来到天津僧格林沁处。但这位蒙古王爷根本不把郭嵩焘这位南方书生放在眼中，对他非常冷淡。而郭嵩焘本就文人气十足，再加自己是皇上亲派，并且明确他与僧是"平行"，不是"随同效用"，所以也咽不下这口气，因此两人合作极不愉快。1859 年 10 月中旬，郭嵩焘又奉命前往烟台等处海口查办隐匿侵吞贸易税收情况，僧格林沁派心腹李湘棻作为会办随行。虽然他无"钦差"之名，但所到之地大小官员都知道他是皇上亲派检查财务税收的大员，因此对他的接待格外隆重，并都备有厚礼。没想到郭嵩焘向来清廉方正，严于律己，规定"不住公馆，不受饮食"，更不受礼。他的随行人员因不能发财而大为不满，那些地方官也感到尴尬和不满，因为他破坏了官场由来已久的"游戏规则"。到山东沿海各县后，他认真查账，发现从县官到普通差役几乎人人贪污税款、贿赂公行，而且税外勒索严重，超过正税四倍多。他立即采取种种有力措施整顿税务，堵塞漏洞，并设局抽厘。这些措施严重侵犯了当地大小官吏的利益，他们自然极为不满。而设局抽厘又增加了新的名目，因为在政治严重腐败的情况下，新任厘局绅董也一样贪婪。结果厘局刚成立不久，就发生了福山县商民怒捣厘局、打死新任绅董的骚乱。尽管如此，这次税务整顿还是大有成效，查处了一批贪官污吏，增加了政府税收。但郭嵩焘万万没有想到，正当他自以为有功于朝廷的时候，突得朝廷以他在山东查办贸易不妥、交部议处的通知。原来，李湘棻一直在暗中监视郭嵩焘的举动，随时向僧格林沁汇报。郭嵩焘开设厘局后，李即向僧报告说如此大事竟未与他这个会办商议便独自决定。这个报告使原本就认为郭嵩焘目中无人的僧格林沁大为光火，认为不与自己派去的"会办"商议实际是未把自己放在眼中，便在 12 月底以郭未与会办李湘棻同办、未与山东巡抚文煜面商便派绅士设局抽厘以致民变为由，上奏要求弹劾郭嵩焘。以僧格林沁的地位之尊，他的意见当然深为朝廷所重。而迂气十足的郭嵩焘在处理山东沿海税务却与山东巡抚文煜少有沟通协调，也使文煜大为不满，站在僧氏一边反对他。1860 年 1 月，郭嵩焘被迫离开山东返京，悲叹"虚费两月搜讨之功"，"忍苦耐劳，尽成一梦"。(《玉池老人自叙》，第 9 页)

返京途中他备受冷遇，与来时一路的隆重迎接恰成鲜明对照，使他饱尝世态炎凉，领略到官场的势利。回京后，他受到"降二级调用"的处分，虽仍回南书房，但实际已是闲人，被冷落一旁。他在给曾国藩的信中抱怨说："久与诸贵人周旋，语言进退，动辄生咎。"(郭廷以：《郭嵩焘先生年谱》) 其实，素有识人之明的曾国藩早在岳麓书院读书时就认为郭嵩焘识见过人，但书生习气过重；能著书立说，更是出主意的高参，却不堪官场的"繁剧"。此番整顿山东沿海税收的失败，固然有郭嵩焘个人的因素，如不知通权达变，不注意协调极为复杂的各方关系，认为只要严于律己、一心为国，便可雷厉风行，不顾一切采取强硬措施反贪，但失败的根本原因还是此时社会、官场已从根上腐败，他的作为实际已与整个社会风气和官场形成冲突。其实，他在评价肃顺屡兴大狱、以严刑峻法整顿吏治时说得很清楚："国家致弊之由，在以例文相涂饰，而事皆内溃；非宽之失，颟顸之失也。""今一切以为宽而以严治之，究所举发者，仍然例文之涂饰也，于所事之利病原委与所以救弊者，未尝讲也。是以诏狱日繁而锢弊滋甚。""向者之宽与今日之严，其为颟顸一也。颟顸而宽，犹足养和平以维系人心之本；颟顸而出之以严，而弊不可胜言矣。""故某以为省繁刑而崇实政，为今日之急务。"(《养知书屋文集》第 9 卷)

也就是说，根本原因在于"颠预"，即吏制本身存在巨大缺漏，使各级官吏有机可乘，时时面对巨大的利益诱惑；而"向者之宽"，即吏治早已废弛松懈，在这种环境中能长期抵挡巨大利益诱惑、洁身自好者毕竟不多，因此造成了"无官不贪"的局面。在这种情况下，突然被重典严惩的贪官污吏再多其实也只是少数，反使各级官员人人自危，这不仅不能从根本上解决问题，而且"锢弊滋甚"，很可能祸及自身。解决问题的根本之途在于"崇实政"，即对制度本身进行改革，这样才能既"省繁刑"，又使政治清明、统治稳定。此时，清政府面对的是自身的系统性腐败。所谓系统性腐败是指只有以腐败作为润滑剂，政府部门才能提供"正常"的公共服务。在这种环境中，腐败实际已经成为官员行事的常例，成为他们的一种生存手段，久而久之内化为一种不会引起内心道德冲突和愧疚感的规范，而不同流合污者必然受到系统性排斥，这反过来使腐败更加严重，更加猖獗，更加根深蒂固。退一步说，在处理系统性腐败时，即便是得到"圣上"的支持，严肃处理了个别贪官也无济于事，因为仅仅是孤立地处理一个又一个贪官，并不能遏制日益严重的系统性腐败，更不能从根本上清除腐败。

郭嵩焘或许不清楚，他自己的悲剧亦正在此。大概，这也是所有"生于末世"却又不愿同流合污、不忍眼见"大厦倾"，因此只能凭一己之力起弊振衰的"清官"们的悲剧。纵然"才自清明志自高"，但终难免"运偏消"的结局。

1860 年 4 月，被冷落一旁的郭嵩焘怀着孤愤郁闷的心情以回籍就医为由黯然返乡。在家乡过了两年的赋闲生活后，郭嵩焘又在众人的劝说下，应练就淮军不久、人手紧缺的李鸿章之邀，于 1862 年春再度出山，任苏松粮道，不久又升任两淮盐运使。由于曾国藩、李鸿章的全力支持，郭嵩焘在两淮理财顺利，卓有成效。1863 年秋，他又遽升经济富裕、对外交往繁多因此地位重要的广东巡抚，诏赏三品顶戴。不到两年而升此高位，可谓官运亨通，他也决心有所作为，不负朝廷知遇之恩。但在广东巡抚任上，他又因耿直招怨，与前后两任同驻广州的两广总督矛盾重重，与进粤"会剿"太平军余部、一向意气用事的老友左宗棠也顿生龃龉。在错综复杂的种种矛盾之中，郭嵩焘左支右绌，最终在 1866 年 6 月解任下台，再次开始归乡闲居生活，而这次长达 8 年之久。

名 教 罪 人

虽然归乡隐居，但郭嵩焘仍时刻关心时局，为国家前途担忧。

这 8 年中，洋务运动正冲破守旧势力的巨大阻力，逐步发展。这 8 年中，中国面临的国际形势更加险恶，民族危机进一步加深，甚至连一向为中国看不起的日本也在 1874 年侵略台湾，迫使清政府赔偿 50 万两白银方从台湾撤兵。无论愿意不愿意，清政府的对外"交往"越来越多，迫切感到需要懂"洋务"的人才。

1875 年初，闲居 8 年的郭嵩焘又作为懂洋务的人才奉诏来到北京，并被慈安、慈禧两太后召见，不久被授福建按察使。几乎同时，遥远的云南中缅边境突然发生英国教士马嘉理在与当地居民冲突中被杀的"马嘉理案"。郭嵩焘此时不会想到，这一事件最终会影响自己晚年的命运。

"马嘉理案"发生后，清政府手足无措，只得答应英国的种种要求，其中一条是派钦差大臣到英国"道歉"，并任驻英公使。选来选去，清廷决定派郭嵩焘担此重任，因为他向以懂洋务著称。早在1856年春，他随曾国藩帮办军务时到过上海，对西方的种种器物和某些制度有了感性的了解，并认真研读了使他惊讶不已的"日不动而地动"等自然科学图书，倾心西学，后来一直参与洋务。他曾大胆提出由商人办理近代企业，在当时被人视为惊世骇俗之论；在洋务派与顽固派的斗争中，他以自己的学识不遗余力为洋务派辩护，成为洋务派的重要一员。

中国派驻出使大臣的消息传开，引起轩然大波。因为千百年来，中华文明一直以其灿烂辉煌辐射四方，引得"万方来朝"，认为其他国家都是蛮夷之邦的"藩属"，定期要派"贡使"来中国朝拜，绝无中国派使"驻外"之说。简言之，在中国传统观念中，对外只有体现宗（中国）藩（外国）关系的"理藩"，而无平等的"外交"一说。在19世纪后期，虽然中国屡遭列强侵略，但这种对外观却并无改变，认为外国使节驻华和中国派驻对外使节都是大伤国体的奇耻大辱。所以，郭嵩焘的亲朋好友都认为此行凶多吉少，为他担忧，更为他出洋"有辱名节"深感惋惜。认为中国派使出去"徒重辱国而已，虽有智者无所施为"，郭"以生平之学行，为江海之乘雁，又可惜矣"。"郭侍郎文章学问，世之凤麟。此次出山，真为可惜。"更多的人甚至认为出洋即"事鬼"，与汉奸一般，满城风雨，沸沸扬扬，有人编出一副对联骂道："出乎其类，拔乎其萃，不容于尧舜之世；未能事人，焉能事鬼，何必去父母之邦。"当时守旧氛围极浓的湖南士绅更是群情激愤，认为此行大丢湖南人的脸面，要开除他的省籍，甚至扬言要砸郭宅。

在强大压力下，郭嵩焘几次告病推脱，但都未获准，终在1876年12月从上海登船赴英。行前，朝廷应总理衙门之奏请，诏命郭嵩焘将沿途所记日记等咨送总署。此正合郭氏之意，他早就想将自己所了解的西方富强之道介绍给国人，使国人从"天朝上国"、视异域文明为异端的迷梦中惊醒。经过几十天的海上航行，他于1877年1月下旬到达伦敦，立即将这几十天极为详细的日记题名为"使西纪程"寄回总署。在日记中，他不仅客观记述了所见所闻，而且对这些见闻作出了自己的评价。如见到一些港口每天上百艘轮船进进出出却秩序井然，他不禁叹道："条理之繁密乃至如此。"他盛赞伦敦"街市灯如明星万点，车马滔滔，气成烟雾。阛阓之盛，宫室之美，至是殆无复加"。从途经十数国的地理位置、风土民情、风俗习惯、宗教信仰，到土耳其开始设立议会、制定宪法的改革，苏伊士运河巨大的挖河机器，"重商"对西方富强的作用……全都作了介绍，尽可能让国人对世界有更多的了解，摆脱夜郎自大的状态。但总理衙门刚将此书刊行，立即引来朝野顽固守旧者一浪高过一浪的口诛笔伐，一时间群情汹汹，有人痛斥他对外国"极意夸饰，大率谓其法度严明，仁义兼至，富强未艾，寰海归心……凡有血气者，无不切齿"，"诚不知是何肺肝，而为之刻者又何心也"（李慈铭：《越缦堂日记》，光绪三年六月十八日）"殆已中洋毒，无可采者"（王闿运：《湘绮楼日记》）。有人以郭嵩焘"有二心于英国，欲中国臣事之"为理由提出弹劾他（郭廷以：《郭嵩焘先生年谱》）。有人上奏，认为应将郭嵩焘撤职调回："今民间阅《使西纪程》者既无不以为悖，而郭嵩焘犹俨然持节于外"，"愚民不测机权，将谓如郭嵩焘者将蒙大用，则人心之患直恐有无从维持者"。（张佩纶：《请撤回驻英使臣郭嵩焘片》）由于找不到合适人选，清廷未能将他召回，但下令将此书毁板，禁其流传。

在驻英大使任内，郭嵩焘还面临着与自己的副手刘锡鸿愈演愈烈的"窝里斗"。刘得到清政府中一些大员的支持，暗中监视郭的一举一动，不断向清政府打郭嵩焘的"小报告"，列出种种"罪状"。如有次参观炮台时，天气骤变，陪同的一名英国人将自己的大衣披在郭嵩焘身上。刘锡鸿认为"即令冻死，亦不当披"。巴西国王访英时郭嵩焘应邀参加巴西使馆举行的茶会，当巴西国王入场时，郭嵩焘随大家一同起立。这本是最起码的礼节礼貌，但刘锡鸿却将其说成大失国体之举，因为"堂堂天朝，何至为小国国主致敬"！中国使馆人员参加英国女王在白金汉宫举行的音乐会时，郭嵩焘曾翻阅音乐单，刘也认为这是效仿洋人所为，大不应该。连郭嵩焘不用茶水而改用银盘盛糖酪款待洋人、想学外语等全都是罪过。更严重的罪状是说郭嵩焘向英国人诋毁朝政，向英国人妥协，等等。对刘的陷害，郭嵩焘当然备感愤怒，竭力为自己辩诬。二人的关系势同水火，闹得满城风雨，无法调和。在郭、刘二人"内耗"日甚一日的情况下，清政府于 1878 年 8 月下令将二人同时调回。本来清廷还拟将郭嵩焘查办治罪，后在李鸿章、曾纪泽等人的反对下才不了了之。

1879 年 1 月末，郭嵩焘离开伦敦，启程回国。到达上海后，他心力交瘁，请假归乡。5 月回到故乡长沙时，等待他的却是全城贴遍揭帖，指责他"勾通洋人"。不久，朝廷便诏允其致休。就这样，他在一片辱骂声中离开了政治舞台。以后他仍时时深忧国事，常向友人倾谈自己对社会、政治的种种看法，一些开明之士对其学识也盛赞不已，对其不为朝廷所用深为惋惜，但终不再被朝廷起用。1891 年 7 月 18 日，郭嵩焘在孤寂中病逝。他去世后，李鸿章曾上奏请宣付国史馆为郭立传，并请赐谥号，但未获朝廷旨准。清廷上谕再次强调："郭嵩焘出使外洋，所著书籍，颇滋物议，所请着不准行。"其实，郭嵩焘如果泉下有知，对此可能也并不介意，因为他对历史、对自己充满信心。在死前不久写的《戏书小像》中，他自信地写下了这样的诗句："流传百代千龄后，定识人间有此人。"

郭嵩焘的悲剧当然有他个人的原因，如书生气过重，不知通权达变，不谙官场规矩，生性耿直却屡因耿直招祸，才华横溢、识见过人却不免恃才傲物……但这更是时代、社会的悲剧。倘先驱者不为时容，屡遭打击迫害，受害更深、更远的，恰是那个时代、社会自身。

第三辑

1863：接轨

杀降的"国情"与"公例"

苏州是历史文化名城，更是江南重镇，清代中后期是江苏事实上的省会之一。太平军占领苏州后，为太平天国苏福省省会，忠王李秀成长期精心经营苏州，想将其建为第二个天京，是太平军占领的最重要的城市之一。攻占苏州，当然是时任江苏巡抚李鸿章梦寐以求之事。

1863 年春，李鸿章率淮军和"常胜军"陆续攻下常熟、太仓、吴江、江阴等处后，于 11 月中旬兵临苏州城下，开始进攻苏州。

苏州太平军守军在主将慕王谭绍光领导下浴血奋战，打退了敌人一次次进攻。由于屡攻不下，而且伤亡不小，李鸿章明白如果强攻，将会付出更大代价，而且结果如何，尚不得而知。于是，他决定"智取"，策反太平军守将。在谭绍光领导之下守城的太平军将领还有纳王郜永宽、康王汪安钧、宁王周文佳、比王伍贵文这"四王"和张大洲、汪瑰武、汪有为、范起发这"四大天将"，他们控制苏州城内四分之三的兵力和六个城门中的四个，却与主帅谭绍光一直不和。常胜军首领戈登（Charles George Gordon）通过奸细了解到这一情况，特别是知道纳王郜永宽有投降之意后，便主张诱降纳王，兵不血刃攻克苏州。戈登的建议为李鸿章采纳，而且淮军攻城主将之一程学启本是太平军降将，他手下的副将郑国魁与郜永宽等原就是熟人。经过一番秘密联络，郜永宽在 11 月 28 日派康王汪安钧潜入清军大营，与戈登、程学启开始投降谈判。几天后郜永宽在苏州城外阳澄湖亲自与戈登、程学启商议降约。双方约定郜谋杀谭绍光取其首级并献苏州城以降清，而戈登、程学启承诺保全郜及其部下性命，并给副将以上的降将一定官职，赏赐郜本人二品武职，戈登作担保人。12 月 4 日，郜永宽等八人乘在慕王府议事的机会刺杀谭绍光，并割下谭的首级。第二天，郜将谭的头颅送达程学启处，并大开城门迎接清军入城，清军诱降成功，终于"兵不血刃"拿下苏州。

然而，李鸿章不但没有履约保全投降者的性命，反而设计杀害了这八名降将。据记载，正当这八名降将来到李鸿章营中满怀希望地接受红顶花翎时，埋伏在帐中的武弁立斩八人之头！同时清军在城内大开杀戒，操苏州一带口音者被"放归"，而南京以上口音者则"不分良莠尽杀"，城内数万太平军守军在毫无戒备中被诛杀。李鸿章及清军的残忍、背信，在这次杀降事件中暴露得淋漓尽致。

戈登听到李鸿章杀降的消息顿时勃然大怒，认为这是最无耻的背信弃义，而且自己还曾信誓旦旦为降将作保，于是提着洋枪要找李鸿章算账。李鸿章闻讯赶忙躲了起来，以后几天戈登一直提枪找李，而李则躲避不见。由于左找右找都找不到李鸿章，戈登只得忿忿然留下一份最后通牒，要求李鸿章下台，不然他就率"常胜军"进攻淮军，将所攻占的城池再交还太平军。然后，他就率"常胜军"返回昆山，同时给英国驻华公使布鲁斯（Sir Frederick William Adolphus Bruce）写信，要求英国政府干预，迫使李鸿章下台。英国驻华陆军司令伯郎

（Major-General Brown）也从上海赶到昆山，与戈登商定"常胜军"由其节制，不再受李鸿章及中国政府调遣，借此从中方夺回"常胜军"的控制权。同时，伯郎对李鸿章大发雷霆，指其背信弃义，要李鸿章"备文认错，方有办法"。李鸿章则以这是中国内政，外国无权指责干涉为由，针锋相对地回答说："此中国军政，与外国无干，不能为汝认错。"伯郎只得"一怒而去"。上海的外国领事馆官员代表列强及所有外国侨民签署了一项严厉谴责李鸿章的决议，指其杀降是对人性的彻底背叛，并警告说此事很可能使列强不会再帮助清政府，并可能撤回帮清军打仗的洋兵洋将。

　　面对洋人的严厉指责，李鸿章毕竟有些慌乱，他在给朝廷的几次奏折中辩解说，如此杀降是因为叛变"诸王未理发，叛迹显然"，"挟制要求，不肯散其众，硬请保为总兵副将官职"，"降众多达二十万，难以安置"等，表示"臣思受降如受敌，必审其强弱轻重，能否驾驭在我"。其实，根本就没有"降酋"谋反的任何迹象，而是他仅仅担心难以控制，就采取如此残酷手段。他在稍早上奏的《克复苏州折》中就明言："该酋等久在贼中为大头目，狼子野心，恐其难制。"所以要采取措施"免致尾大不掉，另生枝节"。"恐其难制"此四字是他杀降的真实动机，仅因其"恐"，数万人生命便化为乌有！在给曾国荃的信中，他洋洋得意地说，这次"擒杀伪王六、伪天将五，皆忠逆部下悍党，稍可自娱"。在给郭嵩焘的信中亦说，这次"苏州、无锡苦战数月而得之，所少惬意者，诱斩六伪王、四天将，而解散忠党二十万之众"。他在给朝廷的奏折中，故意将戈登反对杀降的原因归结于他先将常胜军调回昆山、未让其攻入苏州，戈登因此心怀不满、故意找碴，并强调"洋人性情反复，罔知事体"。他觉得，此时的淮军已不是初抵上海的初创之师，而常胜军"除炸炮外，攻剿不若我军"，所以对戈登的"屡称对仗"，他"亦甚不惧怯也"。最后，他以退为进，说如果因此破坏"中外和好"大局，"惟有请旨将臣严议治罪，以折服其心"。

这种血淋淋的无耻行为，却得到朝廷的认可，认为"所办并无不合"，"甚为允协"！以"理学家"自诩的曾国藩竟也称赞这种背信弃义的行径，称"此间近事，惟李少荃在苏州杀降王八人最快人意"，"殊为眼明手辣"。

攻克苏州，戈登的"常胜军"立下了汗马功劳，朝廷论功行赏当然不能少了他这一份，即赏银一万两、颁发仿照外国奖章稍加变通而制的"头等功牌"。但没想到的是，由于发生了"杀降"事件，怒不可遏的戈登竟然公开表示拒绝接受朝廷的赏赐，并在给他赏赐银两的皇帝诏令背面写道，"由于攻占苏州后所发生的情况"，他"不能接受任何标志皇帝陛下赏赐的东西"。同时，他还拒收李鸿章先前应允犒赏的七万元洋银。拒受朝廷赏赐，这可是对朝廷的巨大羞辱，是对堂堂华夏"礼仪"的老大不敬。几个月后攻下常州，"常胜军"遣散，戈登准备回国，经过赫德（Sir Robert Hart）的调解，戈登最后接受了朝廷赏赐他的名誉提督衔、几套华服、奖旗、奖章和最高荣誉的象征——黄马褂，但仍拒收赏银。

李鸿章确实没想到洋人对"杀降"如此大动肝火，在他看来，这只是"稍可自娱"的小事。中国虽有"杀降不祥"之说，但现实政治、战争传统更加讲求的是"势"与"术"。

因此，中国历史上不乏"杀降"之事：战国末期长平之战，秦将白起坑杀赵国降卒40万人，从根本上削弱了当时关东六国中最为强劲的对手赵国，也给其他关东诸侯国以极大的震慑。秦末群雄并起，项羽在入咸阳之前害怕秦将章邯部下投降过来的20万秦军谋反，在新安把这20万降卒全部活埋。宋孝宗淳熙二年（1175），辛弃疾被任命为江西提点刑狱，节制诸军，镇压以赖文政为首的反政府茶商军。辛诱降成功，赖文政接受招安，但辛却反将包括赖文政在内上门投降的全部茶商军头领押往江州（今九江）处死，其余800多人也全部在一天内杀掉。有此传统，所以清廷和理学家曾国藩都不认为李鸿章的杀降有何不妥，反而赞赏有加。

不过，这一传统很快就要改变。此次李、戈严重冲突，乃传统即将改变的先兆。戈登坚决反对杀降说明这种价值观念在西方此时已较为普遍，因此，将这种价值观念制度化的红十字会组织才可能成立。有意思的是，就是在李、戈为杀降激烈冲突的1863年，瑞士慈善家亨利·杜南（Henry Dunant）首倡创立红十字会的国际会议，第二年8月，正式成立了国际红十字会。瑞士、法国、比利时、荷兰、葡萄牙等12国在日内瓦签订《改善战地武装部队伤者病者境遇之日内瓦公约》。公约规定了军队医院和医务人员的中立地位和伤病军人不论国籍应受到接待和照顾等。上述公约曾于1906年和1929年两次修订和补充，形成了《关于改善战时伤者病者待遇的日内瓦公约》和《关于战俘待遇的日内瓦公约》，规定不仅不能"杀降"，而且不能"杀俘"，甚至不能"虐俘"。1904年3月，中国先后成立了东三省红十字普济善会和上海万国红十字会；6月末，清政府命驻英使臣张德彝在瑞士日内瓦按照 1864 年所订《日内瓦红十字会公约》补签画押，以政府名义加入国际红十字会作为会员国，取得了正式创办红十字会的资格。虽然由于种种原因，中国红十字会直到 1912 年 1 月才被国际红十字会正式承认，但国际红十字的精神和价值观念，在李、戈冲突 40 年后的 1904 年，已开始被民间和官方接受。在这几十年中，中国逐渐抛弃了好几千年的传统观念，接受了一种全新的价值观念。曾国藩是中国"理学"大家，戈登只是英国一介武夫，且是要钱不要命的雇佣军头目，却对"雇主"的杀降万难接受，故李、戈二人观念之别非个人品性之别，乃时代之别也。二人冲突固然也可视为中西观念冲突，但"地域性"的中、西冲突背后，其实是"时间性"的某些传统观念与现代观念的冲突，是"特殊性"与"普适性"的冲突。

今日世界，无论因情势所迫有再多"杀俘""杀降"的理由，任何政权都已不敢公开"杀俘""杀降"，不敢公开为这种行为辩护。无论何国，只要"虐俘"消息传出，更不必说"杀俘""杀降"，便会遭到举世谴责，说明给战俘人道待遇的价值观念，已成"公例"，成为人所共认的价值观。

最高的“接轨”

　　中国素以“礼义之邦”自居，号称“以礼治国”，对“礼”自然格外注重。在所有的礼仪中，最为庄严、神圣、隆重、严格与不可“冒犯”的，当属觐见皇上之礼。在中国传统文化中，“礼”是“权威”的象征或来源，维护、加强“礼仪”就是维护、加强“权力”，所以要不顾一切地维护“成礼”，有时甚至重“名”远甚于重“实”。由于“中国”是位于“天下”之“中”的“天朝上国”，所以华夏之外统统是“不文”的野蛮世界。其他民族、国家都是“化外之邦”的“夷”“狄”“蛮”“番”。而且，又以与中国的距离为标准把“化外”的“狄夷”或“蛮夷”划分为“生番”和“熟番”，对其名称的翻译往往还要加“犭”或“口”旁，以表歧视。无论“生番”“熟番”，都要靠中国的声名文物、典章制度、礼乐规范来“教化”。

　　但近代以来，中国传统的精神世界受到的最大震撼便是“华夏中心”世界观的彻底崩塌。这种崩塌不仅是国家主权、领土等受到侵犯，而且与以往“狄夷”的入侵不同的是中国文化受到了空前的挑战，传统的纲常伦理、声名文物、礼仪规范等开始动摇。这一过程无疑是痛苦的，朝野都难以接受。而最不能忍受的是华夏文化最高的礼仪性象征——晋见皇帝的礼仪居然受到了“亵渎”。那些属于“化外生番”的“洋鬼子”

作为"贡使"到位居"世界之中"的朝廷拜见皇帝即"真龙天子"时，竟然拒不跪拜，而只行鞠躬之礼。但在洋人的坚船利炮面前，"朝廷"亦无可奈何，不能强迫他们跪拜中国皇帝，然而又不能容忍有几千年传统的最高礼仪被破坏，于是陷入两难之中。

早在乾嘉盛世，来自化外"暎咭唎"的"番臣"马戛尔尼和阿美士德就偏不肯行觐见皇帝的跪拜之礼，不仅明拒"教化"，自甘堕落，且生出一段又一段难了的是非。

乾隆五十八年（1793）马戛尔尼率领载有七百余人的庞大船队从英国来到中国。他以为大清乾隆皇帝祝寿为名，想为经济正在飞速发展的英国开辟一个巨大的商品市场。他有两个具体目标，一是希望清政府开放市场，扩大与英国的贸易；二是在中国首都设立常驻外交机构，建立经常性的外交关系。马氏一行辗转来到北京后，他没想到却因觐见皇上之礼与清廷争论不休，最终没有达到目的。乾隆皇帝则断然拒绝了驻使、通商这两项要求，并谕告英王："奉天承运皇帝敕谕暎咭唎国王，知悉：咨尔国王，远在重洋，倾心向化，特遣使恭赍表章，航海来廷，叩祝万寿，并备进方物，用将忱悃。朕披阅表文，词意肫恳，具见尔国王恭顺之诚，深为嘉许……至尔国王表内，恳请派一尔国之人，住居天朝，照管尔国买卖一节，此则与天朝体制不合，断不可行。"所谓"天朝体制"，是各国只有愿意来"天朝""当差"者才准其长期居京，既然在"天朝"当差，实际就是"天朝"的臣民，因此要"遵用天朝服色，安置堂内，永远不准复回本国"。乾隆确实无法理解马氏提出的在两国首都互派外交使节，不能不认为这是无稽之谈。对通商要求，乾隆皇帝则认为毫无必要，因为"天朝德威远被，万国来王，种种贵重之物，梯航毕集，无所不有，尔之正使等所亲见，然从不贵奇巧，并无更需尔国制办物件"。马氏一行在受了一番羞辱之后，一无所获，于10月初被迫离京返国。

嘉庆二十一年（1816）又有阿美士德率团来华，中方仍认为这是英国"迭修职贡"，诚心向化。不想双方又因是否跪拜而争论不休，最后阿美士德称病，不见中国皇帝。嘉庆皇帝得知详情自然大怒："中国为天下共主，岂有如此侮慢倨傲甘心忍受之理?"当日便传旨逐其回国。

最终，"世界最强"的国家终于按捺不住，悍然发动鸦片战争，用暴力同中国"对话"，迫使"礼义之邦"一点点屈服于西方的"语言"，中国终于在血火中被强行纳入一个新的世界体系。当然，这个过程是曲折而痛苦的。

在第二次鸦片战争的缔约谈判中，清政府对英、法侵略者割地赔款诸条照单全收，但对英法代表提出的向咸丰皇帝亲递国书的要求却严加拒绝，激烈抗议道："此事关系国体，万难允许。"表现出少有的坚决。视"礼仪"重于"地"与"款"，后人可能难以理解。不过几经谈判之后，清廷还是不得不同意外国公使驻京，这使"天朝体制"被打开一个不小的缺口。咸丰帝不久病故，由其年仅五岁的儿子载淳（同治帝）继位，两宫太后垂帘听政，西方使节觐见皇帝之事便暂时搁置下来。

1873年2月，同治帝亲政，西方使节再次提出觐见皇帝的要求，对中国来说根本性的"礼仪"问题再也无法回避。

对此要求，中方提出如要觐见，必行跪拜之礼，但又为外国驻华使节严拒，于是双方开始了为期四个月的有关礼仪的激烈争执。

由于事关重大，在这四个月之中，各路官员纷纷发表意见，提出自己的看法。不少官员坚决表示，绝不能允许不行跪拜之礼，提出"入境问禁，入国问俗"，即"中国出使之臣，在外国则行外国之礼"，外国驻华使节"在中国则行中国之礼"。由于外国不行跪礼，所以中国出使之臣不必向外国国君、元首行跪礼，而外国使节在中国必须向中国皇帝行跪礼。

对此，洋务重臣李鸿章也奉命发表意见。李鸿章自然明白中国早已失去"天朝上国"的地位，传统的礼节不可能不改。但毕竟事关重大，反对改变者将其上升到事关国体、"乾纲"的地位，因此在奏折中他首先不说明自己的观点，而是表明自己坚决反对的观点："所陈各节皆系正论。朝廷体制争得一分，有一分之益。在廷诸臣，共有此心。"其潜在意思是，无论什么观点，无论朝廷是否接受，都是"正论"，都是耿耿忠心为朝廷考虑。接下来他仍不说明自己的观点，而是肯定从咸丰九年到现在十几年间，一直具体经办此事的总理衙门为此已尽了最大努力，不是亲办此事的人，很难体会其中甘苦。

然后，他指出道光、咸丰年间中国已与侵略中国的一些西方国家订立条约，也表明这些国家与中国"俨然为敌体平行之国。既许为敌国，自未便以属国之礼相待"。因此，"各使臣拘执该国体例，不愿改从中国礼仪，固人情之常，无足怪者"。

他进一步提醒甚至恐吓说，如果拘泥于跪拜礼仪而拒不接见外国使节，虽然眼下不至于"遂开兵衅"，但现在"中外交涉事件繁多，为日甚长，洋人好体面而多疑猜"，结果会"积疑生衅，积愧生忿，将来稍有龃龉，必先引为口实"。"倘拒之于目前，仍不能拒之于日后，甚至议战议和，力争而后许之，则所失更多，悔之亦晚矣。"而且，这也并非"圣主包容六合、驾驭群雄之志量也"！在对"圣主"的赞扬中，使之难以反对。他进一步提醒朝廷，这种"礼仪"迟早要改，已是历史的趋势，如果"拒之于目前，仍不能拒之于日后"，历史潮流，确难抗拒。

由于事关根本原则，李鸿章必须从中国儒学经典中寻找根据。他以孔子的"嘉善而矜不能，所以柔远人"和孟子的"以大事小者，乐天者也，乐天者保天下"来为自己的论点辩护。"嘉善而矜不能"就是说对别人的优点要承认、欣赏，对别人的不足要同情、宽容，所以在"礼制"上洋人有缺点和不足，我们要宽容才能"柔远"。现在中国在这方面迁就洋人，并非丢脸之事，而是孟子所说的"以大事小"的"乐天"表现，也就是朱子所说的"仁人之心"。总之，"礼制"的这一重大变化完全符合圣贤教导。凡事必须符合"本本"，符合圣贤经典，必须找出"合法性"论据，确是中国深厚的传统。

他看出，朝廷还担心废除洋人晋见皇帝跪拜礼节很有可能导致中国臣民对"跪拜"的怀疑，进而导致对皇权的怀疑。所以他特又指出："交邻国与驭臣下，原是截然两义。朝廷礼法严肃，中国臣庶所不容丝毫僭越者，非必概责诸数万里外向未臣服之洋人。"也就是说，中国的"礼法"只能用于"内"而不能强行于"外"，且不行于"外"并不会导致不行于

"内"。他接着强调，"礼"要随"时"而变，"我朝向有待属国一定之礼，而无待与国一定之礼"。现在十几个国家在京城和通商口岸驻有使节，"实为数千年一大变局，不但列祖列宗无此定制，即载籍以来，昔圣昔贤亦未豫订此礼经。一切交接仪文，无可援据。应如何斟酌时势，权宜变通，是在议礼制度之天子，非臣等所敢妄拟也"。这里，他明确提出"列祖列宗"和古时"圣贤"都未对现在"大变局"时代的礼仪制度作出规定，所以根据时代变化权宜通变、议定礼法等事应由现在的天子决断。

一直负责此事的总理衙门亦力主允许外国公使觐见同治帝。终于，朝廷在 1873 年 6 月 14 日降谕"着准"各国使臣觐见。6 月 29 日，一些国家驻华公使以五鞠躬而非跪拜之礼，在紫光阁觐见了同治皇帝。对此，满朝文武大臣和朝野士大夫愤怒不已，无奈之中，道光进士、曾任吏部主事的吴可读提出了阿 Q 式的"理论"聊以自慰，在上《请申饬诸臣坚持跪拜之非特旨允准各国来使不必跪拜折》中说："彼本不知仁义礼智信为何物，而我必欲其率五常之性；彼本不知君臣父子夫妇昆弟朋友为何事，而我必强之行五伦之礼。是犹聚犬马羊豕于一堂，而令其舞蹈扬尘也。"这样，"即得其一跪一拜，岂足为朝廷荣；即任其不跪不拜，亦岂足为朝廷辱"。

不管怎样，在这"关系国体"的最高、最重要原则与世界接轨的方向上，中国毕竟迈出艰难的一大步。当然，这只是"对外"，"对内"并未接轨，清王朝仍坚持国内臣民在皇上面前必须跪拜的"特殊性"，直至其覆亡。

同文馆之争："特殊性"与"普适性"的初次激辩

近代中国要自强自然要"师夷长技"，要学习外语和声光电化、坚船利炮等自然科学知识。但中国传统是"形而上者谓之道，形而下者谓之器"，只有苦读圣贤经典、寻章摘句、参加科举考试获得功名才是"正途"，而"技术"一直被视为"雕虫小技"甚至是"奇技淫巧"。换句话说，在中国传统知识谱系中，只有儒学经典有至高无上的地位，而自然科学知识的地位极低，几乎不被看作一种"合法"的知识。但在现实面前，洋务派不得不"低头"，提出要学习外语和各种自然科学知识，并创办了教授外语和自然科学知识的"同文馆"。但新知识依然没有地位，愿学者寥寥无几。

为改变这种状况，总理衙门王大臣奕䜣等于1866年底上奏，提出要招收"正途"出身人员学习声光电化、天文算学，想提高自然科学知识的地位。他们预料到顽固派会坚决反对，所以在奏折中说："论者不察，必有以臣等此举为不急之务者，必有以舍中法而从西人为非者，甚且有以中国之人师法西人为深可耻者，此皆不识时务也。"他们详细说明了学习西法的重要性，指出当今既欲讲求制造轮船、机器诸法，如不借西人、西法为先导，不探求机巧之原、制作之本，结果必然是徒费金钱，无实际效果。他们特别驳斥了那种以"师法西人"

为耻的荒谬论点。奏称："天下之耻，莫耻于不若人。""东洋日本近亦遣人赴英国学其文字，究其象数，为仿造轮船张本，不数年亦必有成……独中国狃于因循积习，不思振作，耻孰甚焉！今不以不如人为耻，而独以学其人为耻，将安于不如而终不学，遂可雪其耻乎？"他们明确提出学习西方是为了"雪耻"，落后于人才是真正的耻辱。

同文馆拟添设天文算学馆并招收科甲正途人员的消息传出后，激起了顽固派的强烈反对。监察御史张盛藻首先上折提出反对意见，认为若求自强，在朝廷则莫如"整纪纲""明政刑""严赏罚""求贤养民""练兵筹饷"等；对臣民，则只有讲求"气节"，依靠列祖列宗的深仁厚泽，以尧舜孔孟之道为教。

张盛藻地位、名望毕竟不够高，顽固派中权势最大、声望最高、管理户部（即全国财政）的文渊阁大学士倭仁于是亲自出马，递上"立国之道，尚礼义不尚权谋；根本之图，在人心不在技艺"的奏折。他认为天文算学为益甚微，不过是"一艺之末"，而正途人员奉夷人为师，所造就者不过是"术数之士"，古往今来未闻有恃术数而能够起衰振弱的。"天下之大，不患无才。如以天文算学必须讲习，博采旁求，必有精其术者。何必夷人，何必师事夷人？"他又说，目前世道衰微，礼崩乐坏，唯有依靠读书之士讲明义理，或可维持人心，如果科甲正途人员"变而从夷"，正气为之不伸，数年之后，"不尽驱中国之众咸归于夷不止"，所以请求朝廷立罢此议。倭仁是公认的理学大师，言辞更具煽动性，在士大夫间形成一股反对学习"西学"的强劲力量。

对此，奕䜣等人上折反驳说，倭仁之论"陈义甚高，持论甚正"，他们在没有办理洋务之前，也是如此见解，但现在他们不敢像倭仁那样一味"空言塞责，取誉天下"。他们认为，学习外国语言文字、讲求机器制造之法、教练洋枪队伍、派人出国考察等，"凡此苦心孤诣，无非欲图自强"。目前奏请开设天文算学馆，实为制造轮船、火器的基础，并非"空讲孤虚，侈谈术数"。他们指出，"洋人敢入中国肆行无忌者，缘其处心积虑在数十年以前，凡中国语言文字，形势虚实，一言一动，无不周知；而彼族之举动，我则一无所知，徒以道义空谈，纷争不已"，现在设法了解洋人自强之方，却议论纷纷，一误何堪再误！他们指责顽固派"无事则嗤外国之利器为奇技淫巧，以为不必学；有事则惊外国之利器为变怪神奇，以为不能学"。他们奏折中还将了倭仁一军：既然倭仁认为决不应设立天文算学馆，自必另有计谋，如果他确有妙策可以制外国而不为外国所制，他们自当追随倭仁之后；如别无良策，仅以忠信礼义为武器，以为这就可折冲樽俎，足以制敌之命，"臣等实未敢信"。

倭仁当然不服，再次上折，依旧强调自强之道在于朝廷"用人"与"行政"，所以设立同文馆实为多此一举。

为使清廷鼓励正途出身人员报考同文馆，奕䜣等人再递上折、片各一件，进一步阐明学习西方的必要性，强调如仍苟且偷安，不思振作，后患将不堪设想。他们斥责倭仁以"道学鸣高"，故意危言耸听，总以"师事夷人""奉夷为师"指责别人，其目的无非是阻止人们报考同文馆。他们声称，同文馆雇觅洋人不过是讲授天文算学，早已奏明入馆学习者不修弟子之礼，该折业经发抄，倭仁岂有不知？为什么信口开河，肆意攻击？他们继续将倭仁的军：倭仁不是认为中国早有精通天文算学、坚船利炮的人才，只是没有精心访求吗？他们于是提出希望朝廷请旨饬下倭仁保荐数人，即行择地另设一馆，由他督饬。清廷还真接受了奕䜣等人的请求，发布"上谕"，要倭仁保荐几名精通天文算学的人才另行择地设馆，由倭仁负责。在这种情况下，倭仁不得不承认意中"并无精于天文算学之人，不敢妄保"，请求不必另行设馆。但是，他仍坚持自己原来的观点，认为天文算学只为最不重要，"并非谓欲求自强，必须讲明算法也"。

在奕䜣等人的策划下，清廷于是任命倭仁在总理衙门行走，想使他也不能不染指洋务。但倭仁表示坚辞，未获批准，便称病乞假。

当倭仁在洋务派的步步进逼下，处境十分尴尬的时候，候选直隶州知州杨廷熙通过都察院递上《请撤销同文馆以弭天变折》，以"天象示警"来为顽固派辩护。他说今年春季以来久旱不雨、疫疠流行，是"天象示警"，"京师中街谈巷议皆以为同文馆之设，强词夺理、师敌忘仇、御夷失策所致"。他认为总理衙门请求设立同文馆是"不当于天理，不洽于人心，不合于众论"，"溃夷夏之防，为乱阶之倡"。为了"杜乱萌而端风教，弭天变而顺人心"，必须"收回成命"，将同文馆予以裁撤，或者是禁止科甲正途人员报考天文算学馆。他认为中国欲求自强，只需要"纪纲立，号令行，政教兴"，"作忠义之气于行间，尽教养之怀于民上"，则洋人虽众，枪炮虽利，轮船虽多，亦断不敢肆虐于中国。他强调西方国家乃中国之

"敌国"与"世仇"，学习西方的自然科学知识就是"师事仇敌"，"无论偏长薄技不足为中国师，即多才多艺，层出不穷，而华夷之辨不得不严，尊卑之分不得不定，名器之重不得不惜"。而科甲正途人员一旦使之师事仇敌，则"忠义之气自此消矣，廉耻之道自此丧矣，机械变诈之行自此起矣。圣贤之大道不修，士林之节概不讲"，后果非常可怕。他把西学视为洪水猛兽，宁可使中国落后挨打，也决不可向敌人学习。杨廷熙自恃有倭仁为后台，又掌握儒学正统"话语权"，所以在奏折中还肆无忌惮地攻击总理衙门诸大臣，甚至直接涉及清廷最高统治者："西教本不行于中国，而总理衙门请皇上导之使行"，还有该衙门大臣"专擅挟持，启皇上以拒谏饰非之渐"等语。

顽固派不仅从抽象的理学角度反驳洋务派，而且把主张学习西方者扣上了"师事夷人""奉夷为师""师事仇敌"等类似于"里通外国""汉奸"的政治性大帽子，在近代中国屡被侵略的背景下，这种言辞更易激起人们的义愤。

最后，奕诉等人只能以自请"开去总理衙门差使"相挟。看到两派势同水火，争论愈演愈烈，继续下去将使朝政瘫痪，清廷便于 1867 年 6 月 30 日发布"上谕"，一方面严批杨廷熙、倭仁等人，一方面又用和解的口吻要倭仁"与国家休戚相关，不应坚执己见"，与总理各国事务衙门王大臣等"和衷商酌，共济时艰"；饬令奕诉等应"不避嫌怨，力任其难，岂可顾恤浮言，稍涉推诿"，当然没有同意其所请开去总理衙门差使的要求。这场争论遂告结束。

这次历时半年激烈争论的结果，双方各有得失。顽固派反对设立天文算学馆的企图毕竟没有得逞，就此而言，洋务派胜。但在顽固派的影响下，报考同文馆的人数锐减，特别是正途出身人员依然寥寥无几。顽固派的主张在社会上得到了更广泛的支持，形成了一股相当强大的舆论力量，"京师各省士大夫聚党私议，约法阻拦，甚至以无稽谣言煽惑人心"。名士李慈铭在日记中就写道，"正途"人员学西学是"以中华之儒臣而为丑夷之学子，稍有人心，宜不肯就，而又群焉趋之。盖学术不明，礼义尽丧，士习卑污，遂至于此。驯将夷夏不别，人道沦胥，家国之忧，非可言究"。一时还出现不少对联："鬼计本多端，使小朝廷设同文之馆；军机无远略，诱佳子弟拜异类为师。""未同而言，斯文将丧。""孔门弟子，鬼谷先生。"还有作俚语笑骂的，如"胡闹，胡闹！教人都从了天主教"。人言籍籍，群起非难，报考天文算学馆的人数更少。总理衙门1867年7月初奏称："两月以来，投考之人，正途与监生、杂项人员相间……共计投考正杂各项人员九十八名。"临考时，又有26人没有参加考试。参加考试的72人中，不少是因为待遇极为优厚才来报考，所以学生质量很差。只得勉强录取了30人，第二年就淘汰了20人，最后毕业的只有5人，天文算学馆名存实亡，洋务派提高国人自然科学知识的计划实际严重受挫。就此而言，顽固派胜。

这次争论的实质是西学的价值问题，亦即自然科学知识是否具有"普适性"。任何一种知识都产生于具体的"地方"，所以每种知识的源起都具有"地方性"，如果因此认为任何知识都没有普适性，那么所谓交流、交往将没有意义，不同文明之间根本无法沟通，人类也不可能发展进步。发端于西方的近代自然科学知识在引入近代中国之初被称为"西学"，即认为这只是一种"地方性"知识。顽固派坚决反对引入，即认为这种知识不具普适性、不应为"我"所有，而且是对"我"构成威胁的"他者"。洋务派虽不可能清晰认识到，自然也未明言这是一种具有"普适性"的知识，但强调能为我用，毕竟是对其"普适性"的初步承认。声光电化、天文历算这类知识从"西学"到"科学"的名称之变实即"身份之变"，表明近代中国最终承认这是一种普适性知识体系。现在，我们的认识更是提高到"科教兴国"的高度。中外历史表明，国之兴衰、社会发展之快慢，与对这种"普适性"知识接受的难易确实大有关系。

被打出来的"海军司令部"

　　1874 年末，李鸿章曾上洋洋万言的《筹议海防折》，使清廷开始重视海军建设，于是有了北洋水师的初创。但与中国漫长的海岸线和面临的险恶的国际形势相比，清廷对水师的重视显然不够，所以十年来，水师发展很不理想，除北洋水师外，其余南洋、福建、广东三支水师发展极其缓慢。更重要、现在看来也更难理解的是，全国竟然没有一个统一的水师指挥机关，各支水师皆由当地督抚管辖，本就很难协同作战，而各督抚更将水师看作自己的私产，更难调遣。例如，福建属南洋管辖，南洋大臣名义上有对福建水师的节制权，但 1879 年 5 月两江总督兼南洋海防大臣沈葆桢曾奏请将南洋各省兵轮每两月调至吴淞口会操一次，以便彼此协调，遇到紧急情况才能更好地互相支援作战，对此，福州将军庆春、闽浙总督竟以种种理由推托。南洋海防大臣的号令都很难在自己所辖的福建水师中贯彻，全国水师的整体状况便可想而知。简单说，清廷仍是用传统管理方法管理近代海军，根本未意识到近代海军装备技术相当复杂，必须统一、系统管理，管理难度远非旧水师可比。何况，朝野许多人都认为，建立一个中国传统"六部"所没有、只有"狄夷"才有的新机构，意味着"以夷变夏"，约略相当于今天可能会被某些人指为"西化"的罪过。

　　十年后，1884 年 8 月的中法马江战役，是中国近代海军组建以来的对外第一仗，却以福建水师几乎全军覆没惨告结束。海军的惨败，才使清廷开始重视海军建设，在 1885 年 6 月发布上谕，承认虽然建立了造船厂、建有海军，但"造船不坚、制器不备、选将不精、筹费不广"是失败主要原因；同时表示"当此事定之时，惩前毖后，自以大治水师为主"，并要沿海各督抚"各抒所见，确切筹议，迅速具奏"。这是十年前"切筹海防"后的再次"筹议"海防。

在随后各督抚所上的奏折中，左宗棠和李鸿章的奏折最受朝廷重视。

一手创办福州船政局的左宗棠对没有全国水师指挥的危害本就十分清楚，此次福建水师全军覆没，更以惨烈的事实证明了这一点。所以他立即上奏朝廷，提出要设立"海防全政大臣"或"海部大臣"，"凡一切有关海防之政，悉由该大臣统筹全局，奏明办理。畀以选将、练兵、筹饷、制船、造炮之全权，特建衙署，驻扎长江，南控闽粤，北卫畿辅。该大臣或驻署办事，或周历巡阅，因时制宜，不为遥制，另择副臣，居则赞襄庶务，出则留守督工，权有专属，责无旁贷，庶成效可立睹矣。惟此大臣任大责重，必品望素著，深通西学，为中外倾服者，始足当之"。收到此折后，慈禧发布"懿旨"，认为海防善后事宜关系重大，谕令军机大臣、总理各国事务衙门王大臣会同李鸿章，妥议具奏，醇亲王奕谭着一并与议。

对没有统一的水师指挥机关的危害，李鸿章当然也十分清楚，早在 1884 年 2 月末，即中法马江海战半年前，他就曾向总理衙门建议设立"海部"统管全国水师。当时总理衙门想专设一"海防"衙门，沿海七省水师建设大事由一重臣统筹。

但这个机构却不设在京师，而外设在烟台，说明其级别之低与实权之小，仅是一地方性大臣。针对此提议，李鸿章专门给总理衙门写了"请设海部兼筹海军"函，认为此议不可取，因为中国海疆辽阔，从旅顺、大连到台湾、海南岛，仅由一地方性大臣主管，根本行不通。因为此事"非一人之才力，精神所能贯注，而形隔势禁"无法"长驾远驭"。他尤其提醒总理衙门，这样会使这位重臣的权力过大，削弱中央权力，"开外重内轻之渐"。而他的意见是，这时应直接在京城设立作为中央机关的"海部"，而不是另建一带有地方色彩的"海防衙门"。他指出，西方各国"外部、海部并设衙门于都城，海部体制与他部相埒，一切兵权、饷权与用人之权悉以畀之，不使他部得掣其肘。其海部大臣无不兼赞枢密者，令由中出，事不旁挠"。他知道海军在近代中国是一个新军种，建设地方性近代海军已遇强大阻力，如在"中枢"设海部，一定会遇到顽固派更强烈的反对，甚至指其为"以夷变夏"。所以他特别强调，不能因为海军是从外夷传来"而厚非之"，因为"中国议论多不屑步人后尘"，其实我们完全可以"楚材晋用"。他知道总理衙门用"海防"一词而不用"海部"一词也是迫不得已，本意是想"踵其实而避其名"，避开顽固派的反对，但他认为大可不必，应直接用"海部"，因"海防二字顾名思义，不过斤斤自守"，所以不足以张国威而灭敌人的威风，在外患如此严重之时，应该直接在首都设"海部"，才有可能救急。由于清廷对设"海防衙门"本不重视，再加李鸿章的反对，此事便不了了之。

当然，李鸿章要设立"海部"这一急迫的建议更未得到朝廷赞同。但半年后马江惨败，朝廷再次"筹议"海防，转机突现。李鸿章自然不会放过这一等了十年才来的机会，立即上了个长折，充分论述了建立全国性"海军衙门"的理由。在这个长长的奏折中，李鸿章并不就事论事，而是详细、全面回顾了近十年来近代海军建设的艰难历程，提出了海军事业的发展蓝图。他把自己这些年的想法与苦水一倾而出，字里行间隐现对朝廷对海军事业重视不够的不满和对今后能得到朝廷的支持的期盼。他分别谈了舰船、舰队、造船、军港、船坞、炮台、学校等几个方面的具体情况。李鸿章的介绍如此之细，确令人惊讶，同时令人不禁想起约二十年前他对枪炮弹药、蒸汽机的详细介绍。不能不承认，他是清王朝"近代化"的启蒙者。在写到创办培养海军人才的各类学校遇到种种困难，因而成效有限时，他更是感慨良多，对朝廷的不满甚至溢于言表："惟朝廷似不甚重其事，部臣复以寻常劳绩苛之，世家有志上进者皆不肯就学。"包括李鸿章在内的"微臣"很少敢在奏折中对朝廷表示不满，然而他之所以在此公开表示不满之情，因为他认为新式海军人才的培养是海军建设的重中之重，必须引起朝廷的足够重视。他知道，"科举制"是妨碍新式海军学校建设的重要原因，人们仍以走科举之路为"正途"，所以他提出必须给海军学校学生以"登进之阶，令学成者与正途并重"，并提出了"新文凭"与"旧文凭"之间如何"折换"，进而如何补职升官的具体方案。若真正办理海军事业，需要大量资金，所以李鸿章在奏折中还提出了筹集经费的种种办法。

最后，他明确提出建立一个统管全国的海军衙门："西国设立水师，无不统以海部，即日本亦另设海军卿，以总理之。"而中国分南、北两洋，且各省另有疆臣，调遣困难，意见也不统一，许多规章制度也不同，"任各省历任疆吏意为变易，操法号令参差不齐，南北洋大臣亦无统辖画一之权"。这种混乱状况，怎能打仗？怎能不立即设立一个全国性的指挥机关？还能恪守"六部"旧制，以"从夷"之名反对新设海军衙门吗？

收到李鸿章的奏折，清廷认为所言甚有道理，便要他来京，与中枢各位大臣一同商议其事。9 月 30 日，清廷谕令军机大臣、总理衙门王大臣会同李鸿章妥议海防事宜，醇亲王奕𫍽也一并与议。最后由总理衙门复奏，提出设立海部或海防衙门，由特派王大臣综理其事，考虑到可供海战之船不多，暂时先从北洋已有船只精练海军一支，等到以后再考虑其他舰队。由于各地督抚的复奏也大都主张统一海防，尽管具体措施有所不同，所以慈禧太后于 10 月 12 日发布懿旨，同意成立"总理海军事务衙门"（简称"海军衙门"），由醇亲王奕𫍽为总理，庆郡王奕劻、李鸿章为会办，曾纪泽为帮办。海军衙门成立后，贯彻先精练北洋海军的方针，所以北洋海军有较快发展；1888 年 10 月，清廷批准李鸿章具体负责的《北洋海军章程》，标志着北洋海军正式成军。

然而，虽然成立了海军衙门统管全国的海军事务，但它的总理、会办、帮办却全是兼职，竟无一人在衙专职办事！由此可见，清廷对海军的重视程度仍然有限。其实，海军衙门早就应该成立，应有专人办理，但清政府却长期没有冲破旧观念的识见与勇气，不承认现代海军必须全国统一管理是一种普适的规则，长期坚持用管理传统水师的方法来管理现代海军，旧机构不敢撤，新机构不敢设，只有在经过巨大失败、被痛打一番后才被迫设立。从中亦可看出，无论大事小事，清政府很少事前主动变革，大多是事后被动应变，确已病入膏肓了。

为清廷"打工"的美国外交官

鸦片战争之后,战败的中国被迫与西方列强签订了一系列不平等条约,标志着以中国为中心的"华夷体系""宗藩体系"的崩溃,取而代之的将是现代国际关系中的"条约体系"。不过,这个变化并非一蹴而就、立即实现的,对中国来说,这是一个充满了痛苦的缓慢过程。

1858 年第二次鸦片战争后签订的《天津条约》,明文规定中国与西方列强遣使互驻。1860 年以后,西方列强便纷纷派遣公使常驻北京,而中国却一直未曾遣使出洋。因为清政府一直认为,外国使节驻京本就是对几千年"天朝"体制的破坏;而且,本来是"万邦来朝",不需"天朝"对外遣使,如果"天朝"再派使臣出驻外,更是承认了"条约体系",自取其辱。

然而,随后几年中外交涉越来越多,负责处理涉外事务的总理衙门的大臣真切地感到,在与外国交涉、谈判中,外国对中国情况非常熟悉,而中国对外国的情况几乎毫无所知,根本原因就在外国在中国驻有使节,而中国没有驻外使节。"近来中国之虚实,外国无不洞悉,外国之情伪,中国一概茫然,其中隔阂之由,总因彼有使来,我无使往。"而且,随着《天津条约》规定的十年修约之期将至,清政府对列强是否会趁机"索要多端"担心不已,急欲事先遣使各国了解情况。但此时清政府根本没有通晓基本外交常识和国际礼仪的官员，找不到能担此任者。

形势要求中国必须对外派使，但具有最高权威性的"礼"又使中国不能对外派使。正在这不派不行、派也不行的两难之际，1867 年 11 月，美国首任驻华公使蒲安臣五年任期届满卸任，来到总理衙门向恭亲王奕䜣辞行。本来一桩例行公事的外交应酬，却非常意外地使这一难题迎刃而解。

蒲安臣，1820 年出生，1846 年从哈佛大学法学院毕业后在波士顿以律师为业，两年后进入政界，积极参与了当时轰轰烈烈的废奴运动。1855 年，他当选为众议院议员，1856 年发表名为"马萨诸塞州的抗辩"的著名演说。这篇演说是美国解放黑奴运动的重要文献之一。在 1860 年的总统大选中，他全力协助林肯竞选。林肯就任总统后，于 1861 年春任命蒲安臣为美国驻奥地利公使。但奥地利政府以蒲安臣曾经发表过支持当时在奥地利统治下的匈牙利革命的演说为名，宣称不欢迎其人。此时他已在赴奥途中，到达巴黎后才得此消息，一时进退两难。这时，恰逢中国允许列强派使驻京，林肯于是改派蒲安臣为驻华公使。1862 年 7 月，蒲安臣作为清政府接纳的首批外国公使之一入驻北京。

蒲安臣驻华期间，美国的对华政策主要还是追随英、法等国，从中渔利，与中国未有严重冲突。尤其是美国在 1862 年提出的对华"合作政策"，使清政府更有好感。"合作政策"的主要内容是在中国的一切重大问题上，美国要与英、法等国协商合作，支持中国政府在维持秩序方面的努力，在条约口岸内既不要求也不占用租界，不用任何方式干涉中国政府对于它自己的人民的管辖，不威胁中国的领土完整。在具体执行过程中，蒲安臣不仅与英、法等国"协商合作"，也与清政府"协商合作"，在中美一些具体问题处理上注意与清政府沟通，因此奕䜣等人对他印象甚佳。所以，蒲安臣卸任后，在欢送他的宴会上，听到他表示今后中国如与各国有"不平之事"，自己愿为中国出力、如同中国所派使节这番客套话时，奕䜣等人却灵机一动，认为如真能请他为中国外交使臣，既可达到遣使出洋的实效，又能避免"天朝"往外遣使的体制问题和中外礼仪的纠葛，因为他毕竟是"洋人"不是"天朝"的臣民。在取得蒲安臣的同意和赫德等人的支持之后，奕䜣正式向朝廷上奏，"请旨钦派蒲安臣权充办理中外交涉事务使臣"，奏折首先阐明了中国派使的重要性，然后赞扬蒲安臣"其人处事和平，能知中外大体。从前英人李泰国所为，种种不合，蒲安臣曾经协助中国，悉力屏逐。迨后回转西洋一次，遇有中国不便之事，极肯排难解纷"。并且说明，由于中外礼仪不同，"用中国人为使，诚不免于为难，用外国人为使，则概不为难"。朝廷也认为这是一个既不失中国体统，又解决实际问题的两全其美的办法，所以立即批复同意。外国使臣谨见中国皇帝不行跪拜之礼，清政府认为有损国体国格，而任命外国人为本国外交使团领导，清政府反不认为有损国体国格。如此愚顽，确令人啼笑皆非。

清廷决定委派蒲安臣作为中国政府办理各国中外交涉事务大臣率使团出访，但又担心英、法两国有疑虑，于是决定加派一名英国驻华使馆官员为"左协理"，一名在中国海关任职的法国人为"右协理"。同时，又派记名海关道志刚和礼部郎中孙家谷二人同蒲安臣一同出使，亦任"办理中外交涉事务大臣"。使团随行人员有30多人，其中有一些是同文馆的学习外语的学生，他们充任翻译。中国近代史上第一个外交使团就这样组成了。

蒲安臣毕竟是外国人，所以清政府还是对其权限作了某些规定。总理衙门就限制蒲安臣权限向皇帝报告说："凡于中国有损之事，令其力为争阻；凡于中国有益之事，令其不遽应允，必须知会臣衙门覆准，方能照行。在彼无可擅之权，在我有可收之益。倘若不能见效，即令辞归。"使团出发前，又给蒲安臣八条训令，要求他前往各国，所办之事，所到之处，都应与中国使臣"和衷商酌"，大小事件都要"逐细告知"；遇到重大事情，必须与中国使臣一起"咨明中国总理衙门候议，再定准否"。同时还要求蒲安臣有培养、训练中国随行人员的责任，使其能"历练一切"。不过，清政府最担心的仍是"礼仪"问题，所以对"礼仪"问题的指示最为详细。要求中国使团不必见外国元首，"或偶尔相遇，亦望贵大臣转达，彼此概免行礼。俟将来彼此议定礼节，再行照办"。每到一国，国书并不直接交给该国元首，而是"由该处执政大员代递"，并且说明将来有约各国给中国皇帝的国书，"或由贵大臣赍回，或交住京各大臣转呈中国，亦即照此而行，庶乎仪节不致参差"。"如有欲照泰西之例优待者，贵大臣不能固却"，但必须"向各国豫为言明，此系泰西之礼，与中国体制不同，因中国无论何时，国体总不应改，不必援照办理，不得不豫为声明"。

中国自命为"天下之中"的"天朝"，从无"国旗"之说。但外交使团出访则不能没有国旗，所以蒲安臣在出使期间设计了中国有史以来第一面国旗，即黄地蓝镶边，中绘一龙，长3尺，宽2尺。作为中国象征的黄龙旗飘扬在欧美各国，标志着中国第一次以现代主权国家面目出现在国际社会之中。在与国际规则接轨的方向上，中国又跨近一步。

1868年2月25日，蒲安臣使团从上海出发，横渡太平洋，于4月初抵旧金山。蒲安臣知道公众舆论对美国国会、政府的影响，所以在许多地方发表演讲，宣传中国的进步，并公开表示："我希望中国的自治能够得到保持，我期望他的独立能够得到保证，我期望他能够得到平等的待遇，从而使他能够得到与所有国家同等的权利。"蒲安臣的演讲充满热情，所到之处引起轰动，深深打动了听众。6月初，使团来到华盛顿，蒲安臣率中国使团来到白宫，他并未遵从总理衙门的训令，而以握手、鞠躬的西方礼仪谒见美国总统，呈递了中国有史以来的第一份国书。以后在访问其他国家递交国书时，自然也是援以西方礼节。

在美期间，蒲安臣还不顾总理衙门的限令，在华盛顿代表中国与美国签订了中美《天津条约续增条约》八条，史称《蒲安臣条约》。这是近代以来中国首次以主权国家身份而不是战败国身份签订的对等性条约。主要内容是美国对中国的发展采取不干涉政策，尊重中国领土主权完整，规定两国互派使节，中国派劳工往美国，保证两国人民可在对方国家居住、传教和留学，并可归化为公民等。如其中第七条规定中国学生到美国留学时美国"需照相待最惠国人民"对待，为几年后首批中国幼童赴美留学打下了法律基础。其他一些条款对赴美华工、侨民也起了某种保护作用。清政府长期视华侨为不忠不孝

的叛逆者，此条约则改变了清廷对海外华人华侨的态度，转而
采取保护态度。后来清政府就是以此条约为依据，对美国的
"排华"采取抗争手段。1869 年 11 月，美国公使与清廷交换
批准书时，清政府虽为蒲安臣越权恼火，但因为此约毕竟是中
国首个对等条约，且内容亦于己有利，于是批准此约。

　　1868 年 9 月，蒲安臣使团来到英国，晋见了维多利亚女
王，也递交了国书。对蒲安臣提出的"互惠政策"，英方原则
上同意，不违背中国意愿与独立安全；中国当履行条约义务；
英国只在侨民生命财产受到威胁的时候，才保留使用武力的可
能。1869 年 1 月初，使团到达巴黎。法皇拿破仑三世接见代
表团，表明与英国的立场相同。在德国，德皇威廉一世多次约
见使团人员。在德国，使团还会见了铁血宰相俾斯麦，当时德
国统一尚待稳定，更因面临欧洲种种问题无暇东顾，发表声明
完全尊重中国意愿，彼此交往。在瑞典、丹麦、荷兰等国，因
为没有与之"修约"，也没有棘手的交涉任务，使团在这些国
家有些类似于观光。1870 年 2 月 2 日，使团到达俄国首都圣
彼得堡。2 月 16 日，沙皇亚历山大二世接见使团并接受国书。
但沙皇却避免谈及中俄疆界纠纷，反而大谈俄美关系，使代表
清政府的蒲安臣大为尴尬，同时对俄国的对华政策深有疑虑。
舟车劳顿加上冒寒犯冷，次日蒲安臣就病倒了，被诊断为急性
肺炎。在病中，他仍然关注俄国局势及中俄边境问题。据使团
随员志刚记载，蒲安臣"病势日加，犹日阅新闻纸，以俄国
之事为忧"。而中俄边境"毗连陆地将万数千里，而又各处情
形办法非一，恐办法稍差，失颜于中国；措辞未当，又将贻笑
于俄人。乃日夜焦思，致病势有加无减"，终至不起，于 2 月

23 日在圣彼得堡病故。2 月 26 日，在圣彼得堡的英国教堂内为蒲安臣举行了葬礼。随后，他的遗体被运回美国，在家乡安葬。志刚对蒲安臣的评价是："查蒲使为人明白豪爽，办事公平，而心志未免过高，不肯俯而就人。一遇阻碍，即抑郁愁闷而不可解；兼之水陆奔驰，不无劳瘁。受病已深，遂致捐躯于异国。"蒲安臣病故后，使团由志刚主持，继续访问了比利时、意大利、西班牙等国。志刚认为："礼从宜，使从俗，亦礼也。"所以，在觐见三国国君时，他也亲递国书，采纳国际通行的鞠躬、握手等外交礼节。最后，使团在志刚的率领下于 1870 年 10 月回到北京。

蒲安臣使团在一定程度上完成了"笼络各国"的外交使命，得到了美、英等国政府不借"修约"之机提更多要求、不干涉中国内政的承诺。所以，当蒲安臣逝世的消息传到北京，清廷颁布上谕深表痛惜，"着加恩赏给一品衔，并赏银一万两"，"交该使臣家属祗领，以示优待之意"。

但更重要的是，虽然中国的首位外交使臣是由美国人担任，但蒲安臣使团毕竟是作为中国政府出访欧美的第一个正式外交使团，毕竟蹒跚跨出了晚清官员走向世界、迈向国际社会的第一步，为以后中国近代外交使节制度的建立开辟了道路，为中国外交礼仪、机制的近代化奠定了第一块基石。随团出访的志刚的《初使泰西纪》、孙家穀的《使西书略》、张德彝的《欧美环游记》，成为近代中国开始走向世界、认识世界的启蒙读物。饶有历史意味的是，在 20 世纪 80 年代初中国开始改革开放、重新"走向世界"的曙光初现之时，已被遗忘的这三本书在百年后被再次印行，影响甚大，又一次成为启蒙读物。蒲安臣当年绝想不到，自己为清廷"打工"，会有益于百余年后中国的改革开放；倘地下有知，他一定会为此大感自豪罢！但他的"自豪"，不恰恰说明了中国历史的曲折与艰难么？

近代新词与中日"师生易位"

"阳历初三日，同胞上酒楼。一张民主脸，几颗野蛮头。细崽皆膨胀，姑娘尽自由。未须言直接，间接也风流。""处处皆团体，人人有脑筋。保全真目的，思想好精神。势力圈诚大，中心点最深。出门呼以太，何处定方针。"这是20世纪初流传的两首"打油诗"，因为当时一大批现代自然科学和社会科学新词传入我国，引起了许多尖锐的批评和非议，这其中的团体、脑筋、目的、思想、精神、方针、同胞、民主、膨胀、自由、直接、间接等当时全是颇遭物议、讽刺的"新词"。

这些新词大都由日本传入，遭到许多人的反对。湖南的著名保守派人士叶德辉在维新运动时，就痛斥这些新词，提出来要辨文体，他指责说："异学之诐词（按："诐"音"毕"，"诐词"指邪僻的言论）、西文之俚语，与夫支那、震旦、热力、压力、阻力、爱力、抵力、涨力等字触目鳞比，而东南数省之文风日趋诡僻，不得谓之词章。"当时维新运动在东南影响比较大，维新派的报纸上这些新词用得多，他认为这种文风就不能成为"词章"。连素以"开明"著称的重臣张之洞，亦以反感并力禁使用"日本新词"闻名，以至于他七十大寿时，其门生和部下樊增祥所撰长达两千余言的骈文，在细述张氏德政时，特将此事叙入，极表赞佩。寿文有句云："如有佳语，不含鸡舌而亦香；尽去新词，不食马肝为知味。"文中所谓"鸡舌""马肝"是引用典故，在此以"鸡舌""马肝"暗喻"日本新词"，意谓不必用这些新词，照样能学问精通。

但语言具有某种强迫性，甚至使反对变化的人也不知不觉地使用种种"新词"。随着"新学"日兴，要完全摆脱"新词"变得越来越不可能，即便憎恨新词如张之洞，亦未能免俗。一次，他请幕僚路某拟一办学大纲，不料拟就之后他见文中有"健康"一词，便勃然大怒，提笔批道："健康乃日本名词，用之殊觉可恨。"掷还路某。偏偏路某略通新学，当即发现张之洞的"把柄"，便针锋相对地回曰："'名词'亦日本名词，用之尤觉可恨。"二人遂不欢而散。还有曾任湖广总督、两江总督的端方也反对新词，在一次批阅学生"课卷"时写道："谓其文有思想而乏组织，惜用新名词太多。"他不知道，"思想""组织"也是新名词，因此成为一时笑谈。

反对用"日本名词"者如张之洞、端方，却也无法摆脱"新词"的困扰，确有象征意义。

在中国近代新观念的引进中，由于日本对"西学"的译介远胜中国，加之大量中国学生留学日本、中日"同文"等诸多原因，使译自日文的书籍在甲午战争中国为日本所败后突然后来居上，迅速超过原来的中译西文书籍。梁启超到日本不久，即写下《论学日本文之益》一文作为《清议报》的社论，力论应向日本学习，从中可见当时知识界心态之一斑。他写道："既旅日本数月，肆日本之文，读日本之书，畴昔所未见之籍，纷触于目，畴昔所未穷之理，腾跃于脑，如幽室见日，枯腹得酒，沾沾自喜，而不敢自私，乃大声疾呼，以告同志曰：我国人之有志新学者，盍亦学日本文哉。"一年后，他更回忆说在日年来的经历使他"脑质为之改易，思想言论，与前者若出两人"。细查这几年梁启超等人的论文，他们的思想的确发生了重大转变，不仅对"西学"的了解突飞猛进，而且所使用的重要术语从原来基本上都是中国术语转为几乎全用日本术语。从1900年后，中国"新知识"的翻译工作几乎就集中在日本，甚至当时差不多每一种日本中级教科书都被译成了中文，连一些教员的讲义也被翻译。

其中值得一提的是如今几乎已被人遗忘的范迪吉译编的《编译普通教育百科全书》（以下简称《全书》），当时广为发行，影响不小。《全书》包括了"知识"的各个领域：宗教和哲学6种，文学1种，教育5种，政治法律18种，自然科学28种，实业（包括农业、商业和工业）22种，其他2种。《全书》使用的是标准的日本术语，对中国各类学科术语的规范化起了重要作用。其实，近代中国的大门先于日本被西方的坚船利炮打开，因此"西学东渐"也先于日本，所以在明治维新前后，日本恰恰是通过中国了解西方、"西学"，将中文"西学"书籍大量译成日文出版。这期间的许多"日本新词"却是来自汉语，如铁路、铁道、新闻、国会、权利、主权、公法、选举、化学、植物学、细胞……不一而足。但当近代日本全面超过近代中国后，日语新词便开始大量、迅速流入中国。

通过这种大量的翻译引介，一大批日语词汇融入了现代汉语。有意思的是，这些词汇甚至迅速取代了"严译"的大部分术语。这些几乎涉及各类学科的新词汇，或是现代日本新创造的，或是使用旧词而赋以新意，现在又被中国广大知识分子所引进，这大大丰富了汉语词汇，并且促进了汉语多方面的变化，为中国的现代化运动奠定了一块非常重要的基石。现在我们常用的一些基本术语、词汇，大都于此时自日本舶来。

如当我们顺口说出"为人民服务""加强组织纪律性""讲政治""永远革命""申请入党""掌握政策""大政方针""解决问题""学习理论""学好哲学""坚持原则"等时，其中的服务、组织、纪律、政治、革命、党、方针、政策、申请、解决、理论、哲学、原则等词汇，实际全是来自日语的"外来语"，还有像经济、科学、商业、干部、后勤、健康、社会主义、资本主义、封建、共和、美学、美术、抽象、逻辑……数不胜数，全是来自日语。

大量新词的引进，实质是一种观念、价值观的变化。比如说，近代引进的"科学""民主"等，与中国传统的格物、民本已经是完全不同的话语了。还有，"党"这个词在中国传统汉语里也早就存在，却是一个很负面的词，"党"的繁体字上面是一个尚、下面是一个"黑"，就是"尚黑"。直到今天，这种负面的意思在汉语中也还存有遗迹，像我们说"君子不党""结党营私""死党"等。但是，"党"这个词在近代从日本引进后，就在相当程度上修改了中国传统汉语中"党"这个词的意义。现在提到的党，最起码它是一个中性的字眼。"党"这个词几乎完全成为具有现代政治意义的一套话语，对中国社会的影响不必多说。又如劳动、劳动者、劳动阶级、劳动神圣这些词，对中国近代政治、对鼓舞人民参加社会活动都起到了很重要的作用。

最值得一说的是"革命"这个词，因为以"革命"为代表的这套话语是中国近代社会剧烈变化的一个助燃剂。

中国古语早有"革命"一词，但与其现代意义有本质不同。梁启超在1902年专门写过《释革》这篇文章，他说汉语中的"革命"包含英语中 Reform 和 Revolution 这两个词的意思：Reform 是根据一个事物本来的面目而进行的一些改良、改善，比如像英国1832年的革命实际上就是 Reform。而 Revolution 的意思则是像轮子一样，把一个事物完全颠倒了，比如说法国1789年的 Revolution 就是革命。梁启超当时在日本，日本人把这两个词分别翻译成改革（革新）和革命。日本人借用了汉语中"革命"这个词来翻译"Revolution"，而以前汉语中提到的"革命"是指王朝的易姓，新王朝推翻了一个旧的王朝，所以不是现代意义上的革命。1904年的时候，梁启超又写了《中国历史上革命之研究》，他把革命分了三个层次，认为革命有狭义、次广义和最广义三个层次：最广义的革命是指社会上一切有形与无形之事物所发生的大变化，不论是观念的、物质的，还是一个制度发生的根本性的变动；次广义的革命就是指用暴力手段，用一个新时代取代一个旧时代；狭义的革命是指专用兵力来推翻的中央政权。现在，"革命"已是一个常识性的词，但刚刚被引入中国的时候，人们并不明白是什么意思，所以梁启超就对革命这个词做了很多解释。

这几个例子说明，新词的引进，实际上就是一种新事物的引进，新事物包含着新知识，新知识之下孕育着一种新概念、新的价值体系和新的话语体系，这些新的观念、新的话语体系必将导致社会的变化。现代汉语中的"党"与古汉语中的"党"意思完全不同，现在我们所说的"革命"与传统语境中的"成汤革命""汤武革命"中的"革命"完全不同。

　　新词引进说明，语言从来就处在变动不居之中。在人类交往的过程中，不同的语言总是在互相影响，而且随着不同文明间的交往、交流而加快、加深。从理论上说，语言交流应该是彼此平等、互相影响的，不同文明间的交流应该对等地相互吸收"外来语"。但实际上语言也十分"势利"，如同流水，也是高往低流，根本不可能完全"平等"。语言发展演变的历史表明，"外来语"更多地是从"先进""中心"向"落后"的"边缘"渗透、侵入，逆向流动者绝少，后者不得不深受前者影响。而大量"外来语"在近代随西学东渐，甚至有"外来"居上之势，盖因"西学"较"旧学"发达先进也。无论高兴与否、赞成与否，这种自然而然的过程就是如此，难以人为改变，大可不必因此而痛心疾首。若一定要"查户口""讲出身"，非要"正本清源"查"血统"，非祖宗八代"根红苗正"不可，一定要把这种带有"殖民"色彩的"外来语"统统扫地出门，则我们现在几乎无法开口说话。

　　虽有种种混乱，但总体来说"外来语"使我们的语言更加生动、新鲜、丰富。格外值得深思的是，在近代中日文化交流中，日本从"新词"的"输入国"一跃而为"输出国"的重要原因，是"新学"在日本遇到的阻力比中国小得多。这种"师生易位"的历史说明，若想以保守封闭来维护民族文化传统，用心可谓良苦，但结果不仅无裨于事，反而更加被动，"弘扬民族文化"云云则更无从谈起；相反，只有开放的文化才能赢得主动，民族文化才能真正弘扬。

"牙科进士"

　　近代以来，在西方坚船利炮的一次次冲击下，国人渐知声、光、电、化的利害，只得"不耻下问"地"师夷长技"，派学生到国外留学。只是这"坚船利炮"属"形下之器"，向为士人所不齿，传统士大夫认为只有举业才是正途。而且，从体制上说，也只有科考入仕才有"出路"。偶有留学归国者，也因没有"功名"而难受重用，社会地位自然不高，不被重视。但随着风气渐开，留学人数终于慢慢增多，其中尤以留日学生为多，他们大多倾向革命。无奈之中，清廷只得在光绪二十九年（1903）四月嘱以"通洋务"著称的张之洞拟定鼓励出洋学生章程，其主旨是既发挥留学生作用，使之"有出路"，但又限制其革命倾向。

　　章程共十款，主要内容是朝廷亦为"品行端谨，毫无过犯"的留学生专开考试，中试者授以翰林、进士、举人等，并且即时授职。章程规定："在普通中学堂五年毕业，得有优等文凭者，给以拔贡出身，分别录用"；"在文部省直辖高等各学堂暨程度相等之各项实业学堂三年毕业，得有优等文凭者，给以举人出身，分别录用"；"在大学堂专学某一科或数科毕业后，得有选科及变通选科毕业文凭者，给以进士出身，分别录用……"；"在日本国大学堂暨程度相当之官设学堂之中毕业，得有学士文凭者，给以翰林出身"，而"得有博士文凭者，除给以翰林出身外，并予以翰林升阶"。而后，清廷又对在各国留学的留学生回国后如何予以功名的具体办法做了一系列规定，奖给进士、举人者，并加某学科字样，如文科进士、法科举人、工科举人、商科进士、医科举人、农科进士等。（舒新城：《近代中国留学史》）据说时有学牙科者，及第为牙科进士，授知县职，成为一时笑谈。极端保守、反对任何变化的宿儒王湘绮为咸丰进士，后授翰林院检讨，于是写诗赠张之洞谑之，其中有"愧无齿录称前辈，喜与牙科步后尘"句，广为传诵。（朱德裳：《三十年闻见录》）

　　不过玩笑归玩笑，从历史的观点来看，在"牙科进士"的背后，实际有着某种更为深刻的东西。这说明当时的社会正在经历转型的巨变，"士农工商"这种结构简单的传统社会正在向结构复杂的现代型社会转变，"官本位"正在一点点变化，"士"正在分化成为现代意义上的专业知识分子，当然，头上一时还难免要拖着一根"小辫子"，还不能完全"摘去顶戴花翎"。另外，从中倒也还看得出清廷力图适应社会变化的某种努力，因为有些姗姗来迟、太不彻底，所以显得不伦不类，使人忍俊不禁，但这毕竟是种值得肯定的开明之举。不过，当几十年后我们还不得不面对"局级和尚""处级道士"之类现象的时候，则实在令人啼笑皆非，别有一番"历史的感慨"。

1875：政争

工程与政治：重修圆明园的
政坛风波

　　圆明园是著名的皇家园林，自雍正帝以后，园居渐成宫廷风尚，尤其是咸丰帝更是常年在此，几乎以此为宫，因为住在集中西园林之萃、景色宜人的圆明园，要比住在宏伟壮观、气象森严，每日必须"正襟危坐"的紫禁城自在、舒服得多。无奈圆明园被英法侵略军焚毁时，正值太平天国和捻军等农民起义运动风起云涌之际，清廷统治岌岌可危，当然顾不得重修这座废园。但几年之后，太平天国和捻军刚被镇压下去，便渐起修园之声，引起清廷内部的激烈争论。令人意想不到的是，一座花园的修与否，最终却引发了晚清政坛的一场轩然大波。

　　事情还须从头说起。

　　1861年秋，咸丰皇帝在热河病死后，慈禧与恭亲王奕䜣联手发动"辛酉政变"，推翻顾命制度，确立了太后垂帘、亲王辅政的体制。奕䜣由于在政变中厥功至伟，被授为议政王，在军机处行走，权柄赫赫，炙手可热。由于奕䜣总揽朝中大权，不久便与权势欲极强的慈禧产生矛盾，明争暗斗，终于势同水火。1865年春，经过精心筹划之后，慈禧突然下诏痛责奕䜣，明令"恭亲王着毋庸在军机处议政，革去一切差使，不准干预公事"。此诏一出，却引起不少王公大臣、地方大员的强烈反对。经过一番波折之后，尚未掌握全权的慈禧于是召见奕訢，当面训诫后就发谕旨说："本日恭亲王因谢恩召见，伏地痛哭，无以自容，当经面加训诫，该王深自引咎，颇知愧悔，衷怀良用恻然……"所以决定奕訢"仍在军机大臣上行走"，但免去其"议政王"之封。经此羞辱打击，奕訢的权势与威望受到重创。

奕訢当然不愿就此罢休，一直寻机报复。1868 年 9 月，深受慈禧宠信、一贯恣意妄为、不可一世的大太监安德海知道奢靡成性的慈禧一直想修复圆明园，于是指使御使德泰奏请修复圆明园，讨好慈禧。由于修园需款甚巨，安德海同时又指使内务府库守贵祥拟出筹款章程，"请于京外各地方，按户、按亩、按村鳞次收捐"。此议一出，奕訢等人坚决反对，认为"侈端将启"，加饷派捐更会使"民怨沸腾"，"动摇邦本"，"丧心病狂，莫此为甚"。在奕訢的坚持下，德泰、贵祥二人受到革职和发黑龙江为奴的严厉处分。但安德海并未因此而稍有收敛，且于 1869 年秋违反祖制，以为太后置办龙衣为名出京南下，为山东巡抚丁宝桢执杀。慈禧闻讯大惊，不过碍于祖制，又有慈安太后、同治帝、奕訢及一些王公大臣的联合施压，只得接受既成事实，但气急败坏，大病一场。

慈禧病愈之后，内务府人员又以太后休养为名，重提修园之议。内务府人员长期力主修园是为了讨好慈禧太后，更是为了从中得利。晚清政治腐败，贪污成风，国家的大型工程项目便成为有关人员大捞一把的好机会，所以有关方面总是千方百计以各种名目争取兴办各种项目，以中饱私囊。内务府人员这次吸取了前番德泰、贵祥的教训，采取了长期游说、引诱性喜游乐的同治帝的办法，终使同治帝在 1873 年秋以颐养太后为名，发布重修圆明园的上谕，并要"王公以下京外大小官员量力报效捐修"。但御使沈淮在上谕发出的第三天就上疏皇上，力请缓修。不想，同治大怒，再次下谕修园。这两道修园上谕颁发之后，内务府立即行动起来，赶忙雇用民工，清理旧园，同时命令南方一些省份立即采办大件木材三千件，限期运送北京。慈禧当然更是忙碌起来，多次召见有关人员，甚至审议一些具体方案，多次颁发有关谕令。对此，反对者依然不少，帝师李鸿藻苦谏同治毫无效果，御使游百川上疏恳请缓修反被革职。同治帝还严告群臣，再有奏请缓修者一定严惩。奕䜣开始还声言反对，后见如此阵势，深知此次难以阻止，便三缄其口，反而首先"报效"工银两万两，表示支持。

1874 年 3 月 7 日，圆明园正式开工重修。不过，此时修园的时机的确非常不好。法国正加紧侵略越南，以之作为北犯中国的跳板，直接威胁中国的西南边疆；日本开始发动侵略我国台湾的战争；新疆又爆发阿古柏叛乱，左宗棠率军西征，日夜为难以保障的庞大军需发愁。自鸦片战争以来的几十年间，中国的外患内乱不断，清政府的财政危机日益加剧，连办紧急军政大事的财力都无法保证，此时还要大兴土木重修圆明园，根本就拨不出款来。与重新修园所需经费相比，官员个人的"报效"只是杯水车薪，无济于事。

正在内务府为修园经费一直无着发愁之时，一个名叫李光昭的"候选知府"声称愿为修园报效值银三十万两的木材应急。李光昭原为贩卖木材、茶叶的小商贩，本有前科，后来"捐输"得来一个知府衔，但并未得部照。所谓"捐输"，就是用钱买官或官衔，可以直接缴纳银两，也可以为地方公共事业捐银，按清政府规定的"统一价格"，以捐银的多少决定"购买"什么等级的官衔。鸦片战争以前，捐输只是用于特例，如筹措战事银饷、赈灾等，并曾一度废止。鸦片战争以后，清政府财政一直困难，捐输竟变成常例，并日渐成为清政府一个重要的财政来源。李光昭来京贩卖木材时，与几名内务府大臣相识，知道这是一个发财的机会，便谎称自己在许多省份都购有木材，可以报效。他与内务府有关人员互相勾结，经内务府出面奏请后，他便打着"奉旨采办"的名义南下办理此事，而且胆大妄为地私刻了"奉旨采运圆明园木植李"的衔条。由于此事办得极不顺利，他只得到香港向一名法国商人购买，签订了购买三船价值洋银五万四千二百五十元的木材的协议，先付定洋十元，货到天津即付款的合同。李光昭回到北京后，却向内务府谎报自己购买了值银三十万两的木材"报效"。货船到天津后，同治帝闻讯大喜，急令直隶总督、北洋大臣李鸿章免税放行，迅速运京。不想李光昭根本无力付款，便称木材尺寸与原议不合，拒绝提货付款。法商当然不干，由法国驻天津领事出面，照会天津海关和天津道，称李光昭私自废约，有意欺诈，要求清政府扣留李光昭，令其付款并赔偿法商损失。李鸿章本就不赞成此时修园，急忙将此情况奏报同治帝。同治帝大怒，责令将李光昭先行革职后交李鸿章严厉查办。李鸿章在查办此案时发现，李光昭不仅根本无力购买这些木材，而且欺骗朝廷，多报了二十多万元的货价；更严重的是，他竟私自以"圆明园监督"的身份与外商立约，此案险成外商与"大清皇帝"之间的诉讼，几乎要引发一场严重的外交纠纷。李鸿章根据有关律令，判处李光昭斩监候，秋后处决。

李光昭诈骗案的消息迅速传开，舆情大哗，人们拍手称快。因为上上下下反对重修圆明园的人数虽多，但在慈禧太后与同治帝的威压之下，全都敢怒不敢言，李案为他们提供了公开反对修园的良机。恭亲王奕䜣、醇亲王奕譞与其他一些王公大臣联名上疏，痛陈修园之巨弊，恳请急停。他们担心仅有上疏还不够，又再三要求同治帝召见，面陈利害。经过再三恳求，终得晋见。8月27日，晋见皇帝时奕譞将折中所陈数条再一一详细讲解，同治帝不仅不为所动，反而对他们怒斥一番。军机大臣、吏部尚书、大学士文祥见状伏地痛哭，几乎昏厥，为人扶出。醇亲王奕譞则继续泣谏，痛陈必须停止修园之理由。这些劝谏初步打动了同治帝，同意考虑停止修园。但最后的决定权实际在慈禧手中，于是李鸿藻又上疏慈禧，详陈停止修园的种种理由；一些御史也上折参奏内务府大臣与李光昭狼狈为奸、中饱私囊的种种违法事例。在这种情势下，同治帝在9月9日又召见军机大臣、御前大臣等再议是否修园之事，同治帝与奕䜣、奕譞之间竟然反复辩驳。由于群臣都主张停工，同治帝不得不决定发旨停修，事情到此似已结束。

然而就在当天军机大臣拟就停修谕旨之时，内廷忽然发下一道同治朱谕，列举恭亲王种种罪状，宣布革去其一切差使，降为不入八分辅国公，交宗人府严议。9月10日，内廷又下一道朱谕，将对奕䜣的处分改为革去亲王世袭罔替，降为郡王，仍在军机大臣上行走，其子载澂革去贝勒郡王衔。同时，以"朋比谋为不轨"的罪名，将惇王、醇王、文祥、李鸿藻等十名力主停修的王公大臣尽行革职。但就在第二天，即9月11日，慈禧突然在弘德殿慰谕奕䜣，表示"十年以来，无恭王何以有今日，皇帝少未更事，昨谕着即撤消"。同时懿旨赏还奕䜣及其子载澂爵秩，当然，对奕䜣的惩处"原属咎有应得，惟念该亲王自辅政以来，不无劳勚足录，着加恩赏还亲王世袭罔替、载澂贝勒郡王衔。该亲王当仰体朝廷训诫之意，嗣后益加勤慎，宏济艰难，用副委任"。这一"夺"一"还"，其实都是慈禧在幕后操纵，意在再次向朝廷内外表明奕䜣等王公大臣都可被她玩弄于股掌之中，她已大权在握，她的权威不容轻觑，更不容侵犯。

至此，历时半年的"修园之争"虽以"停修"而结束。但由此引发的政坛风波却进一步加强了慈禧太后的权威，再次严重削弱了恭亲王奕䜣的权势。因此，当同治帝在几个月后（1875 年 1 月 12 日）突然病死，在慈禧深违祖制，采取一系列手段强立载湉（光绪）为帝以独揽大权的过程中，曾经权倾一时的奕䜣此时却只能听之任之，甚至随声附和，日渐成为晚清政坛一个无足轻重的配角。

是否重修圆明园本来是个工程问题，但在封建专制的政治体制中，这种"工程问题"往往会演变成"政治问题"。一旦最高统治者决定要上某项工程，反对者就有"犯上"之嫌，因为事关最高统治者的颜面和权威。而且，由于政争不能透明、公开，所以各派政治力量经常借机生事，以此大做文章。围绕着"工程问题"的相互争斗往往会导致各种政治力量的此消彼长，使政治格局发生某种变化。在这种背景下，"工程"就成为"政治"，所以对一些重大工程是否应当立项便很难作比较科学、客观的评估。这当然是"工程"的不幸，但更是"政治"的悲剧。

慈禧手中的"祖宗之法"

1875 年 1 月初，同治皇帝病死。由于同治帝没有子嗣，皇位继承便成了问题。

按照清代的"祖宗家法"，皇帝死后无子，应从皇族近支中选出一男性晚辈继承帝位。同治皇帝载淳是"载"字辈，其下是"溥"字辈，按祖制，应从"溥"字辈中选一人继承帝位。但立"溥"字辈的人继承帝位，慈禧将因其孙辈为帝而被晋尊为太皇太后，位虽尊却不能再垂帘听政，所以慈禧不惮违反众意、破坏祖制，置清王朝最高统治者包括她自己在内一再强调不能更改的"家法"于不顾，坚持从"载"字辈中选择嗣帝。也就是说，要从同治皇帝的平辈，即诸堂兄弟中再选新皇帝。即便从"载"字辈中挑选，皇室近支中最有资格入选的应是奕䜣长子载澂，但慈禧一因奕䜣与己不和，如立载澂，则恭亲王的权力过大，对自己不利；二因载澂年已十七，如立他为帝，他就要亲政，慈禧同样不便揽权。思来想去，挑来挑去，慈禧最后选中了醇亲王奕譞的儿子载湉（即后来的光绪皇帝）。因为当时载湉只有四岁，即位后慈禧可重新垂帘听政，而且其母又是慈禧胞妹。在宣布立载湉为帝的会议上，无人敢反对，倒是作为新皇帝之父的醇亲王奕譞当即昏倒在地，甚至难以扶起，究竟是对这种明目张胆违反祖制的做法——在如此重大的问题上——心惊胆战而真正昏迷，还是故作姿态向众人表示并非己意，已无法考证。但无论哪种可能，都说明违反祖制的严重性。

由于慈禧强立载湉为帝，这就使同治帝皇后阿鲁特氏在宫在处于既非皇后也非皇太后的尴尬境地，终因不堪忍受慈禧的折磨和凌辱，在同治帝死后不到百日便自杀身亡。由于慈禧早已大权在握，所以对她强立载湉为帝众人虽十分不满，但无人敢公开反对。只有内阁侍读学士广安和御使潘敦俨上奏，非常曲折委婉地表示不满，但前者被慈禧传旨申饬，后者受到"夺职"的处分。慈禧这种"枉国法、干舆论"的做法只遇到一两个并无实权的官员的温和的反对，很快为其压下，并未引起严重的政治危机。

皇位承继程序、制度是任何王朝最重要、最核心的程序和制度，但慈禧连这种事关王朝安危的"祖宗之法"都任意破坏，将其玩弄于股掌之上，足见其心中根本没有任何"祖宗之法"。然而引人深思的是，二十多年后慈禧发动戊戌政变、残酷镇压维新运动时，其最重要的"理由"却是维新改变了祖宗"成法"、违背了"祖制"和"家法"、破坏了传统。

由于唯恐"维新"削弱自己的权利，所以她在1898年9月末发动政变，囚禁光绪皇帝，追杀维新党人。政变发生当天，慈禧太后重新训政，召一些重臣跪于案右，光绪皇帝跪于案左，对光绪疾声厉色地问道："天下者，祖宗之天下也，汝何敢任意妄为！诸臣者，皆我多年历选，留以辅汝，汝何敢任意不用！乃竟敢听信叛逆蛊惑，变乱典型。何物康有为，能胜于我选用之人？康有为之法，能胜于祖宗所立之法？汝何昏愦，不肖乃尔！""变乱祖法，臣下犯者，汝知何罪？试问汝祖宗重，康有为重，背祖宗而行康法，何昏愦至此？"光绪战战兢兢地辩解说："是固自己糊涂，洋人逼迫太急，欲保存国脉，通融用西法，并不敢听信康有为之法也。"太后又大声怒斥："难道祖宗不如西法，鬼子反重于祖宗乎？康有为叛逆，图谋于我，汝不知乎？尚敢回护也！"光绪本已魂飞齿震，此时"竟不知所对"。

一句"难道祖宗不如西法，鬼子反重于祖宗"的质问便使光绪皇帝无言以对，足见其效力之强，如有"神功"，而此时慈禧俨然是"祖宗之法"的卫道士。

慈禧对待传统的这两种截然不同的态度提醒人们，所谓"祖宗之法""传统"等纯粹为她所用，只是她的手中玩物。当"祖宗之法"威胁到她的权力时，她便将其弃如敝屣；而一旦她的权力受到变革的威胁时，她又转身成为"祖宗之法"的坚决捍卫者，不许人"任意妄为""变乱祖法"。因此，人们固然要重视传统，但更要重视的是究竟是谁在掌控传统，又是如何利用传统的。

莫道昆明池水浅，原来是为"练海军"！

　　慈禧挪用巨额海军军费为自己修建颐和园并兴建"三海工程"（北海、中海、南海），是晚清政局腐朽透顶的一个最明显的标志。在内忧外患不断、财政几濒破产，统治岌岌可危可说已到朝不保夕的险境之中，她竟能动用巨额军费为满足自己"颐养"、游乐之欲而大兴土木、修建奢华园林，且无人敢于劝阻，则不能不说大清王朝的"气数"将尽了。

　　不过，以慈禧的权柄独操、连皇帝都可玩弄于股掌上的"独尊"地位，从来信奉"朕即国家"、视举国为其私产，完全可以从各方各面拨钱为自己建园修海，为何独独"看中"创建伊始的海军、偏偏要动用海军军费？个中缘由，颇耐人寻味。

　　慈禧性喜享乐，曾几次想重修刚被英法联军焚毁的圆明园，但因花费实在太巨，且恭亲王奕䜣、醇亲王奕譞及李鸿章等一批王公大臣或明或暗地联手反对，终不了了之。此后，"修个花园"始终是她的一个"情结"。到了1877年冬，在慈禧的几次打压下，奕䜣已经失势，奕譞却日渐得宠。或许是为了弥补当年曾经反对重修圆明园之"过"，使自己在慈禧面前更得宠幸，奕譞就想以在昆明湖边设机器局的名义为慈禧重建与圆明园一同被焚、原建于乾隆年间的清漪园，但为人所阻，未得实现。不过，奕谭此后却一直惦记着为太后"修园"邀宠。耿耿此心，将近十年。1886年，慈禧借口即将结束垂帘听政，想建个花园以"颐养天年"，而这时早已主持军国大计、受命总理新成立不久的海军衙门事务的奕谭奉慈禧之命巡阅北洋海防时却心生一念，找到了为慈禧修园的最佳理由，赶忙上了《奏请复昆明湖水操旧制折》。原来西汉时期，云南滇池有个昆明国，汉武帝为征伐昆明国，特在首都长安挖掘了一个大湖，名为昆明池，以操练水军。而乾隆皇帝以为母亲祝寿、兴修水利和操练水师之名，将京城西北的瓮山泊据汉武帝挖昆明湖的典故扩建，并改名为"昆明湖"，健锐营、外火器营曾在昆明湖进行水上操练。在昆明湖练水师当然是"形式"大于"内容"，颇有些供皇家观赏、娱乐的性质，所以此制后来便被废除。据此，奕谭在奏折中提出："查健锐营、外火器营本有昆明湖水操之例，后经裁撤。相应请旨仍复旧制，改隶神经营，海军衙门会同经理。"当日即奉接慈禧"依议"的懿旨。这样，一年前刚刚成立的海军衙门就负责起恢复在昆明湖"水操""练兵"的旧制。名为"水操"，实为给太后修园，慈禧当然明白此意，所以才会当天即批同意。在昆明湖"水操"，皇上和皇太后自然要"幸临"，各种设施自然不能简陋，所以奕谭在另一份奏折中"顺理成章"地写道："因见沿湖一带殿宇亭台半就颓圮，若不稍加修葺，诚恐恭备阅操时难昭敬谨"，因此"拟将万寿山及广润灵雨祠旧有殿宇台榭并沿湖各桥座、牌楼酌加保护修补，以供临幸"。修园就在恢复水操旧制和筹建昆明湖水师学堂这种冠冕堂皇的名义之下正式开始，经费自然从海军出。人人都明白这是"挂羊头卖狗肉"，翁同龢在日记中讽刺道："盖以昆明湖易渤海，万寿山换滦阳也。""渤海"指北洋水师的主要防区；"滦阳"是承德的别称，实际上指的是以海防为代价修建类似避暑山庄一样的行宫别馆。但权倾一时的翁氏也只能在日记中发泄自己的不满而不敢公开表示，遑论他人！

1887 年 1 月末，昆明湖水师学堂的开学典礼竟"不避嫌"，与专门为慈禧太后过生日受贺而建的金碧辉煌、气势宏大的排云殿上梁典礼同日举行；3 月中旬，清廷以光绪的名义发布上谕，将清漪园改名为颐和园，不久水师学堂的内、外学堂先后竣工，还安装有电灯、锅炉房等"现代化"设备。给"老佛爷"造园当然是头等大事，有关官员自不敢有丝毫怠慢。如从外国购买、安装最新式的电灯等事多着李鸿章经办，而海军衙门当时还兼管铁路。李在 1891 年夏给海军衙门一封催要具有战略意义的关东铁路拨款信中，不能不首先详尽报告为颐和园买灯器情况："颐和园电灯、机器全分，业经分批解京，并派知州承霖随往伺候陈设"；他强调这批电灯是趁广东水师学堂的德国鱼雷教官回国休假时"令其亲往德厂订购，格外精工，是西洋最新之式，前此中国所未有"。这些灯具"鸿章逐加披视，实属美备异常"，"机括巧密，料件繁多"，虽然"承霖原是安设电灯熟手"，然而"惟此系新式，与寻常不同"，所以还非这名德国教官亲自到颐和园安装不可；而西苑"更换电灯、锅炉各件"是由一洋行代办，不久就可运到天津，"闻器料尚属精美，一俟到齐，即派妥员解京，以备更换"，最后才简单提及修路经费问题。可见要款之不易。然而，到 1893 年，户部为替"老佛爷"祝寿，还是要"商借"

海军关东铁路经费 200 万两，因每年筑路专款恰为 200 万两。李鸿章无奈，只得照办，已修至山海关、购地已至锦州、具有重要军事意义的关东铁路只得在甲午战争爆发前的关键时刻停建。

1889 年，朝廷命令李鸿章将部分北洋水师官兵和水师学堂新毕业的学员共计三千多人调来昆明湖，将"湖水浅"的昆明湖当成"汪洋大海"，用小火轮作"战舰"在湖面驶来驶去，水兵们做各种表演，与岸上的陆军同向坐在南湖岛岚翠间的"阅兵台"上的慈禧摇旗呐喊，欢呼致敬。这次"阅兵"既显示了慈禧对海军的关心和作为全国军队最高统帅的绝对权威，使其虚荣心又一次得到满足，同时又带有相当大的娱乐性，使性喜游乐的她兴奋不已，更企图以此向世人表明"修园"并非为己享乐，真的是为了大清海军的建设！可谓一箭数雕。

从 1886 年到 1894 年，颐和园一直修园未停，究竟动用了多少海军经费，准确数字已难考订，因为统治者其实也"做贼心虚"，唯恐为世为人所知，所以早就由海军衙门奏请，将其各项杂支用款不用造册报户部核销。准确数据，将成为永远的秘密。根据相关史料研究推算，多数研究者认为花费在两三千万两白银之多。总之，北洋水师在 1888 年正式成军时，其实力大大超过日本海军，然而此后至甲午战前的 6 年，由于经费紧张便未再添置一舰、未再更新一门火炮，甚至正常的维修都难以进行。1891 年 4 月，户部干脆明确要求停购舰上大炮、裁减海军人员。以后，正常维修都不能保证。相反，这 6 年中，日本平均每年添置新舰 2 艘，日本天皇甚至节省宫中费用，拨"内帑"以充造船、买船费用。两相对照，夫复何言！也正是在这几年间，世界海军造舰水平和舰载火炮技术都有飞速发展，舰速与火炮射速都有大大提高。到甲午海战时，日本舰队的航速与火力都大大超过北洋舰队。其实，中日海战的胜负在此时已经判定。

慈禧等人当然知道如此修园会招致世人的强烈不满，因此在以光绪之名发布的上谕中专门强调："此举为皇帝孝养所关，深宫未忍过拂，况工料所需，悉出节省羡余，未动司农正款，亦属无伤国计。""司农"原是汉代主管钱粮的官名，清代因户部主管钱粮田赋，此处指户部主管的"正款"。海军衙门当然更要强调并未动用购舰专款，而"今日万寿山恭备皇太后阅看水操各处，即异日大庆之年，皇帝躬率臣民祝嘏胪欢之地。先朝成宪具在，与寻常仅供临幸游豫不同"。"未动正款""无伤国计"，"与寻常仅供临幸游豫不同"，恰恰"欲盖弥彰"，纯属"此地无银二百两"之举。

以"练海军"为名给慈禧太后修颐和园，再次证明了政府权力应受制约和财政公开的重要性。当权力不受制约、实行"秘密财政"时，掌权者当然可以随心所欲地支配财政。然而，掌权者不受限制、为所欲为地花钱固然可以痛快一时，但最终是包括掌权者在内的全社会利益受到重大损害。慈禧执意为己"修园"一了夙愿，端的是心花怒放，但这是甲午海战失败的重要原因；而甲午惨败，恰恰是清王朝走向灭亡的重要一步。

天津教案中的官与民

1900 年，义和团运动兴起，一年后便轰轰烈烈、如烈火燎原般突然燃遍整个北中国。但就在高潮之际，却又突被残酷镇压下去，其兴也勃，其亡也速。

义和团运动发展到如此规模，与此前几十年各地的反洋教运动密切相关，一脉相承。要深入了解义和团运动，必须对此前的反洋教运动有相当的了解。天津教案是这些反洋教运动中影响最大的一次，其发生原因及处理与后来的义和团运动有相当大的相似性，所以深入了解天津教案，能更深刻地了解义和团运动。

一

天津教案是中国近代史上最大的教案之一。在天津教案的办理过程中，清政府的基层官员、高级官员、以慈禧为代表的朝廷，以及官场内的"洋务派"和"顽固派"都参与其间，不论他们彼此间有多少不同和矛盾，正是这种互相作用的"合力"，形成了天津教案的"政府处理"。"中兴名臣"曾国藩，因代表清政府对天津教案进行处理而致物议沸腾，一时间成为千夫所指的罪人，他自己也大有"外惭清议，内疚神明"之感，不久便撒手人寰。

　　这固然是他个人的无奈喟叹，其实也是清政府已丧失正确应对现实的能力、进退失据、难逃覆亡命运的隐喻。对天津教案无疑有多种研究、解读的角度，其中重要的一个角度是从清政府的决策及危机处理层面来分析此案。天津教案说明：一、面对谣言，政府一定要尽快澄清事实，不能认为某些民间谣言有利于己就任其泛滥，更不能推波助澜。二、政府官员之间的利益、观点从来很少完全一致，经常互不相同，甚至截然相反，如果其中某一派别想利用"民意"达到自己的目的，最后很可能失控，给政府、社会、民众都带来灾难性后果。

　　洋教是指西方传来的基督教。从康熙朝后期到鸦片战争前，清廷一直实行禁教政策。鸦片战争后，清政府在列强的压力下签订不平等条约，被迫同意解除教禁。传教士以坚船利炮为后盾，纷纷来华传教。很明显，这种传教的实质是对中国主权的侵犯。但为了传教的策略需要，教会在中国创办了不少以传播现代自然科学知识为主要内容的学校、医院和报纸杂志，对现代科学知识在中国的引进和广泛传播，对中国的现代化确实又起了重要作用。不过，随着越来越多的传教士深入内地乡村建堂传教，乡民与教会的冲突日益激烈，屡屡发生各种教案。这种冲突既有文化上的冲突，更有实际利益的冲突。这样，文化冲突与民族矛盾交织一起，终于兴起声势浩大的反洋教运动。

　　据统计，从19世纪60年代到19世纪末，全国发生大小教案八百余起，其中较大的有"天津教案""长江暴动"及四川余栋臣起义等。其发动与参与者有地方官员、土豪乡绅、普通农民、民团会党、城市贫民、流氓无产者……十分复杂，且规模越来越大，手段越来越激烈，但基本诉求仍是"崇正避邪""忠君卫道"，具有落后性。

这些教案有大有小，卷入的民众有多有少，但凡是较大的教案，往往有相当有权势的地方士绅的支持介入，甚至有官方的支持。天津教案就是有地方甚至朝廷官员支持，才会发展到如此规模。要想了解天津教案及清政府的应对措施，自然不能无视近代以来列强对中国的侵略，传教活动引起的与中国官方、民间的利益和文化冲突这一基本背景。在这种背景下，多种因素的共同作用，使官绅及一般民众与洋人教会之间的矛盾一直十分尖锐，"反洋教"一触即发。在官绅和一般民众眼中，洋教自然是"异类"，有关它的各种传闻一直不断。其实，早在列强还未侵华的明末，就有传教士使用迷药拐人，将人杀死后折割人的肢体、器官用以和药的传说。鸦片战争后，近代中国最重要的启蒙著作魏源的《海国图志》，也有关于洋教用药迷人信教、挖华人眼睛制药的不实内容。以后，这种传闻越来越多。

民族学研究表明，对"陌生者"的妖魔化，甚至将其想象、描绘成"食人者"，不说是近代之前各民族初次相遇时的共性，至少是屡见不鲜的现象。日本"开国"之初，也有此谣传。

1853 年 7 月 8 日，四艘巨大的美国"黑船"突然出现在封锁已久的日本江户湾（今东京湾）水面，停泊在浦贺港，要求日本开国，然后离去。半年后，1854 年 2 月 11 日，七艘体量更大、炮火更强的美国军舰再次来到日本江户湾水面，落实半年前提出的开国要求。由于进行了复杂的谈判、签约，这次美国"黑船"停泊了两个多月，而且这次停泊地点是横滨的金泽港，对幕府来说，这大大超过了不可逾越的防线。谈判时间长且地点距离海岸近，为日本民众近距离观察陌生的美国人，提供了史无前例的机会。

对强大的美国舰队，日本幕府不敢造次，但也不能不防，只是水军力量实在有限，不能不抽派当地老百姓的船和人，与水军一同警戒。最初气氛有些紧张，但只两三天日本幕府就习惯了，并与美军相处甚洽。附近的百姓说决不能放过这一生中可能只有一次的机会，远处不少人也来看一看黑船，想亲自确认一下越来越邪乎的传闻。一些武士也非常好奇，便以"侦察"为名前来参观。这种新奇和冒险的感觉，确非寻常娱乐活动可以给予的。一时间，日本民众纷纷参观黑船，竟然形成了小小的"黑船热"。

横滨市立大学校长、历史学家加藤祐三教授对日本开国史、横滨地方史深感兴趣，他对美国黑船停泊横滨的历史做了深入研究。他的《黑船异变：日本开国小史》一书对这一段历史与地方史、与当地百姓的关系，作了深刻探讨，找到一些当时人的回忆，披露了日本普通百姓与陌生者初次接触时的许多细节。

这些日本人与美国水兵不仅不敌对，甚至相处甚洽，有时还可以从美国舰队那里得到食物，得到煮鸡蛋，还有"夹着牛肉或者猪肉的煎鸡蛋"，"如果领取面包的话，就一定要再领一份像臭头油那样的东西，这让人一闻便反胃口"。后来知道，那像臭头油一样的东西叫黄油。领到"烧牛肉后，立即扔到海里"，在肚子非常饿的情况下，他们也不想吃这种东西。明治维新之前，牛在日本只作为耕作的役牛，当时人完全没有吃牛肉的习惯，所以才会在肚子非常饿的情况下也要将牛肉扔到海里。明治维新之后作为"文明"的生活方式，日本人才开始吃牛肉。今天日本的"和牛"已是世界公认的品质最优秀的良种肉牛之一，在日本被视为"国宝"，在西欧市场也价格昂贵。足见明治维新不仅是体制的变革，也是生活方式的变革。

只要美国军舰上有人向他们招手，他们就乘小船爬到军舰上吃上一顿。美国士兵盛情好客，问他们吃这个吗，吃那个吗。他们"什么也不懂，只顾点头"。有时给他们吃饼干，有时美国士兵还劝他们喝玻璃杯里"红黑色的水"。他们吓得魂飞魄散："哎哟，我们的脸色都变了。这肯定是人血。美国人不仅用它来染布匹，还把它当作饮料。想到这里，我们赶快离开了军舰。"第二天早晨，他们忍不住又去吃了一顿："我们暗自在想，美国人给我们吃这吃那，是不是打算杀死我们这些日本人呢？"后来他们才知道，这像人血一样的东西叫葡萄酒。

如果幕府推波助澜，美国人"喝人血""打算杀死日本人"这种想象很容易作为"事实"广为传播。但幕府早在十好几年前就通过中国鸦片战争知道了欧美的船坚炮利，这次更领教了美国军舰的强大，全无以此发动、利用民情民心民意来抵抗美国的"叩关"之意，于是决定开国。反对幕府的维新力量打出的旗帜、喊出的口号是"尊王攘夷"，也没有将这种妖魔化的想象作为推翻幕府、实现"攘夷"的工具。倒幕成功、明治维新开始后，明治维新的"大英雄"西乡隆盛道出了其中的秘密："尊王攘夷只不过是推翻幕府的一个借口，攘夷有助于鼓舞士气。"说白了，倒幕派也主张开国，"攘夷"只不过是倒幕的一个借口。倒幕派中的一些重要人物，如坂本龙马，起初确是真诚攘夷，但不久就认清世界大势与日本此时的险境，一变而为开国派的重要人物。幕府与倒幕派，双方你死我活，都主张开国，也就都没有利用这种民间对陌生的美国人的妖魔化想象、传言。没有官府或某种组织的推助，谣言传播的范围与作用，大多有限。

与之形成鲜明对照的是 1870 年中国的天津教案。天津教案是中国近代史上最大的教案之一，此案的兴起，与官方煽动、利用谣言有直接关系。

二

简单地说，天津教案是指 1870 年 6 月法国驻天津领事丰大业（Henri Victor Fontanier）被群众殴毙，教堂被焚毁，并牵连到英国、美国和俄国的教堂、公馆、洋行多处，洋人死亡多名的事件，情形比较特殊。事件起因是"民间谣言甚多，有谓用药迷拐幼孩者"，"有谓天主教挖眼剖心者"；其激化则因丰大业对天津县令刘杰开枪行凶，引起众怒①。1870 年春夏，天津地区发生疫病，法国天主教育婴堂所收养的婴儿大量死亡，达三四十人之多。事实上，育婴堂有大量的婴儿主要原因是教徒收留了许多本已奄奄一息的婴孩。这时，谣言在天津

---

① 中国第一历史档案馆编：《清末教案》1，中华书局 1996 年版，第776—778 页。

迅速流传，说是天主堂的神甫和修女经常派人用药迷拐孩子去挖眼剖心制药等。而天主堂坟地的死婴又被草草浅埋，婴儿尸体又有不少被野狗刨出吃了，胸腹皆烂，腑肠外露，百姓见了更是群情激愤，说这正是洋人迷拐儿童挖眼剖心的证据。各种谣言越来越多，越传越广，信之者越来越多，人们的愤怒越来越强烈。

在这种群情汹汹、情况已险如炸药桶一点即爆的情势下，本应息事宁人的清政府却火上浇油。迷拐贩卖儿童向来就有，恰在此时，抓获了两名拐童罪犯。天津知府张光藻从外地赶回天津，当晚对二犯提审，第二天便将二人处决。据天津府的告示说二人姓名为张拴、郭拐，"张拴、郭拐用药迷拐幼童"是实，更重要的是，这张告示强调："风闻该犯多人，受人嘱托，散布四方，迷拐幼孩取脑剜眼剖心，以作配药之用。"在处决犯人的告示中写入并无实据的"风闻"，其真实意思却是想强调"风闻"的"真实"，客观效果也正是如此。政府文件中正式写明了民间传言中的"迷拐幼孩取脑剜眼剖心，以作配药之用"，而"受人嘱托"更是不言即明地指向教会。由于官府正式肯定了原来的传言，有关传言就更多，信者也更多，民间捉拿之风陡盛。此时，天津百姓已经常三五成群地聚集在教堂周围，愤怒地发表各种言论。就在这时，民众又拿获了一名叫武兰珍的迷拐犯。经天津府严审，武某供称其作案使用的迷拐药为天津法国天主教仁慈堂所供给。虽未经核实，但消息不胫而走，天津民众与士大夫确信其真，群情激昂，乡绅集会于孔庙，书院为之停课声讨，聚集在教堂外的愤怒市民达万人之多。教民与普通民众不仅口角相争，而且抛砖殴打。

喧闹惊动了离教堂不远的法国领事馆，领事丰大业乖戾暴躁地迅速带人闯入天津府衙，要求地方大员调兵镇压。遭到拒绝后，气急败坏的丰大业在返回途中遇到天津知县刘杰。按中方说法，丰大业在与刘杰辩论时，刘杰的一名跟丁挡在前面不让其走，丰大业拔枪就射，打死了这名跟丁。丰大业的开枪杀人行为自然激起民愤。愤怒的数百围观百姓当即打死了丰大业及其随从，又冲入法国教堂，打死法国神父、修女、洋商、洋职员及其妻儿等计20人（包括几名俄国人），以及中国雇员数十人，并焚烧法国教堂、育婴堂、领事署及英美教堂数所，酿成震惊中外的大事件。

天津地方政府之所以在一开始以官府告示的形式向民众指明教堂迷拐儿童、剜眼剖心制药，盖因朝中势力颇大的"顽固派"向来主张利用民意来抵制洋人。因在"祺祥政变"中立大功而深得慈禧信任的醇亲王奕譞，在1869年曾公开发表议论，主张："设法激励乡绅，激励众民，贤者示以皇恩，愚者动以财货，焚其教堂，掳其洋货，杀其洋商，沉其货船。"如果外国使馆人员向清政府控告、请求保护，清政府应"以查办为词以缓之"，甚至可以"明告百姓，凡抢劫洋货，任其自分，官不过问"。他认为，这才是"收民心以固根本"之法。所以，这次愤怒的天津民众将焚烧教堂时，三口通商大臣崇厚怕事闹大，便派人将教堂前的浮桥折毁以阻人前进，但以激烈反洋教著称的提督陈国瑞却派人重搭浮桥，并立马桥头为群众助威。

主张"中体西用"的洋务派当然也反对洋教，但认为顽固派的办法是不识时务，不仅行不通，而且是在玩火，非常危险。他们一方面主张对教士、教民不能过于迁就，一方面又"且恐民间积怨已深，万一以诛杀教民为名，势必至衔恨之人群起而应"，到那时就会惹出大事，招致列强武力干预，所以"尤可虑者，民心既已煽动，后患不可胜言"。

三

天津教案发生后，顽固派认为民众为保卫官员而杀洋人，说明"民知卫官而不知畏夷，知效忠于国家而不知自恤其罪戾"，可以乘此机会，把京城的"夷馆"尽毁，京城的"夷酋"尽戮。著名的顽固派代表、内阁学士宋晋奏称育婴堂有"坛装幼孩眼睛"，连慈禧太后也深信此点，向曾国藩谕道："百姓毁堂，得人眼人心。"尽管顽固派对政府决策有相当影响，但他们毕竟不会，也不敢与洋人交涉，与洋人谈判的重任，不能不落在洋务派官员身上。天津本属直隶，名重一时的直隶总督、洋务派重要官僚曾国藩，自然是处理天津教案的最佳人选。在顽固派的影响下，朝廷开始时态度强硬，曾下令说："此后如洋人仍有要挟恫喝之语，曾国藩务当力持正论，据理驳斥，庶可以折敌焰而张国维。"并表示要在各地作军事准备。

曾国藩到天津后，经过一番认真勘查，确认迷拐、挖眼剖心等均系传言。如被指为教会装满婴儿目珠的两个瓶子，经清政府官员打开一看原来是腌制的洋葱。

他在6月21日的奏折中说："臣国藩初入津郡，百姓拦舆递禀数百余人。亲加推问，挖眼剖心有何实据？无一能指实者。询之天津城内外，亦无一遗失幼孩之家控告有案者。惟此等谣传，不特天津有之，即昔年之湖南、江西，近年之扬州、天门，及本省之大名、广平，皆有檄文揭帖，或称教堂拐骗丁口，或称教堂挖眼剖心，或称教堂诱污妇女……此次详查，'挖眼剖心'一条，竟无确据。外间纷纷言，有眼盈坛，亦无其事。"他知道此时为教堂说话非常不易，因此抬出曾经厚待传教士的"圣祖仁皇帝"康熙为自己辩护："天主堂本系劝人为善，圣祖仁皇帝（即康熙）时，久经允行。倘戕害民生若是之惨，岂能容于康熙之世！即仁慈堂之设，其初意亦与育婴堂、养济院略同，专以收恤穷民为主。每年所费银两甚巨。彼以仁慈为名，而反受残酷之谤，宜洋人忿忿不平也。"以圣主为自己作合法性辩护，确是特色。

朝廷表示要在各地作军事戒备。身处一线的曾国藩知道这是突发事件，在没有战争准备时双方开战，弱国必败。他立即回奏说："中国目前之力，断难遽启兵端，惟有委曲求全之一法。"并且说："皇上登极以来，外国盛强如故，惟赖守定和议，绝无改更，用能中外相安，十年无事，此已事之成效。……以后仍当坚持一心，曲全邻好，惟万不得已而设备，乃所以善全和局。"曾国藩在奏文结尾说："臣此次以无备之故，办理过柔，寸心抱疚，而区区愚虑，不敢不略陈所见。"

此时的曾国藩、清廷事实上面临两方面的巨大压力。一方面是国内强大的舆论压力，各地激愤的民众根本不相信这一结论，天津更是民怨沸腾；另一方面是来自列强的压力，事件发生后，法、英、美、俄等七国联合抗议，并以出动兵舰相威胁。

对民众，曾国藩在《谕天津士民》文告中先赞扬"天津民皆好义，各秉刚气"，然后，又针对他们在没有"迷拐之确证，挖眼之实据"的情况下"徒凭纷纷谣言，即思一打泄忿"告诫说："或好义而不明理，或有刚气而无远虑，皆足以偾事而致乱。"此外，曾国藩拒绝了法国提出的处死天津提督陈国瑞及天津府、县官员张文藻、刘杰三人以抵命的要求，认为如此处理"我朝廷命官"太丢国家、政府的脸面，并以养病为名将张、刘二人放回原籍躲避风头，陈国瑞因有奕谭保护而被送往京城。

这时，清廷已急于解决危机，政策有变，总理衙门一日一催，且反指曾国藩有包庇犯官之意。曾国藩忙又派人将张、刘二人找回，录下口供，押解刑部。最后，刑部判决将张、刘二人发遣黑龙江赎罪，仍未如法国要求将其处死，而"反教"最激烈的陈国瑞却"赖朝廷加恩保全，令仍回扬州治病"。而对法方提出的缉拿凶手的要求，曾国藩知道难以拒绝，于是匆匆忙忙"缉拿"了20名"凶手"判决死刑，以抵被打死的20名洋人之命。其实，其中有些是已判决死刑的因犯，有些则并无确证。对这种不讲证据的"一命抵一命"的做法，连他的门生李鸿章都不能认可，急忙去信劝阻。

在津案处理后期还未议结时，因两江总督马新贻被刺，朝廷又将曾任两江总督多年的曾国藩调任两江总督，由李鸿章接手，最后议结津案。曾经不赞同曾国藩的李鸿章接手后，才感到自己原来的想法行不通，还真不能不"一守曾国藩旧章"。只是由于被打死的20名洋人中，四人是俄国人，俄方此时只索高额经济赔偿，并不要中国人"一命抵一命"，所以他只是将原判 20 人死刑改为 16 人死刑，其余如支付法、俄等国抚恤费和赔偿财产损失银 49 万两，派崇厚作为中国特使到法国赔礼道歉等完全照旧执行。

四

天津教案使曾国藩从"中兴名臣"成为人人喊打的过街之鼠，成为举国欲杀的"汉奸""卖国贼"。协助曾处理津案的丁日昌也受到激烈攻击，被骂为"丁鬼奴"。几年前剿灭太平天国，使曾国藩立功、立言、立德，几成传统意义上的"完人"，名望震天，无人能与其媲美。一个手握重权的汉臣又有如此高的道德威望，相当多的满族权贵认为是对"本朝"的威胁，因此一定要在公众前剥去曾的道德完人、圣人画皮，天津事件的处理，为给曾毁灭性打击提供了绝佳机会。如果没有奕谖等满族亲贵背后的支持和推波助澜，以曾的权力之重、威望之高，很难形成对他几乎是举国一致的声讨。而且，奕谖等一群权要并不满足于对曾的声讨，而是想改变朝廷近十年的"洋务"总方针，纷纷上奏，要求皇帝下旨讨伐洋教、惩处媚外官员。

奕谖对曾国藩，还有一层个人恩怨。咸丰时，郑亲王之弟肃顺是曾国藩等汉人最坚定的支持者，咸丰皇帝正是听了他的多次建议，才渐渐打消了对曾国藩的警戒之心，也是听从了肃顺的建议，才任命曾为两江总督。在正式任命之前，肃顺给曾的友人写信，暗示将此事告知曾国藩。曾国藩知道后，明白肃顺是要自己感谢他的厚爱，本拟写信感谢肃顺，但又感不妥，因为清朝入关之后就立下严规，严禁亲王、郡王擅自出京，以防亲王、郡王与外地督抚私下结交。1861 年 8 月，咸丰皇帝病逝；11 月，慈禧与奕诉联合发动政变，杀肃顺后又抄其家，未发现曾的任何字迹。慈禧、奕䜣都知道肃顺极力推荐、重用曾国藩，而曾国藩与肃顺竟从无通信，慈禧赞叹曾国藩为天下第一正人，也继续信任曾。1868 年，曾国藩由两江总督改任直隶总督时，收到醇亲王奕谡委托自己的一位友人转给自己的一封信。信中，醇亲王对曾国藩恭维有加，极尽赞美之词。曾未回此信，只是对转信的友人表示醇亲王垂青有加，自己十分感动，但自己一向很少与人通信，也不便因为醇亲王就一改常态。对曾的淡然处之，奕谡并不介意，就在 1870 年天津教案爆发前不久，他又委托曾国藩的另一个好友转寄诗文，希望得到曾国藩应和，但曾国藩仍然没有任何反应。奕谡贵为亲王，为何一而再、再而三地向曾国藩示好？因为他正与兄长奕䜣争权，希望拉拢曾来提升自己在朝中的影响力。曾国藩明白，朝廷从来严禁亲王与外臣私下交通，亲贵可以破坏规矩，但自己身为臣下且是汉臣，必须严守规矩。对曾两次示好，竟未获曾的任何表示，奕谡想必大为不满，天津教案发生，正好一报私怨。

困局由洋务派官员解开，但顽固派却得到一种"道义上的力量"，使洋务派在舆论上反成为国家、王朝的罪人。这也是慈禧的策略，最后的决定是由她拍板的，而且她后来也急于议结，但又要保持自己"重民意""惜民气"的"清誉"，所以要"解铃人"承担责任，责备曾国藩"文武全才，惜不能办教案"，把责任全推在办教案的曾国藩身上，曾成为她的替罪羊。三十年后她或许忘记此话，连"文武全才"的曾国藩都"不能办教案"，说明对教案一定要谨慎办理。当然，三十年后将责任完全推到大臣身上，则与天津教案如出一辙。

丁日昌曾感叹为朝廷办事的困难："局外之人"不知"局中人"的艰难，自然容易附和不着边际的高论；一旦事情失控，与列强决裂，"国家受无穷之累"，而局外只会空谈的人不仅不承担祸责，"反得力持清议之名"。

朝廷这种"两手策略"相当危险。官员往往根据自己的观点、立场"各取所需"。对急需和平稳定环境才有自强机会，甚至生存机会的清政府来说，维持局面的平稳至关重要。但有些官员却根据自己的观点、立场，想尽量"激励乡绅，激励众民"，而一旦民众情绪被煽动起来，便很难控制。而且，一些顽固派官员更从自己的"集团私利"出发，屡屡以激发民众的"爱国激情"作为与洋务派争权夺利的手段。他们以此方法使自己占据"道德高地"，而置洋务派于"妥协"、"卖国"、万众唾骂的"道德劣势"，以达削弱对手权势、壮大自己实力的目的。清政府内部的政争，严重影响对外方针的执行与涉外事件的处理。质朴的民众确实很难想到，自己的满腔爱国热情有可能在清政府内部政争中变作为人所用的工具。不过，顽固派的豪言壮语并不能真正治国、使国家强大，只能是不切实际的误国空谈。所以，此时主张焚教堂、掳洋货、杀洋商、沉洋船的奕谟，一些年后成为军国大政主要决策者之一时，便不能不渐渐转而支持洋务派。

在天津教案中，如果政府官员一开始就澄清谣传，而不是纵容、默许甚至煽动由谣传引起的民众愤怒情绪，事态很难发展到这种失控的地步。在近代中国被侵略的大背景下，群众的愤怒无疑是正义的，然而越是正义，也越容易过激。正义在手，又有政府支持，群众情绪、行为将更趋极端。极端必然引起严重后果，清政府终将对外谈判、妥协，此时便要控制，甚至镇压失控的民众。如此一来，民众则又把矛头对准清政府，认为它软弱、无能、投降，甚至指其卖国。虽然骂的是曾国藩等具体经办官员，但何尝又不是针对整个清政府的？

如此一次又一次，清政府的威望必然一次次降低，这本是清政府应该而且能够避免的悲剧。然而，清政府对此并无认真反省与总结。自鸦片战争大门被列强暴力打开，允许其在中国传教，到天津教案发生时，已经整整三十年，其间发生许多大小教案，但三十年的时间清政府一直没有制定出一套经过冷静思考的处理教案的模式。因此，官员以自己的价值判断和利害关系各行其是，结果导致危机的发生与扩大，总是临时处理，难免粗糙，草草了事。天津教案后果如此严重，仍然没有引起清政府足够的重视，制定危机防范、管控与处理的基本原则，更无具体模式。三十年后的庚子之乱，几乎是天津教案重演，只是危机的广度与深度要严重得多，对清政府的打击也更加巨大，使清政府面临最为严重的合法性危机。

"臣不得不死"

——封建专制下的君臣关系

"君要臣死，臣不得不死"，这是封建专制社会君臣关系的实质。在这种关系中，"臣"对"民"来说虽然是高高在上的，但从根本上说仍是任君打杀的奴才走狗。在危机时期，这一点表现得尤为明显。在一度闹得地覆天翻的义和团运动期间，一些主和或主战的大臣先后被杀的悲剧命运，再次说明了这一点。

举 棋 不 定

义和团运动兴起的背景十分复杂，但最直接的原因则是"反洋教"。反洋教体现的既有文化上的冲突，更有实际利益的冲突。从文化上说，教会认为"祭天祀礼拜祖"是偶像崇拜，因而禁止信教者举行这些活动，这与中国传统文化中被视为神圣的祭天地、敬鬼神、祀祖宗、拜孔子几乎水火不容，洋教因此被（尤其被官绅）视为"灭伦伤化"，难以容忍。在实际利益方面，教会为了扩大传教，往往不择手段、不分良莠地吸收教民。由于教会享有种种政治特权，不少品行不良分子纷纷入教，仗势为非作歹，横行乡里。在教民与乡民的冲突中，教会自然袒护教民，地方官往往也无可奈何。这样，文化冲突与民族矛盾交织一起，终于兴起声势浩大的反洋教运动。

义和团运动于 19 世纪 90 年代后半期发源于山东和直隶，民众以"练拳"为名组织起来，攻打教堂，反洋教。1898 年 10 月下旬，山东冠县梨园屯拳民起义，使义和团运动迅速兴起，从山东发展到直隶，并于 1900 年夏进入北京、天津。义和团的口号虽不统一，但主要是"顺清灭洋""扶清灭洋""助清灭洋"，并明确表示"一概鬼子全杀尽，大清一统庆升平"，将爱国性与封建性混为一体。对一切与"洋"有关之人和物，义和团则极端仇视，把传教士称为"毛子"，教民称为"二毛子"，"通洋学""谙洋语""用洋货"（……）者依次被称为"三毛子""四毛子"……直到"十毛子"，统统在严厉打击之列。

秘密宗教和民间文化是义和团组织、发动的重要工具。流行乡间的小说中的人物和戏曲中的角色如关云长、姜子牙、黄天霸、孙悟空、猪八戒、二郎神、樊梨花等，都成为义和团所信奉的新神的共同来源，秘密宗教与民间文化就这样紧密结合起来。教门首领的降神附体、撒豆成兵、呼风唤雨、画符咒水等"邪门歪道"与民间大众的迎神赛会、祈丰求子、祛灾祈雨等活动渐渐融合。而义和拳的拳师们吸取了地方文化中不同来源的多种因素，如降神附体、刀枪不入、喝符念咒、治病祛灾等。这些招数为广大农民熟悉，极易为他们接受。而与以前各种秘密宗教非常不同的重要一点是它降神附体的群众化，即不单是教门首领有权躬代神位，所有练拳者只要心诚都可祈神降身，保证自己刀枪不入；而且，这些神都是历史上流传已久、为广大农民喜闻乐见的英雄好汉，而不是一般宗教所独尊的神祇。这些都使义和拳的感召力更强，更易发动。在义和拳传播的过程中，民间社戏也起了重要作用，义和团的不少神祇都来自这些社戏，许多拳民自称关公、张飞、赵云、黄天霸……当拳民被某神附体时，其行为便与他所看到的戏台上的这个角色的动作一样，在言语上摹仿戏上的念白，行动摹仿戏上的台步，状甚可笑。难怪陈独秀当年在《克林德碑》一文中即称"儒、释、道三教合一的中国戏，乃是造成义和拳的第四种原因"。

总之，社会的动荡、利益的冲突、文化的碰撞、天灾不断和民间宗教、文化间的互相作用，使义和团在华北地区迅速发展。

面对如此巨大的社会运动，清王朝中央政府在相当一段时间内竟没有一个明确、统一的政策，往往由各级官员自行决定。由于中央官员内部和地方各级官员对义和团的态度非常不同，有的支持，有的反对，中央政府也深受影响，虽然总的来说倾向招抚，但也一直摇摆不定，时而主剿，时而主抚，长期没有明确的态度、政策。

慈禧"上当"？

清廷最终决定明确支持义和团，是要利用义和团来根绝维新隐患。作出如此重要的决定并非易事，决策者是在反复犹疑、再三权衡之后，才大胆作此决定的。当然，其中也有一些偶然因素，慈禧后来就说自己是上了一些大臣的当。

甲午战争中国的惨败使国人深受刺激，以康有为、梁启超为代表的维新派提出"借法自强"，要学习西方资产阶级国家先进的政治和社会制度改造中国，在光绪皇帝的支持下，上演了"百日维新"的活剧。变法必然触及守旧者的利益，以慈禧为代表的顽固派为了保住自己的权位，发动戊戌政变，维新六君子被杀，康、梁在外国使馆人员的帮助下逃往海外，支持维新的官员受到严厉处置，光绪皇帝被囚禁瀛台，"维新"失败，中国社会和历史严重倒退。为了根绝隐患，慈禧和端王载漪，大学士徐桐，协办大学士刚毅，翰林院掌院学士崇绮，礼部尚书、军机大臣兼总理衙门启秀等守旧派决定废除光绪，另立端王载漪的儿子为新君，史称"己亥立储"。但是，他们的计划遭到西方列强的强烈反对而未能实现。这些守旧派本就坚决反对"西学"，现在更加痛恨"洋人"。对守旧派来说，光绪的存在确是潜在的巨大威胁，他们知道自己没有力量，便想依靠义和团的"民心""民气"。

　　1900 年春夏，在一些官员的支持下，义和团进入涿州，逼近京、津，行为日益极端。在这种情况下，慈禧也拿不准义和团能不能为己所用、义和团和许多官员宣扬的"神功"是否真实，便在 6 月初派军机大臣兼顺天府尹赵舒翘、都察院左副都御史何乃莹前往涿州打探义和团的虚实，亲眼查证义和团各种各样"神功"究竟是真是假。第二天，力主支持义和团杀灭洋人的刚毅唯恐赵舒翘动摇，也赶往涿州。其实经过一天考察，赵舒翘已明显看出所谓"神功"全是假的，根本不能相信，但刚毅却力言这些神功"可恃"。赵是老于世故的官僚，与刚毅一党来往甚密，深知刚毅、载漪等实权人物坚持义和团神功"可恃"，慈禧本人实际也倾向于利用义和团来和洋人对抗，而反对义和团的则触当道忌，于是表示刚毅所言并非无见，便先回京报告，刚毅留在涿州与义和团商议合作之事后才回京。赵毕竟知道此事非同小可，不敢完全谎报，于是含糊其词，但在刚毅等人的影响下，慈禧认为赵的复命之意是义和团神功"可恃"，最终下决心招抚义和团与洋人对抗。

此次复命对慈禧的决策有重大影响，义和团运动失败后，慈禧曾对人说道："这都是刚毅、赵舒翘误国，实在死有余辜。当时拳匪初起，议论纷纭，我为是主张不定，特派他们两人，前往涿州去看验。后来回京复命，我问他：'义和团是否可靠？'他只装出拳匪样子，道是两眼如何直视的，面目如何发赤的，手足如何抚弄的。絮絮叨叨，说了一大篇。我道：'这都不相干，我但问你，这些拳民据你看来，究竟可靠不可靠？'彼等还是照前式样，重述一遍，到底没有一个正经主意回复。你想他们两人，都是国家倚傍的大臣，办事如此糊涂，余外的王公大臣们，又都是一起儿敦迫着我要与洋人拼命的，教我一个人，如何拿得定主意呢？"（吴永：《庚子西狩丛谈》）慈禧相信义和团的各种"法术"真能刀枪不入、打败现代化武器装备的洋人，于是决定用义和团来杀灭洋人，达到废立的目的。而义和团本身的封建性、落后性，也为这种利用提供了基础。

大 臣 的 命 运

由于有了政府的明确支持，义和团情绪高涨，迅速向更极端、更非理性的方向发展，对传教士和教民不分男女老幼，一律打杀。义和团进入京津后，情形更为恐怖，许多传教士和外国人、中国教民被杀，甚至"夙所不快者，即指为教民，全家皆尽，死者十数万人……婴儿生未匝月者亦杀之，惨酷无复人理"。他们要消灭一切带"洋"字的东西，铁路、电线、机器、轮船等都在捣毁之列，因为"机器工艺"为洋人"乖戾之天性所好"。有用洋物者，"必杀无赦，若纸烟，若小眼镜，甚至洋伞、洋袜，用者辄置极刑。曾有学士六人仓皇避乱，因身边随带铅笔一支、洋纸一张，途遇团匪搜出，乱刀并下，皆死非命"。甚至有"一家有一枚火柴，而八口同戮者"……对开明官绅，维新派人士，义和团更是明言打杀，要"拆毁同文馆、大学堂等，所有师徒，均不饶放"，明令要"康有为回国治罪"。在一些顽固派官员的指使下，义和团还一度冲入宫禁要捉拿光绪皇帝，外国使馆和外交人员也受到威胁。在这种情势下，西方列强以"保护使馆"的名义组成"联军"发动又一次侵华战争，要求清政府镇压义和团，保护使馆、教士、教民。

这时，清政府必须对是和是战作出正式决定。清廷从 6 月 16 日到 19 日连续召开四次御前会议，讨论和战问题，主战、主和两派进行了激烈辩论。主和的有许景澄、袁昶、徐用仪等，得到光绪皇帝支持，主张镇压义和团，对外缓和；主战的有载漪、刚毅、徐桐等，实际上以慈禧为首，主张支持义和团，对外宣战，攻打使馆。在第四次，即最后一次御前会议上，双方进行了最后的"决战"。

这次御前会议一开始，慈禧就明确表示准备向"万国"开战，但又说"诸臣有何意见，不妨陈奏"等语。翰林院侍读学士朱祖谋明确表示："拳民法术，恐不可恃。"一位满族大员打断他说："拳民法术可恃不可恃，臣不敢议，臣特取其心术可恃耳。"内阁学士联元则坦率地说："如与各国宣战，恐将来洋兵杀入京城，必致鸡犬不留。"此言一出，慈禧勃然变色，立即有人斥责道："联元这说的是什么话？"这时，光绪皇帝看到曾任驻外公使多年的总理衙门大臣兼工部左侍郎许景澄，立即下座，拉着许景澄的手说："许景澄，你是出过外洋的，又在总理衙门办事多年，外间情势，你通知道，这能战与否，你须明白告我。"许景澄连说"闹教堂伤害教士的交涉，向来都有办过的，如若伤害使臣，毁灭使馆，则情节异常重大，即国际交涉上，亦罕有此种成案，不能不格外审慎"等语。光绪深知万不能战，但慑于慈禧的淫威，不敢明言，想借以"通洋务"著称的许景澄痛陈"开战"的严重后果，以打动慈禧。听了许景澄一番话，光绪帝悲从中来，拉着许景澄的手哭泣不止，许景澄也涕泣不止。站在许景澄身旁的太常寺卿袁昶曾多次上书，一直反对招抚义和团向洋人开战，这时也"从旁矢口陈奏，一时忠义奋发，不免同有激昂悲戚之态度"。慈禧见三人团聚共泣，大触其怒，注目厉声斥曰："这算什么体统？"光绪才放开许景澄之手。(《庚子西狩丛谈》)最终清廷决定向各国开战。

清廷决定开战后，于1900年7月28日、8月11日分别将主和的许景澄、袁昶、徐用仪、立山和联元等五人处死。许景澄与袁昶同时入狱，"指定分系南北所，当在狱中分道时"，袁昶紧握许景澄的手问道："人生百年，终须有一死，死本不足惜，所不解者，吾辈究何以致死耳？"许景澄笑答："死后当知之，爽秋（袁昶字爽秋，笔者注）何不达也。"（《庚子西狩丛谈》）行刑时，袁昶面带笑容对监刑的刑部侍郎、徐桐之子徐承煜说："勉为之，吾待公于地下矣！"许景澄与家人话别时，也"阳阳如平时，颜色不变"。对他们被处以极刑，主战的顽固派则认为死有余辜，徐桐说："是死且有罪。"崇绮则说："可以惩汉奸，令后无妄言者。"（李希圣：《庚子国变记》）

清廷决定"向各国宣战"后，即给北京义和团发放粳米二万石、银十万两，并命令清军与义和团一同攻打使馆区，义和团更加斗志昂扬。经过两个月的激烈战斗，中方终因武器落后而不敌八国联军，义和团所有的神功怪术在现代化的枪炮面前统统现形，北京城于 8 月 14 日被攻破，第二天慈禧太后携光绪等向西仓皇出逃。就在八国联军血洗北京，残酷屠杀义和团团民之时，西逃途中的慈禧已开始与列强议和。为尽快与列强达成和议，清廷从 9 月 7 日起连续发谕，下令剿杀义和团："此案初起，义和团实为肇祸之由，今欲拔本塞源，非痛加铲除不可。"经过清政府地方官的严剿，一些零星小股义和团最后也被扑灭。

在这场"朝廷"几被推翻的没顶之灾中，处于"风暴"中心的文臣武将，其命运更加悲惨。据不完全统计，在兵败或京城被敌所破后，自尽的有徐桐、崇绮、山东巡抚李秉衡、直隶总督裕禄、黑龙江将军寿山、庶吉士寿富、国子监祭酒王懿荣、翰林院编修王廷相、礼部侍郎景善、奉天府尹福裕、国子监祭酒熙元等。刚毅在与慈禧一同逃往西安的途中染病不治身亡。为了"议和"自保，清廷不得不屈从列强提出的"惩办祸首"的要求，多次发布上谕惩办祸首：庄亲王载勋被赐自尽；山西巡抚毓贤被即行正法；刚毅本应斩立决，因已病故免其置议；启秀、徐承煜即行正法；载漪、载澜被发往新疆；徐桐、李秉衡因已临难自尽，故免其置议；左都御使英年被赐自尽；赵舒翘也被赐自尽。共惩处各级官绅 100 多人。

面对如此深灾巨祸，清廷不能不作个"交代"，在一道道上谕中，朝廷竟把责任完全推给了"诸王大臣"："此次中外开衅，变出非常，推其致祸之由，实非朝廷本意，皆因诸王大臣等，纵庇拳匪，启衅友邦，以致贻忧宗社……诸王大臣等，无端肇祸，亦亟应分别重轻，加以惩处。""追思肇祸之始，实由诸王大臣等昏谬无知，嚣张跋扈，深信邪术，挟制朝廷，于剿办拳匪之谕，抗不遵行，反纵信拳匪，妄行攻战，以致邪焰大张，聚数万匪徒于肘腋之下，势不可遏，复主令卤莽将卒，围攻使馆，竟至数月之间，酿成奇祸，社稷阽危，陵庙震惊，地方蹂躏，生民涂炭，朕与皇太后危险情形，不堪言状，至今痛心疾首，悲愤交深。是诸王大臣等，信邪纵匪，上危宗社，下祸黎元，自问当得何罪。"〔《中国近代史资料丛刊·义和团》（四），第 58、86 页〕在封建专制体制下，明明是"圣上"铸成的大错，也总要由"臣下"承担责任，因为天子圣明，永不会错。

这种只责"臣下"不责"圣上"的观念影响殊深，时人和后人评论此事时对赵舒翘都有严责，认为正是由于他未据实禀报才"酿成如此大祸"，若他当时"能将真情实况，剀切陈奏，使太后得有明白证据，认定主张，一纸严诏"，义和团便"立时可以消弭"。（《庚子西狩丛谈》）赵"昧于理、盲于势，辱名丧身也宜哉"。（海沤：《曼陀罗轩闲话·赵舒翘》）"至今论国是者，追原祸始，犹叹息痛恨于赵之一言几丧邦也。"（孙静庵：《栖霞阁野乘·记赵舒翘之轶事》）这些评论当然不能说不对，但失之简单！许景澄等人对时局的判断、利害的权衡、灾难性后果的分析和预测，异常冷静、客观、透彻，而且明明是根据慈禧"诸臣有何意见，不妨陈奏"的"懿旨"坦陈己见，但他们不仅未能说动慈禧，反因与慈禧意见不合，被斥为"任意妄奏"，竟惨遭杀身之祸！在这种情况下，赵舒翘不敢据实禀报不能不说情有可原，仅仅严责赵舒翘不据实禀报显然有失公道。

主和也好，主战也罢，谎报军情也好，据实直陈也罢，这些大臣最终都不免一死。这些大臣的悲惨命运，实际是封建专制社会君臣关系的真实写照。大臣往往处于两难困境之中，若直言己见，往往触怒当道；倘曲意逢迎，一旦铸成大错，则要承担全部后果，而且在这两种情况下都可能性命难保。虽然从理论上说是"君贤臣忠"，对君与臣都有相应的要求，但实际情况却是"君可以不君，臣不可以不臣"，"君可以不贤，臣不可以不忠"。"忠君"，是为臣的"绝对道德律令"，无论君主如何昏聩残暴，臣属都不能"不忠"，倘稍有"不忠"，便是大逆不道。正如马克思所说，专制制度的本质就是否定人，把人当作"非人"。在封建专制社会中，实际只有"君"一人是人，包括权柄赫赫的王公大臣在内的其他人，其实都是"非人"。在这种关系中，传统道德用必须对皇上忠心耿耿，敢于不惜身家性命披龙之逆鳞、犯颜直谏的标准要求臣属，委实过于严酷，几近于鲁迅先生所说的"吃人的道德"。

173

"二张"的命运

张佩纶、张之洞两位直隶同乡曾是清末政坛重要政治派别"清流党"的两员健将，以清流"二张"著称，名重一时。后来却一个被流放，一个位极人臣，天壤之别，屡为人叹。二人宦海生涯的顺逆浮沉，生动反映出清末政坛的种种"世相"。

从清流到洋务

政坛总有不同派系，清末同治、光绪两朝，"清流党"就是活跃在政治舞台上的一个重要派系。清流党是当时京师官场的一个松散团体，成员多为"言官"，绝大多数出身翰林，多在翰林院、都察院、国子监等衙门任职。他们不掌握实权，不负责具体、实际事务，以维护纲常名教等传统意识形态的"纯正"为己任，以此针砭朝政，推崇气节道义，抨击贪官污吏；对外交涉，主张强硬态度，反对妥协；反对学习西方，强调严守孔孟之道，大胆弹劾他们认为有悖儒教纲常的大臣。他们以"敢言"著称，但背后亦不无个人动机，因为一旦通过"清议"获得名声，高官厚禄便随之而来。

"清流党"之所以能声震一时，甚至影响朝政，根本原因还是慈禧的支持，因为以曾国藩、李鸿章等为代表的汉族官员在镇压太平天国运动中势力渐大，慈禧在不得不倚重他们的同时，又要千方百计地压制、控制其发展，所以又借重"清流党"打击湘、淮疆臣势力，扭转外重内轻的政治格局；而且，慈禧在与恭亲王联手发动政变后，二人联盟迅速破裂，慈禧想利用"清流党"打击对手。她以操纵各派的平衡来维持自己的最高权威，因此，对言路一时颇为优容，"清流党"因此得以存在，成为一股强大的政治势力。

对"清流"，时人又以谐音"青牛"戏称。在清流诸臣中，直隶"二张"被比为"青牛二角"，以喻其弹劾大臣、指斥宦官之凌厉。

张佩纶，字幼樵，直隶丰润人，1848 年出生于官宦之家，1871 年年仅 23 岁即中进士，授翰林院编修。自作诗云："十三通文史，二十谒天子。"才华横溢，少年得志，自我感觉极佳，难免年轻气盛。张之洞，字孝达，号香涛，直隶南皮人，1837 年出生于官宦之家，1863 年 26 岁中进士。26 岁中进士虽不算晚，但他 15 岁即中举人，在京城以少年才子享名一时，本以为很快就能考中进士，没想到主客观原因使他十余年后才成进士。但这十年并未虚度，他曾回乡办"团练"，防备太平军北上，又曾入山东巡抚文煜幕。正是这些经历，使他对世事及官场的了解较其他"清流"为深，因此更少书生气。

虽然"二张"在光绪初年曾联手为"东乡惨案"受害农民上疏鸣冤，纠弹捏造惨案的权臣，使沉冤最终昭雪，因此声名大震，但两人行事、为文的风格、策略却大为不同。

当时的人形容张佩纶"仪容俊伟，善辩论，好搏击"，频频上书，被他弹劾者朝内上至尚书、枢臣，朝外则有总督、巡抚，如川督丁宝桢、吏部尚书万青黎、工部尚书贺寿慈、先后担任过户部尚书的董恂与王文韶、光绪的老师翁同龢、首任三口通商大臣也是首位出使俄国的钦差大臣崇厚，还有内务府大臣、贵州巡抚、船政大臣、浙江提督、吉林将军……据统计，被他弹劾的三品以上大员就有 21 人，三品以下者则不胜枚举。对被他弹劾的人，慈禧往往并不深查即"罪之"，这是以往少有的，所以张佩纶言论更加锋利，因此"朝士多持清议，辄推佩纶为主盟"，甚至连他爱穿竹布长衫，都有人竞相模仿。

与张佩纶相比，其貌不扬、身材殊矮的张之洞则低调、老到得多。有人统计，他在身居"清流"时所写的数十封奏折、附片，弹劾他人者绝少，几乎都是"言事"，而非"对人"，即多为对内政外交的建言献策。他弹劾、谏议的案件虽然很少，但由于善于把握时机与分寸，参与的为数不多的几桩，如"东乡案""崇厚案""庚辰午门案"等都获成功，故也大名鼎鼎。所以有人说，与其他清派党人相比，张之洞"宦术甚工"，即精通当官之术。他为慈禧违反家法、祖制，强立载湉（即后来的光绪）为帝的行为辩护，深得慈禧好感。而他与陈宝琛不避慈禧太后威严，抗疏力争，使慈禧改变原议的"庚辰午门案"，为他赢得了"诤言回天"的一片赞誉，此案也典型地反映了他的为官之道。

光绪五年（1879）4 月，吏部主事吴可读借慈禧给同治帝及其皇后举行"大葬"之机，在蓟州的一所废庙中服药自尽，以尸谏抗议慈禧的行为。他在遗疏中公开指责慈禧"一误再误"，力辩大清二百余年来"以子传子"的祖宗家法不能因慈禧的错误做法而改变。此次吴可读以死犯谏和其遗疏的言辞激烈，使朝野震惊。自知理亏的慈禧明白，吴可读以死相谏，如果像上两次那样发一通上谕申斥不仅无用，而且有可能激起众怒，于是采取以退为进的方法，令王大臣、六部、九卿、翰、詹、科、道等全数"将吴可读原折妥议具奏"，看看是否有道理。这些大臣当然明白，慈禧的目的是要发动大家为她解围，同时也考验每人的态度，"清流"之辈张之洞、宝廷、黄体芳、李端棻等一干大臣各上一疏，为慈禧辩解。张之洞重申慈禧说法，强调此举"合乎天下臣民之心，而为皇上所深愿"，"本乎圣意，合乎家法"。他强调，儒家经典的一些"精言"已"实不切于今日之情事"，如果有迂儒引用这些"精言"干扰当今国家大事，自然于国家、朝廷不利。最后礼亲王世铎也具折上疏，反驳已经死去的吴可读，为慈禧辩解，这场风波终告平息。慈禧能渡过这场严重的政治危机，张之洞之疏影响很大，深合慈禧之意，他开始受到慈禧的"恩宠眷顾"。事实说明，所谓"纲常名教"说到底只是这些以维护意识形态纯洁性自命的清流手中的工具，既可以违背纲常名教之罪名打人，也可以纲常名教不切合今日实际为某人辩护，是"打"是"辩"，看自己需要。

"立嗣风波"使张得到慈禧恩宠，而一年后的"庚辰午门案"，则使他赢得朝野一片叫好。1880 年是农历庚辰年，中秋前夕，慈禧派太监李三顺给她的胞妹、醇亲王福晋送八盒食品。按规定，太监出宫不许走午门，何况也无人事先通知，所以把守午门的护军玉林等照例不许李三顺通过。李三顺倚仗太后之势，强行闯门，双方发生争执推搡。李三顺丢弃食盒，跑回宫向慈禧告状，慈禧大怒，当即命令总管内务大臣会同刑部严惩玉林等一干护军，"首犯"要办成死罪，其他人也要监禁、流放。如此处理，朝野不服，经各方运作，几个月下来，慈禧才同意将玉林等人或发配黑龙江充当苦差且"遇赦不赦"，或监禁五年，护军统领岳林则交刑部严加议处。护军忠于职守却遭此严惩，众人依然不服。同在翰林院任职的张之洞、陈宝琛愤然于胸，准备上疏抗争。

在这几个月中，宫中发生的两件事更使张之洞认为上疏时机已到。原来，午门护军与太监发生冲突后不久，内务府施工时在慈禧常去的长春宫天棚发现大包黑火药和大量火柴（当时名为"洋取灯"），很可能是要谋杀慈禧。此是重案，但因门禁松弛，杂人渐多，根本无法查清何人所为，但起码太监有失察之责。另一件则更为荒唐。一天中午，慈禧在体元宫西暖阁正准备吃饭时，听到外面连有咳声，忙问是谁，回答说是"内监"。但放眼一看，却是一平民老汉，一边持烟筒吸烟，一边咳嗽吐痰不止。慈禧大怒，命人将其捉拿审讯后才知，此人名叫刘振生，是住在北京西城的百姓，因认识一个太监，就请他将自己带进皇宫开开眼界。这个太监将他经神武门带入宫内，守门护军不敢拦阻；进宫后，太监有事离去，刘竟一人走进深宫。慈禧当然怒不可遏，刘振生被处死，而那个太监、神武门当值护军及其他有关者都受到诸如充军流放、革职等处罚。具有讽刺意味又令人哭笑不得的是，上谕还痛斥守门护兵说："宫禁森严，竟任令该犯擅自走入，门禁懈弛已极，实堪痛恨。所有是日值班之护军统领载鹤，着交部严加议处。……其该班章京，着即行革职。兵丁即行斥革。"

张之洞上疏的重点在强调太监恣横为祸最烈，并举这两个案件为例，说明门禁懈弛的可怕后果，要求严惩涉案太监，并请下旨要内务府大臣今后对太监严加约束，申明有关禁令。但对数月前受冤屈的午门护军，全疏却无一句为之辩解，因为张之洞深知慈禧禀性，唯恐如此一来反会坏事。所以，他还一再叮嘱陈宝琛上疏时千万不要提从宽处罚护军之事，因为这含有太后处分不当之嫌；全文应着重于门禁和对太监的管理、处罚，希望"太后之自悟"；言辞不要过激，以免惹怒太后，"致无益有损"。恭亲王奕䜣读后，手拿张、陈两疏对其他御史说：你们上的折子真是笑话，这才称得上是真正的奏疏呢！张、陈上疏及不久前的"两案"，确使慈禧"自悟"到问题的严重，但她又不愿承认自己不对，所以只是减轻了对有关护军的处罚，而对太监李三顺等也略有薄惩。众人知道，能有此结果也至为不易，朝野对张、陈称赞不已。

"清流党"气盛一时，不可一世，举凡军国大事、内政外交、财政收支、人事升降等，无不"指点江山"；而且这些书生尤喜谈兵，遇到中外冲突即强烈主战，具体的用兵之道、战略战术都谈得头头是道。如此雄才大略，朝廷自然重用，其中一些人或被派到朝内实权部门，或被派到地方当一方大员，开始掌握实权。

张之洞与张佩纶，便被先后外派，从"清流"而主持实际事务。主持实务后，才知许多事情并非本本那样简单，不变通不行，张之洞渐成"洋务派"。由此，二人的命运发生了判若云泥的变化。

官 运 云 泥

1882年1月，张之洞补授山西巡抚，主政一方，终于跻身封疆大吏之列。

从 1882 年 1 月到 1884 年 5 月，张之洞任山西巡抚两年四个月。在这两年四个月中，他席不暇暖，整顿吏治、清理地方财政、裁撤摊捐、清丈地亩、劝本务农、赈荒救灾、严禁烟毒。最重要的是，在主管实际事务的过程中，他渐渐感到中国传统方法已不完全适用，开始了向洋务派的转化。

他接受了多次到山西赈灾的英国传教士李提摩太（Timothy Richard）在山西实行"洋务"的建议，包括开矿、兴实业、办学校。他聘请李提摩太当顾问，由李在太原组织学会，向官员和士大夫演讲，并伴以各种实验，传播近代科学知识。他认识到山西的洋务远远落后于沿海各省，专门设立了洋务局，要求下属学习、讲求洋务。他在《延访洋务人才启》中明确表示："洋务最为当务之急"，西方"以商务为体、以兵战为用……"

由于治晋有方，1884 年 5 月末，在中法战争一触即发的关键时刻，清廷任命张之洞为战争关键处的两广总督。他支持黑旗军、起用冯子材、协调战争中的各方各派关系、保障后勤，镇南关大捷，张之洞功莫大焉。正是中法战争，使他对洋务的认识更加深刻，在两广大办洋务。

大办洋务需要大量资金，但地方财政困难异常，张之洞于是不得不做出开放"闱姓"赌捐的惊人之举。"闱姓"是晚清两广较为流行的一种以科举考试进行赌博的方式，以猜中闱场中式考生的姓的多少定输赢，故称"闱姓"。咸同年间，广东当局为筹军饷曾一度弛禁，但为"清流"奏请禁止。这时原来的"清流"张之洞奏请开闱姓之赌，自然引起轰动。"山西禁烟，广东开赌"，引人讪笑，种种严厉抨击、参奏接踵而来。无奈之中，张之洞给朝廷上了《筹议闱姓利害暂请弛禁折》，为自己辩解。他分析了不得不弛禁的客观原因后，对那些主张严禁者，他写道："命意何尝不美，陈义何尝不高。然但论闱姓之当禁，而不考历年之未尝禁，且不思禁省不禁澳之不如不禁"，如果弛禁，则"军饷多一来源，即民间少一搜刮"。命意美、陈义高却不切实际，正是那些熟知经典、崇奉本本、死守教条的"清流"们的问题所在；"清流"只有面对实际，才会知道不能凡事都按本本、教条去做，才有可能摒弃嗜好空谈大话的陋习而逐渐务实。张之洞是"过来人"，对此体会一定格外深刻。

从 1884 年到任到 1889 年离任，他当两广总督 4 年，大力推行洋务事业，完成了向洋务派的转化。由此，他成为洋务派后期领袖人物，成为晚清一代名臣。离粤后，他先后担任湖广总督、两江总督，晋体仁阁大学士、军机大臣兼管学部，光绪帝死后年仅三岁的溥仪继位，被赏太子太保衔。1909 年秋，张之洞病逝，三天后清廷即上谕加恩谥予"文襄"，备极哀荣。

与张之洞的官运亨通相反，张佩纶却是仕途坎坷潦倒。1883 年底，张佩纶进入综理洋务的总理衙门，出任总理衙门大臣，开始管理实际事务。以言官翘首而执掌实际事务，35 岁的张佩纶官至正三品，声望更是如日中天。

但进入总理衙门只几个月，政坛突发变动，慈禧与恭亲王奕䜣的矛盾白热化，最终慈禧在 1884 年 4 月下旨罢免奕䜣，史称"甲申之变"。但张佩纶却"不识时务"上疏为奕䜣辩护，触怒慈禧，被其严斥。5月中法战争和战未明时，张佩纶坚决主战，言辞激烈。出于种种考虑，慈禧干脆任命这个喜谈兵事其实毫不知兵的书生"会办福建海疆事宜"，前往福州主持防务。7月3日，张佩纶抵达福州，以只会纸上谈兵的书生作为事实上的前线主帅，而且还是以复杂的"现代化"军舰为主的海战，虽然尽心尽力，备战措施却难得当。8月23日下午，海战打响，马尾港内11艘中国军舰在短短一两个小时内就被击沉9艘，福建水师全军覆没。马江之败，原因多多，有中、法两国军舰水平差距的原因，参加马江之役的中国海军装备技术比法国要落后30多年；有两国兵力差距的原因，而张佩纶曾向北洋、南洋求援却被拒。当然还有张佩纶备战、指挥的失误，如将船小、炮火弱的福建水师所有舰只集中停泊一处并紧靠法舰，对部下将军舰与敌舰保持一定距离的要求置之不理，使己舰全部置于有强大杀伤力的法国现代化舰只的火力之下；还下令在没有火炮的运输舰上布置300余官兵，想在战斗中撞沉敌舰，然后登舰与敌兵短兵相接。熟读经史的张佩纶还使用了很多不切实际的方法，诸如让士兵换上商人衣裳、派人在岸上插许多旌旗以虚张声势、用火船攻击敌舰，或想上演一出当代的"火烧赤壁"罢。

战斗打响后，从未到过火线的张佩纶上山观战，法舰炮火之猛烈远远超出他的想象。炮声隆隆，火光冲天，"主帅"张佩纶却惊恐万分，从后山仓皇而逃，这时全然忘记自己平时总是慷慨激昂、大言主战。当时大雷雨，他的鞋都跑掉了，"中途有亲兵曳之行"，狼狈不堪，跑到18里外的彭田乡才安顿下来。而船政大臣何如璋也逃之夭夭。

马江之败，其实清廷应负最主要责任，但专制政府的责任历来是责下不责上，张佩纶自然罪责难逃，先被革去三品卿衔，而后又被革职并从重处理，被发配到察哈尔充军。这一年，张佩纶三十有七。令人深思的是，清廷开始命令左宗棠和其老部下、闽浙总督兼署福建巡抚杨昌濬查办马江战败责任时，左、杨认为张佩纶只是"调度乖方"之失，且"勇于任事""尚属不避艰险"，建议"请旨交部议处，以示薄惩"，但慈禧勃然大怒，严斥左、杨"语多含糊"，对张、何"情重罚轻""意存袒护开脱"，下令将张、何二人"从重发往军台效力赎罪"。

张佩纶曾是慈禧的宠臣，这次慈禧却定要严惩，原因殊不简单。其实，就在任命张出京赴闽的同一上谕中，还命令同是"清流"的吴大澂会办北洋事宜、陈宝琛会办南洋事宜，名为重用，其实是要将这些"清流"赶出京城。"南洋"由曾国荃主管，本无陈宝琛之事，但陈还是因所推荐的两名将领在中法战争中败仗连连、"荐人失察"受到朝廷降五级调用的处分，适逢其母病逝，丁忧回家乡福州，从此在家赋闲 25 年之久。"北洋"因李鸿章主管且无战事，故吴大澂保住官职，但也自此离开京城。他们的出京与受罚，标志着"清流"的解体。不久前这个强大的政治派别还在政坛上呼风唤雨、权倾一时，不到一年便土崩瓦解，只因此时慈禧已剪除政敌，大权在握，无须再借"清流"敲打异己，相反，"清流"的存在已成她为所欲为的障碍，必欲除之而后快。一句话，"清流"本就是最高统治者打人的工具，兔死狗烹，向来如此。只是慈禧为削其势力把他们赶出京城太过迫不及待，甚至不惜以"会办"军务之名，全然不顾书生典兵可能酿成大祸，未免太把军国大事视同儿戏。或许，对慈禧来说，与争权夺利相比，军国大事只能是"儿戏"。

清代制度，察哈尔都统驻在直隶省的张家口厅，负责管理察哈尔八旗，遣戍官员到达后，由都统指定具体军台。1885年春夏，张佩纶被派到张家口之北、条件更差的察罕陀罗海，开始了为时三年的罪臣流放生涯。哪知他来到荒僻的察罕，竟引起了蒙古王公、俄国商人和日本"游历使"的注意，访客不断，朝廷立即关注，都统急将他遣返张家口。

作为罪臣，自然没有官俸，京中家眷也供养困难，开始变卖家当。他的第一任妻子朱芷芗已于1879的病逝，1886年在流放之中，他的第二任妻子又病逝，他与朱所生二子尚幼，只能来戍地倚他为生，生活自是更加艰难。对自己戏剧性的宦海沉浮，张佩纶发出"朝是青云暮逐臣"的无限感慨。好在京中好友时常寄赠银两，尤其是李鸿章，多次赠银不菲，使他平安度过三年戍期。1888年春，张的戍期已满，按例要缴"台费""部费"，三年共计二千两，这笔巨资又是李鸿章一力承担，他才得以释归。

李鸿章之所以慷慨援张，是因其与张佩纶本有"世谊"。张佩纶的父亲张印塘曾任安徽宁池太广兵备道，太平军攻打安庆，张印塘因守卫庐州要隘集贤关有功而升任安徽按察使。这时李鸿章正在回安徽办理镇压太平天国的团练，与张印塘属患难之交，且张守卫的庐州就是李鸿章的家乡，二人交情更深。1854年，张印塘在任上病逝，这时张佩纶才6岁，李鸿章即资助张家，将张印塘的灵柩送回河北丰润安葬。以后张佩纶步入政坛，李鸿章一方面"念旧"，一方面欣赏其才华，故对他一直另眼相看。同样，张在官场也给李"面子"，他"以直声震天下"，参劾高官举不胜举，但从未直接参奏过李鸿章。"清流"总是厉声抨击主和，李鸿章对外历来"主和"，自然时时受到"清流"猛烈攻击，但张佩纶在与其他"清流"一样抨击"主和"时，却从未对李点名指责，只是曾间接批过李一味主和是"直苟且欺饰以误朝廷"。1879年，张佩纶相继丧母丧妻，经济困顿、情绪低落，李鸿章赠白银千两作为营葬费用和守孝之需，并想请他入自己私人幕府。因为按规定，父母故去，丁忧未满，不可出仕，但可入幕，李请张入幕，一是想用张之才，二是借此使张能有不菲的收入。张佩纶过津时，李曾主动看望，二人来往更加密切。现存二人之间六百余封信函表明，两人对朝政长期互相沟通。尤其是进入总理衙门的几个月，张更是三两天就与李通一次信，向李详告各种情况。此次张佩纶落难，李鸿章不仅不吝钱财助其渡过难关，还多次去函表示慰问。他以长者身份劝张说，"公是有心人，惟矜气过重，视事太易，致此蹉跌"，但又鼓励、赞扬说国内像他这样"敏果有志略者，戛戛难之"。天津机器局将奥地利普兰德海军官军学校教习阿达尔美阿著《海战新义》译出印行不久，李鸿章即给张寄去："附上《海战新义》一书，望悉心参详，较胜于故纸堆中寻生活。以水师败者，必以水师求胜，非空言大话所能济事也。"凡此种种，均显示出李对张的殷殷关切。

所以，当张戌满回到北京成为一介草民，四顾茫然不知何往时，又是李鸿章接纳了他，成为北洋总督府中为李主管文书的幕僚。对经过一番磨难的张佩纶，李鸿章更加推重，他在给人的信中称赞说："幼樵来津旬日，意气不衰，患难之余，更进深稳。年甫四十，来日正长，渑池之奋，会当有日。"他竟然将张比作蔺相如。最后，李干脆将女儿李菊耦嫁与张佩纶。李菊耦当时 23 岁，相貌出众，能作诗、弹琴、弈棋，还熟悉历史掌故，喜品评书画；由于有见识，有时李鸿章还要她代看公文，是有名的才女。宰相府年轻貌美、才华横溢的千金小姐竟要嫁与年满四十，且是流放归来的"罪臣"，还结过两次婚的张佩纶做"第二填房"，以世俗标准来看太不相配，故轰动一时，甚至传为笑谈，戏谑文字不少。婚后二人感情甚笃，度过了一段夫妻恩爱、如胶似漆的日子，于 1896 年生子张志沂。附说一下，张志沂于 1916 年娶逊清长江水师提督黄翼升的孙女黄素琼，二人在 1920 年秋生下一个女儿，就是后来大名鼎鼎的女作家张爱玲。

张佩纶婚后一直住在天津北洋总督衙门内，着意回避政治。但原本是政治中人，又是"宰相"李鸿章的女婿，还住在"政治旋涡"的北洋总督府内，最终未能逃避政治。1894 年 7 月中日甲午战争爆发，丰岛海战中方失利，支援牙山的部队沉于海底；陆路驻守牙山的中国军队因众寡悬殊而失利；8 月 1 日，清政府向日本宣战。甲午战争，事关重大，李鸿章首当其冲，张佩纶自不能免，此时他在北洋总督府亦不能不对此屡发议论、屡提建议，一些建议与李的其他幕僚不合，因此得罪了一些人。就在清政府对日宣战之后、平壤战役全面展开之前，朝廷突然下诏，将张佩纶逐出天津，勒令其立即回原籍。原来御史端良奏劾张佩纶，说他以罪臣身份待在北洋总督府、紧随李鸿章，"居北洋幕中，妄干公事"，应对这几次战争失利负责。奏劾张佩纶，是军机大臣、醇亲王亲信孙毓汶和北洋总督府内李鸿章的几个亲信共同策划的结果。因为孙以贪著称，十几年前张佩纶就参劾过他，故一直想找机会报一箭之仇。李鸿章左右则因对张提的意见不满而生忌恨，其中主角竟是李鸿章长子李经方。郎舅失和，反目成仇。

不得已，张只得离开天津，但他提出想去南京，因张在直隶丰润老家已无直系亲属，且张自幼在南方长大，更习惯南方生活；朝廷则认为丰润离天津太近，所以也同意他到南京。1895 年初春，中国军队节节败退之时，被逐出北洋衙门的张佩纶携妻南下南京。随后几年国事蜩螗，张佩纶"忧伤君国"却又对政坛深感失望，无可奈何。1900 年秋，慈禧急盼李鸿章北上与列强议和，尤怕自己被列为应受惩罚的祸首，盼李与列强交涉，使自己免受惩罚。这时，慈禧又下旨重新起用张佩纶，赏他为翰林院编修，随同李鸿章办理交涉事宜，但张并无意于此，经多次催促，才在 1901 年初谈判基本结束时前往北京。在形势逼迫下，慈禧也下诏变法，开始行"新政"，设立"督办政务处"统办全国新政，张佩纶被任命为襄办，不过他于仕途已意兴阑珊，不顾众人劝说，坚辞不就，离京返宁。李鸿章 1901 年深秋在北京逝世时，张佩纶在南京，未及奔丧。

1902 年至 1903 年，此时已是"天下名臣"的张之洞暂署两江总督，来到南京。多年老友，近二十年未见，在此期间却只见了一面。个中原因，说法不一。一说是张之洞知道朝廷不喜张佩纶，故百般推脱。另一说法则正好相反，谓张之洞来宁后多次想见张佩纶，但后者因当年同僚如今天壤之别而以病辞之。不论哪种说法，两人终归最后还是见了一面。回首当年，意气风发，今天物是人非，二人垂泪而别。1903 年初，张佩纶于潦倒中在南京病逝。1909 年秋，已是体仁阁大学士、军机大臣的张之洞在北京病逝，清廷颁布上谕，高度赞其一生并赐谥号"文襄"，可谓备极哀荣。

不过，在某种意义上说，"二张"最终的命运却完全一样："文革"中，红卫兵在 1966 年 11 月 8 日掘开张之洞与三位夫人合葬在家乡河北南皮县双庙村的坟墓，四人尸骨被曝荒野，任人拨弄踢蹋，不知所终；1967 年 10 月 24 日，红卫兵掘开张佩纶与夫人合葬在家乡河北丰润大齐坨黑山沟的坟墓，二人尸骨完好，被红卫兵用锹镐捣烂。

清末"国有"与"民营"的激斗

鸦片战争使中国面临现代化挑战，创办大机器生产的近代企业是现代化的主要内容。然而，近代企业在清末的发展却困难重重，使中国的现代化转型步履蹒跚，极不顺利。阻碍、束缚企业发展的因素当然不少，但主要障碍还是企业的所有制变革屡屡滞后。

一、官办企业的正负效应

对外患与内乱频仍的晚清朝统治者来说，无论是反对列强欺凌的"师夷长技以制夷"，还是对内镇压农民起义，从巩固自身统治来说，都应迅速创办近代化企业。

两次鸦片战争的失败和国内农民战争的冲击，使统治阶级内部的少数开明派开始认识到洋枪洋炮的厉害，在镇压太平天国运动中取得一定权力的汉族地方官员如曾国藩、李鸿章、左宗棠，成为"洋务运动"的主要动力，这些封疆大吏在自己的"势力范围"内开始兴办近代工厂。

然而，以办近代企业为主要内容的"洋务运动"，在发轫之时即被指为"溃夷夏之防，为乱阶之倡"，曾遇到今人难以想象、难以理解的反对。这种争论、反对，在洋务运动三十年中一直未停。以现代大机器生产来造枪炮船舰、通电话电报，明明是统治者在近代图存不可或缺的措施，却遇到统治阶级中占主导地位的冥顽不化者以"夷夏纲常"这类传统的意识形态为武器的强烈反对。顽固派总是将问题上升到"道德"的高度，他们强调："立国之道，尚礼义不尚权谋；根本之图，在人心不在技艺。"数理化科学知识和大机器都被他们讥为会使人心变坏、道德堕落的"奇技淫巧"，而且他们强调这是"奉夷为师"，必将导致"变而从夷"。修铁路、架设电报线对一直处于军情紧急、财政困难之中的清王朝可说是当务之急，却遭到激烈反对。例如，他们认为电线可以"用于外洋，不可用于中国"，因为"夫华洋风俗不同，天为之也。洋人知有天主、耶稣，不知有祖先，故凡入其教者，必先自毁其家木主。中国视死如生，千万年未之有改，而体魄所藏为尤重。电线之设，深入地底，横冲直贯，四通八达，地脉既绝，风侵水灌，势所必至，为子孙者心何以安？传曰：'求忠臣必于孝子之门'。借使中国之民肯不顾祖宗丘墓，听其设立铜线，尚安望尊君亲上乎"。铁路也是如此，"行之外夷则可，行之中国则不可。何者？外夷以经商为主，君与民共谋共利者也；中国以养民为主，君以利利民，而君不言利者也"。所以，当李鸿章于1874年看到日本派兵侵略我国台湾，海疆告急，向恭亲王奕䜣力陈中国修建铁路的重要时，奕䜣虽向来支持洋务运动，但深知修铁路将会遇到顽固派的强烈反对，恐难实行，所以对李鸿章说，此事"无人敢主持"，并告诉李鸿章，慈禧太后"亦不能定此大计"。由此可见修铁路的阻力之大。直到十五年后，慈禧在此时倾向支持修铁路的亲信醇亲王奕譞的鼓动下，才最后同意兴造铁路！

以曾国藩、左宗棠、李鸿章的权势之强，想兴办近代企业尚有如此强大的阻力，无权无势的平民在这种环境中根本不可能兴办近代企业。如19世纪70年代初，曾有华侨商人在广东南海设立以蒸汽为动力的缫丝厂，结果却被官方以"沿海各省制办机器，均系由官设局，奏明办理，平民不得私擅购置"为由，将其封闭、拆除。所以，清末的近代官办企业是历史的"不得不然"。历史地看，这些企业毕竟是近代中国在引进西方科技、文化，培养人才，开创风气方面起了巨大的进步作用，大机器的引进成为中国近代工业建立和发展的开端。凡此种种，确有历史的合理性与正面作用。

但是，官办企业的弊病也很明显。这些官办企业在体制上也采取衙门式的管理，不是独立经营的企业单位，而是政府的一个分支部门；设总办、会办、提调若干，类似官场职别，并且受总督、巡抚和总理衙门的监督、节制。这种官办企业必然冗员充斥，机构臃肿，许多人因与"官"有关系而挂名支薪，官府也将其作为安排官员的地方，贪污腐败严重，管理混乱，生产效率低下。

随着时代的发展，官办企业的正面作用越来越弱，而负面作用则越来越明显。历史的逻辑，将"官督商办"提了出来。

二、作为过渡的"官督商办"

兴办近代企业需要大量资金，而这些企业由于官办的种种弊病，并没有盈利，自身很难赚取发展所需资金，而晚清财政一直极度困难，官府无法对这些企业提供长久支持。在这种情势下，晚清企业的"官督商办"模式应运而生。

历史变革的实现往往有偶然性。1872 年，一贯反对兴办新式企业的顽固派官僚宋晋上奏提出，由于现在国家财政困难，而左宗棠创办的福州船政局、李鸿章创办的江南制造总局"糜费太重"，应予停办，从而引发了清廷关于是否需要制造轮船的大讨论。以写奏折老辣著称的李鸿章果然厉害：由于反对造船者以财政、经费紧张为理由，因此李鸿章在与曾、左同样陈述了中国面临的不得不造轮船的历史环境后，便具体分析财政问题。他由财政紧张顺理成章地提出，解决财政问题的根本是要"求富"，提出不仅要建造兵船，更应建造商船，设立、经营民用商业运输企业，要建立用大机器生产的煤矿、钢铁企业，创办民用企业营利。李鸿章此折借顽固派提出的"财政紧张"，提出更为顽固派反对的"求富"主张，使洋务运动从以军工为主要内容的"求强"阶段深化为以生产民用品为主要内容的"求富"阶段，其重要意义自不待言，而李鸿章"借力打力"的技巧端的是老谋深算。

李鸿章提出，创办民用轮船公司是"求富"的重要方法，但现在的情况是"各口岸轮船生意已被洋商占尽"，所以"须华商自立公司"打破外国轮船公司的垄断。几经努力，朝廷批准创办轮船招商局。轮船招商局首先要打破外国轮船公司对中国沿海和长江之航运的垄断，当时美商旗昌、英商太古和怡和这三家轮船公司资金雄厚，中国的航运业务事实上被它们垄断。在这种情况下，创办轮船招商局可说是符合中国航运和民族经济发展趋势的明智之举。但官方此时根本无钱，所以李鸿章想到了"官督商办"的办法。

　　由于中国素有"抑商"传统，政府本就禁商人兴办新式企业，再加上社会上反对新式机器生产的保守力量十分强大，所以中国商人还根本不可能办新式工商企业。但一些商人，尤其是买办，积聚了大量资本，为了赚钱，他们只能依附在洋商名下，如美国旗昌洋行其实一大半都是华商股本。这样的后果是中国政府税收减少，而且华商依附在洋商名下还容易受到洋商的盘剥。李鸿章在给同僚的信中写道："我既不能禁华商之勿搭洋船，又何必禁华商之自购轮船？""以中国内洋任人横行，独不令华商展足耶？"他在这封信中指明当前的形势是："中国长江外海生意，全被洋人轮船、夹板占尽。近年华商股实狡黠者多附洋商名下，如旗昌、金利源等行，华人股分居其大半，闻本利不肯结算，暗受洋人盘折之亏，官司不能过问。"如果设立轮船招商局，则华商可以名正言顺入股，"使华商不至皆变为洋商，实足尊国体而弭隐患，尤为计之得者"。创办近代民用企业，需要大量资金和懂得新式经营的人才。当时清政府国库空虚，财政几近干涸，不可能拿出大量资金筹建企业，更无人才。在这种情况下，李鸿章瞄准了买办阶层。在为外商服务的过程中，一些买办积累了一定的近代工商经营管理的实际经验和能力，同时也积累了大量财富。把他们连人带资本从洋商那里"挖过来"，确是解决问题的可行方法。

　　考虑到当时的情形，他提出招商局应采取"官督商办"的形式，即："由官总其大纲，察其利病，而听该商董等自立条议，悦服众商。冀为中土开此风气，渐收利权"；"将来若有洋人嫉忌，设法出头阻挠"，官方可出面交涉，"以为华商保护"。

轮船招商局是洋务派创办的第一个从"军工"转向"民用"、从"求强"深化为"求富"、由"官办"转向"官督商办"的企业，因此意义非同寻常。在新式大机器生产和民间资本面临国内的重重阻力和外面的巨大压力的情况下，"官督商办"这种由商人出资认股、政府委派官员经营管理的模式在当时对新式民用企业的建立和民间工商资本的发展起了重要的推动作用。此后，洋务派又开办了开平矿务局、电报局、上海机器织布局等一系列大型企业，此时若无官方的保护和扶持，大型新式企业如轮船、采矿、电报、纺织等根本建立不起来。

"官督商办"主要是靠发行股票募集商股。刚开始，商人大都对此持观望态度，但随着轮船招商局等几个企业的经营成功，商人对官督商办企业的信心大增，社会视听为之一变，人们争先恐后地抢购股票，许多买办纷纷从洋行撤资，入股利润更加丰厚的中国官督商办企业。19世纪80年代初，中国社会出现了第一波投资新式企业的热潮。

以官督商办的方式经营近代企业，促使中国第一批资本主义民用企业脱颖而出，中国最早的资本家便是由这些投资者（主要是商人、买办、地主、官僚）转化而来。但与官办企业的情况一样，随着社会与时代的发展，这种模式的负面作用越来越明显。

"官督"是官督商办企业的成功之处，但同时也埋下了失败的伏线。其最大的问题是"所有制"问题，即"产权不明"，企业究竟是官府所有，还是民间所有？"官"给了这些企业诸如垫款、借款、减免税厘以及一定的垄断权等种种好处，这些企业必然也要受"官"管辖，由官府委任的督、总、会办管理，这样，许多人都是亦官亦商，具有"官""商"双重身份。如果管理者按商场规则经营，则企业发展顺利；如果以官场逻辑行事，则企业很快衰败。在早期，"商"大于"官"，故这些企业发展很快。随着这些企业带来丰厚的利润，"官"见有大利可图，于是加强了对企业的"管理"或曰干预，将这些企业视同"官产"。官场的任人唯亲、贪污腐败在这些企业迅速蔓延，安排的许多"总""皆不在其事，但挂名分肥而已"。

导致官督商办企业衰败的另一个重要原因是清政府从上到下都将其视为己产，予取予夺，经常无偿征索。如轮船招商局不得不经常低价甚至免费为清政府运兵运械，电报局对官府电报必须免费……更重要的是，这些企业必须向清政府提供"报效"，其实就是官府公开的财政勒索。如 1894 年为庆祝慈禧六十大寿，清政府命令招商局"报效"白银 55 000 余两、开平矿务局"报效" 30 000 两。尤其有意思的是，正是那些反对办任何新式企业的顽固派对这些企业的勒索最厉害。据统计，从 1884 年到 1911 年的 27 年间，轮船招商局和电报局这两个企业给政府的报效共 350 万两白银，相当于两局股本总额的 60%。

从 19 世纪 90 年代起，尤其是甲午战争后，"官督商办"企业的官权越来越重，其内在矛盾越来越深、越来越尖锐。曾经大力主张并亲自实践"官督商办"的郑观应无奈地写下了《商务叹》："轮船电报开平矿，创自商人尽商股"，"办有成效倏变更，官夺商权难自主"，"名为保商实剥商，官督商办势如虎"。它的历史使命，的确已经完成。

三、摇摆的民营政策

甲午战争中国惨败，引起了中国社会的巨大震动，一些有识之士认为像日本那样发展民族私营企业才是强国的根本；同时由于清政府与日本签订了丧权辱国的《马关条约》，允许外国在华设厂投资，因此不便继续禁民间设厂；再加上清政府此时财政极为困难，无力官办新式企业，清政府在危机面前不能不公开改变以前禁止民间办新式企业的政策，颁布了"饬令招商，多设织布、织绸等局，广为制造"的电旨。这使中国民族资本主义开始有了较快的发展，中国出现了一个民间兴办新式工业的小浪潮。1895 年 8 月，光绪皇帝颁布诏书，敕令官办企业"从速变计，招商承办"，更开启了清末官办企业私有化之端绪。

据 1895 年到 1898 年这四年间的不完全统计，新创办企业有 62 家，资本总额达 1 240 多万元。著名的大生纱厂、苏纶纱厂、合义和丝厂、源昌碾米厂、张裕酿酒厂、商务印书馆等都在此时创办。据对其中 50 家的统计，资本在 10 万以下的小厂有 29 家，占企业总数的 58%，但资本总额只有 73 万余元，仅占投资总额的 6.1%。资本总额 10 万以上的企业有 21 家，占企业总数的 42%，但资本总额却为 1 126 余万元，占投资总额的 93.9%。可见，许多私人企业已具相当规模。从 1901 到 1911 这十年间，私营企业发展更快，新设厂矿 340 家，资本额达 1.01 亿元。无论是新设厂矿数和新投入的资本额，都超过了前此二十多年的两倍。

清政府虽然此时制定了种种政策、法规，成立了有关机构以奖励、发展私营工商业，使私人企业在这一阶段发展相对较快，但其内部其实一直又有股强大的力量反对私营企业。因此，清廷这时的经济政策是对纺纱、碾米、造酒等这类于"国计"影响不大的行业放开民营，而对航运、电报、铁路这类于"国计"有重大关系、原本"官督商办"的企业则一直摇摆不定。因为官督商办是 1872 年李鸿章为了突破官无资金、不会经商，而有资金、有经商才干的商人没有合法办近代企业之权的困境，"遇到红灯绕道走"而想出的一个变通办法，简单说就是由政府出面，商人出资办近代企业，"官为维持""商为承办"，即官府督办，商人自筹股资，并且具体经营。用今天人们熟悉的语言来说，就是"戴红帽子"。这种企业一个天生的缺陷就是产权不明。对这类企业，清政府内部一直就有两种不同观点：一种观点认为，这是国有企业，官家自可任意处置，因为本来就是以政府之名而设，而且在经营过程中得到政府的多种优惠待遇，甚至享有某种垄断权。更重要的是，他们认为，私人资本强大之后，将削弱统治者的统治力量。另一种观点则认为，私人资本强大会使国家富强，朝廷统治基础更加巩固，而且这些企业是商家出资经营，理应为商家所有，国家不应收回，如果收回，应给商人合理的补偿价格。两种政治力量斗来斗去，一时这派占优势，一时那派占上风，直到甲午战后，清政府同意发展私营企业，但对"官督商办"企业的"性质"仍无定论，结果必然是清政府在重大经济政策上的大幅度摇摆，最终成为清王朝垮台的导火线！

两种力量的激烈较量与斗争，集中表现在"轮电之争"和"铁路之争"。

四、"轮电之争"

1872 年创办的官督商办企业轮船招商局大获成功，受此鼓舞，洋务派又兴办了一批官督商办企业，有些官办企业后来也改为官督商办。但清政府内反对官督商办的顽固派依然十分强大，一直想将这些企业完全收归国有。

"轮电之争"中的"轮"，是指"轮船招商局"。1877 年，山西道御使董儁翰奏请"轮船招商局关系紧要，急需整顿"，提出要收归国有，由南北洋大臣统辖。招商局成立以来，参劾招商局的奏本便一直不断，此奏一出，更得到许多官员响应，纷纷要求将之收归官办，起码要加强政府的监督控制。面对这汹汹群情，李鸿章立即坚决反驳，他提出办招商局是"为收回中国利权起见"，"商局关系国课最重"，如果任意干扰，"殊于中国商务大局有碍"。在首先强调招商局对国家富强的意义之后，他接着辩解说招商局全是商股，创办时就奏明"盈亏全归商人，与官无涉。诚以商务由商任之，不能由官任之也。轮船商务，牵涉洋务，更不便由官任之也"。由于李鸿章的坚决反对，此次收归国有之议不了了之。

1880 年，国子监祭酒王先谦又上奏弹劾招商局，认为企业"归商不归官，局务漫无钤制，流弊不可胜穷"，再次提出要将之收归官办。这一次弹劾引起的呼应比上次要强烈得多。

李鸿章知道最为反对者忌恨、最为朝廷所担心的是这类企业对统治者的政权所起的作用究竟是巩固还是削弱，所以他首先详细列举几年来该局的成就，证明正是招商局使洋人在长江水运所得之利大为减少，因此强调"其利固散之于中华，所关于国体商务者甚大"，当然使统治者的政权更为巩固。有趣的是，李鸿章在此折中用得利的是"中华"而不用"华商"，说明他深知朝廷对"华商"等私人获取巨额利益的行为仍心存警戒，所以刻意回避"华商"这种容易联想到私人的用词。在激烈争论中回避朝廷敏感的字眼儿，当然更容易赢得朝廷的支持，而且华商得利确也可说是"中华"得利。一词之选，煞费苦心，反映了李鸿章写奏折的老练。然后，李鸿章才从有关章程、规定说明政府应遵守早先订立的章程，如果"朝令暮改，则凡事牵掣，商情涣散，已成之局，终致决裂，洋人必窃笑，其后益肆其垄断居奇之计。是现成之生意，且将为外人所夺，更无暇计及东西洋矣"！值得注意的是，他强调政府遵守章程之必要性的立论基础，主要不是政府也必须遵守条约的"契约论"，而是一旦违约、生意受损，后果将是洋人垄断得利这种"民族主义"话语。因为他很明白，朝廷根本不会将政府与私人所订之约放在眼里，不会将此作为决策的一个参考因素，只有这种与朝廷根本利益有关的"民族主义"话语才是能打动、说服朝廷的最有力的理由。所以，他强调一定要坚持"商为承办，官为维持"，如果开始垫有官款，则"缴清公款"后，"商本盈亏与官无涉"。当然，他又一再表明"并非一缴公帑，官即不复过问"，而是强调官仍要尽督管之责。其实，这类企业的问题就在于政府从未放弃管制，干预太多，只是顽固派要求国家所有制应纯而又纯，容不得丝毫私人因素，才会认为"商"的权力过大。李鸿章的观点，得到权力越来越大的总理衙门的支持，轮船招商局仍维持官督商办，未被收归官办或官商合办。

十几年后，即甲午战后的1896年，李鸿章因甲午大败而为万民所指、被清廷投闲散置，大权尽失。这时，御史王鹏运认为时机来临，上奏请特派官员到招商局"驻局办事"，有些现在派"工作组"的意思，虽未明说，实际意图仍是将招商局收归官办。但总理衙门以"若无局船，则此利尽属洋商。是该局收回利权，实明效大验"，反驳了王鹏运的建议，维持了官督商办原状。

所谓"电"，是指创办于1880年的"电报总局"。架设电线、成立相关机构，对近代以来一直军情紧急的清政府本是重中之重，但与所有新事物在近代中国的命运一样，因顽固派认为这些是西方的奇技淫巧不能学而迟迟未有进展。李鸿章于1879年在自己的辖区内试架短短一线，后又于第二年借沙俄准备侵略新疆伊犁一事，以"电报实为防务必需之物"之由，奏请敷设电线。在这种情况下，清廷才批准架线设局。1880年10月，电报总局在天津成立，标志着中国近代电讯业的诞生。

官办电报局经营未久，便面临经费严重紧张问题。在李鸿章的支持、筹划下，电报总局于1882年春改为官督商办。改制后的电报总局，完全是商股商办。或许因为轮船招商局创办在先，容易成为众矢之的，而稍后成立的电报总局命运则相对平稳，在1902年前未遇将其"收归国有"之议。

但 1902 年秋，李鸿章病逝未及一年，新任直隶总督、北洋大臣袁世凯开始设法将轮船招商局和电报总局收归国有。袁以强硬著称，主张"强政府"，由政府兴办新式企业，所以想把"北洋"的官督商办企业都收归国有，增强政府、同时也增强自己的实力。此时，轮船招商局、电报总局的经营者盛宣怀的父亲病故，袁世凯乘盛丁忧守制之机，夺去了盛宣怀的"督办"之职。

刚开始，清朝政府想派人将轮、电二局收归朝廷，以利中央财政。对此，盛宣怀坚决反对，但他错误地想争取"实力派"袁世凯的支持。袁世凯当然也反对将此二局收归朝廷，但他的真实想法是一定要将其收归"北洋"。

盛宣怀是个复杂异常的人。他是李鸿章的心腹幕僚，精明超常，本身即官员，对官、商两界都非常熟悉，深谙为官之道与经商门路。李鸿章乃至后来张之洞创办企业，都对他十分倚重。他于 1885 年担任招商局督办，与前任相比，他主政时的"官督"大为加强，官的色彩较浓；但与那些要完全官办的人相比，他又是"商"的代表，坚决反对官办。这种亦官亦商的两面性，在他的官、商生涯中表现得非常明显。早在 1894 年 2 月初，他奉李鸿章之命接办官督商办的上海机器织布局时，就担心企业办好后会为官收回，向李建议道："股商远虑他日办好，恐为官夺，拟改为总厂，亦照公共章程，请署厂名，一律商办。"以前的企业都是"局"，"局"乃官方机构名称，"厂"则是企业名称。由"局"改"厂"，一字之易，却是大有讲究。李鸿章同意盛的方案，将其改为"华盛机器纺织总厂"。1901 年，由于棉花价格猛涨，工厂亏本，盛宣怀串通两江总督刘坤一奏称，由于亏损严重，"自应准其另招新商顶替，改换厂名，再接再厉"。经清政府批准后，盛宣怀以原价买下自己股权占优、一手经营的企业，改名为"集成纺织公司"。由上海机器织布局到华盛机器纺织总厂，到集成纺织公司，此厂终于从产权不明的"官督商办"，经过逐步改制变成产权明晰的盛氏私产。对他的这种改制是"合法"还是"非法"，是否"化公为私"或曰"侵吞国有资产"，一直争议不断。而吊诡的是，这两种观点确实各有道理，正说明了在社会转型期存在"制度灰色地带"，很难以简单的非黑即白来作判断。今天许多"戴红帽子"的企业其实也是如此改制，盛氏百余年前的手法依然适用，历史何其相似乃尔！

由于早就担心这些官督商办企业可能被收归国有，盛宣怀在经营轮、电两局时就多次想方设法将盈利及各项收入转为商股，以便万一将来政府按票面价值将轮、电二局购归国有时，包括他在内的股东利益不至损失太大。

然而，此时"商人思维"的盛宣怀面对的却是"强政府思维"的袁世凯，他根本无意按股票票面价值将官督商办企业收归国有。1903年1月中旬，袁世凯被清廷派为电务大臣，接收电报局。袁世凯以政府资金紧张、无法全付商股为由，表示商人仍可"附股一半"，而另一半商股则以大幅度杀价"购回"。此法一出，商情哗然，但毫无办法。但此时清政府因要支付巨额"庚子赔款"，连超低价的"价购"都付不起，在降旨令袁世凯接收之时宣布："该局改归官办之后，其原有商股不愿领回者，均准照旧合股。"对这种完全的"商股官办"，朝廷还说是在维护既有体制之中的"寓体恤商情之意"。无论盛宣怀及众商人多么不满，想出种种办法，都无法改变收归官办的命运。袁世凯的基本思路是：取之于商，用之于官。

接收完电报总局，袁世凯紧接着就强迫盛宣怀辞去招商局督办之职，并派自己的亲信杨士琦担任该局总理。这样，袁世凯通过将电报局收归官办、轮船招商局由他派人督办，将这两个大型企业实际收归己有。

以前有李鸿章做靠山，盛宣怀做事一直顺风顺水，现在靠山已去，且面对的是"强势政府"袁世凯，自然毫无招架之力，顿时败下阵来。他当然不甘就此作罢，于是暗中准备，窥测时机，以图夺回企业。他本来就是亦官亦商，现在对官权之大的体会更深，于是在积极联络股东的同时，又向大太监李莲英巨贿买官，终于在1908年3月授邮传部右侍郎。铁路、电报、航运和邮政都归邮传部管，盛氏顿时权力大增。有了权后，他首先联络电报总局的入股商人与政府交涉，要求退还收归官办的电报总局的商股。经过一番讨价还价，清政府最终按每股180元的价格将全部股票从股商手中买回，股商挽回部分损失。

就在这年11月，光绪、慈禧相继去世，政坛风云突变，袁世凯骤然失势，被贬归家，盛宣怀明白机会来临，于是开始努力夺回招商局。在被袁世凯收归官办的短短几年中，轮船招商局亏损严重，不仅未添几艘船只，未增加一处码头、栈房，反而不得不将上海浦东、天津塘沽、南京下关的码头卖掉。盛宣怀以挽救招商局为理由，于1909年8月在上海召开股东大会，会上"组织商办隶部章程"，"注册立案"，并选盛宣怀为董事会主席。会议上报后，邮传部（盛宣怀任右侍郎）复电承认轮船招商局"本系完全商股"，同意其设立董事会。招商局终于完全成为商办。

在"轮电之争"中，中央（清廷）、地方（袁世凯）和商人都尽力争取自己的利益，在"产权不明"的混沌状态下，自然是谁的力量大，权益就归谁所得。

五、铁路国有引爆革命

铁路最开始引入时受阻力最大，但当铁路的巨大利益终于显示出来后，便成为各方争夺的对象，因此铁路的"国有"与"民营"之争渐渐成为斗争的焦点。

修路耗资巨大，财政极为紧张的清政府根本无此力量，所以又不得不招商股，而更多靠举借外债。1905年秋，湖北、湖南、广东三省民众集股从美商手中收回了粤汉铁路利权，朝廷也曾下令：这三省由商民集股兴建铁路。而1904年在成都成立的官办的川汉铁路公司，也于1907年改为商办。湖南、湖北主要是绅商集资，广东主要是华侨商人集资，而四川的股本来源主要靠"田亩加赋"，靠"抽租之股"。抽租的办法一般是随粮征收，值百抽三，带有强制征收、集资的性质，贩夫走卒都被迫参与。这样，全川民众无论贫富，都与汉川铁路有紧密的利益关系。

而清政府一方面允许民间自办铁路，另一方面又于1908年任命调入军机处的张之洞为粤汉铁路督办大臣，不久又命其兼督湖北境内的川汉铁路，实际又企图把铁路改为官控，遭到这几省民众反对，其领导者恰恰是清政权的统治基础——地方绅士和富商。在地方势力的强烈反对下，清廷于 1909 年末和 1910 年初又先后准许粤汉、川汉铁路民办，于是入股民众更多。然而仅仅一年，在"立宪运动"已经风起云涌之际，清政府却又不顾广大民众的强烈反对，于 1911 年 5 月在新任邮传部尚书盛宣怀的主张下悍然又宣布"铁路干线国有"政策。几年之内，于国计民生大有干系的铁路政策竟如此反反复复，清政府真是"自寻短见"。

一石激起千层浪，不久前还同意铁路民营、允许民众大量入股，现在突然宣布"国有"，广大股民认为这是政府有意设套圈钱，怒不可遏，轰轰烈烈的"保路运动"应声而起。使问题变得更加严重的是，财政极其困难的清政府根本无力给股民以合理（或者说让股民满意）的补偿，只能以折扣的方式，即以远远低于股民实际投资额的方式赎买股份。

清政府对湖南、湖北采取的倒是路股照本发还政策，由于绅商损失不大，所以最先兴起保路风潮的"两湖"也最先平息。而对广东路股，清政府只发还六成，不过由于广东股商主要为华侨，这些人在倍感愤怒之下一走了之，却也未有更大波澜。对四川路股，清政府采取的也是"低价"政策。由于入股的中下层民众最多，所以四川反抗"铁路国有"的风潮最为炽烈，最终成为埋葬清王朝的辛亥革命的导火索。

值得再次一提的是，当年极力维持商民利益的盛宣怀一就任邮传部尚书，其观念即随地位的变化而变，成为"铁路国有"的主要策划者。因铁路属邮传部管，一旦铁路"国有"，邮传部的"地盘"、实力将大大扩充。他打着"国有"的旗号，实际是为了他的个人利益，并不考虑在各种矛盾已经十分尖锐激烈的情况下，强行此项政策将危及整个王朝的利益甚至统治的根基。

在清末"国有"与"民营"的斗争中，国家、政府的力量强如压卵之石，商民只能设法谋官，才能维持自己的权利。而商一旦成了官，往往会如盛宣怀那样，反过来又以政府的力量为自己谋利。这样，官、商的界限便永难划清，腐败也将日甚一日。

导致清王朝灭亡的因素当然有很多，从经济层面上说，先是朝廷为民营经济发展设置重重障碍，而后虽允许民营经济发展，但政策又极不稳定，经常大幅度摇摆，不能不说是重要原因之一。政策经常地大幅度摇摆，根本原因是清政府面对社会转型、面对从农业经济向近代工商经济转向这种深刻的结构性变化、面对新崛起的近代工商阶层完全不知所措，因此制定不出一个基本稳定的经济政策，更谈不上基本稳定的制度建设。由于没有稳定的政策和制度，结果必然是"人治"。而政坛风云向来变幻莫测，今天赞成商办的官员得势，政策自然是"商办"导向；明天力主国有的官员上台，政策立即转向"国有"。若与日本明治维新略作对比，更能说明此点。日本明治政府的产权改革远比清政府彻底，自19世纪80年代中期起，日本政府就开始大力扶持私人企业，甚至将"殖产兴业"时创设的官办企业大量抛售给私人，保证了日本经济迅猛的发展势头。近代中日两国的不同命运，适足发人深省。

经济政策和制度是最重要、最基本的社会政策和制度，能否制定出大致稳定的经济政策和制度，是统治者执政是否成熟的基本标准。没有大致稳定的经济政策和制度，人民不会安居乐业，社会不会安定和谐，统治者的政权基础自然也不可能巩固。清末的历史有力地证明了这一点。

铁 路 与 政 争

直到今天，铁路对一个国家国计民生仍有重要意义，在一百多年前，其意义之重要更不待言。但是，修建铁路在近代中国引起的反对却最强烈，争论时间最长，程度也最激烈。

一、姓"君"（君主）还是姓"共"（共和）？

洋务派造炮造船，当然知道修建铁路的重要，所以从 19世纪 70 年代起就不断提出修建铁路的主张。1872 年，俄国出兵侵占我国伊犁，李鸿章借机提出改"土车为铁路"的主张，指出俄国侵占伊犁，"我军万难远役"，如果不修铁路，新疆等西北边境就无法运兵，而且不仅俄国想侵占西北，英国同样垂涎云南、四川；如果中国自己开采煤矿、修建铁路，则列强将有所收敛，而中国"三军必皆踊跃"，否则，中国将面临更加紧迫的局面。但这种完全符合实际的救时之策，在当时却遭到一片反对，据说"闻此议者，鲜不咋舌"，视之为骇人听闻之论。1874 年，日本派兵侵略我国台湾，海疆告急，李鸿章又乘机提出修建铁路的主张。这年年底，他奉召进京见恭亲王奕䜣时，力陈中国修建铁路的重要，并请先造清江到北京的铁路，以便南北交通。奕䜣向来支持洋务运动，当然同意李鸿章的观点，但他深知修铁路将会遭到顽固派的强烈反对，恐难实行，所以对李鸿章说此事"无人敢主持"。李鸿章仍不甘心，希望他有机会劝说慈禧、慈安，但奕䜣回答说"两宫亦不能定此大计"。由此可见修铁路的阻力之大，而李鸿章便不再直接谈此问题，转而不断策动他人提修路建议。

1876 年，丁日昌担任福建巡抚后，李鸿章要他上疏建言：因台湾远离大陆，只有修铁路、架电线才能血脉畅通，才可以防外安内，不然列强总会对台湾垂涎三尺。1877 年，清廷表示同意丁日昌所请，但此事却因经费短绌而中止。转眼几年过去，到 1880 年，中俄伊犁问题不仅没有解决，反而更加紧张，两国之间的大规模军事冲突一触即发，运兵成为重要问题。在这军情紧急时刻，淮军将领刘铭传应召进京，就防务问题提供对策。到京后，刘在李鸿章的授意下上《筹造铁路以图自强折》，正式提出修建铁路的主张，并认为这是自强的关节点。刘折中具体提出，应修从北京分别到清江浦、汉口、盛京、甘肃的四条铁路。但由于经费紧张，不可能四路并举，建议先修清江浦到北京线。局势的演变和刘折的说理充分，清廷似为所动，命令分任北洋大臣和南洋大臣的李鸿章、刘坤一就此发表意见。

修建铁路是李鸿章的一贯主张，而刘折本就是他的授意，所以他立即洋洋洒洒地写了《妥议铁路事宜折》，约四千言，将压了几年的想法一吐而出。他知道反对修建铁路的最大阻力是"道义""传统""祖宗成法"，所以他首先必须进行"意识形态自卫"或"意识形态证明"，论证现在修建铁路与中国古代圣人刳木为舟、剡木为楫、服牛乘马、引重致远的本质一样，目的都是以济不通、以利天下。针对顽固派一贯坚持的理论，即认为机器是败坏人心的"奇技淫巧"，他强调机器能使"人心由拙而巧，器用由朴而精，风尚由分而合"，而且，"此天地自然之大势，非智力所能强遏也"。然后，他再概述国际局势，强调铁路在列强兴起、强盛中的作用。从国际形势再说到中国面临的险境，自然引申出修建铁路的"九利"，在这"九利"中，经济与军事对富国强兵而言是最重要的。对这"九利"，他不吝文字，详细陈说，以期打动朝廷。至于具体的修路方案，他完全赞成刘铭传的主张（其实，刘的方案本就是他的方案），先修清江浦到北京线。他当然明白，朝廷必然会担心修路经费和主权问题，所以直陈由于所需资金庞大，无论是官还是商，都难以凑集，只能向洋人借债。但他强调，在借洋债时，必须在合同中订明，一切招工、采购材料及铁路经营等事，都"由我自主，借债之人毋得过问"，而且还规定不许洋人附股，强调与海关无涉、由日后铁路所收之利归还借款。

然而，顽固派的反对更强烈、力量也更强大。如有人上奏指责说："观该二臣筹划措置之迹，似为外国谋，非为我朝谋也……人臣从政，一旦欲变历代帝王及本朝列圣体国经野之法制，岂可轻易纵诞若此！"有人奏称说铁路"行之外夷则可，行之中国则不可。何者？外夷以经商为主，君与民共谋共利者也；中国以养民为主，君以利利民，而君不言利者也"，修铁路是"蠹民"的"邪说"。还有人上奏说，铁路逢山开路、遇水架桥是惊动山神、龙王的不祥之物，会惹怒神灵，招来巨大灾难……顽固派根本不从"技术"层面反驳洋务派，而是将是否应修铁路这种技术问题提升到"道德"层面，从道德上否定铁路，使主张修铁路者居于"不道德"的劣势。

洋务派重要人物、南洋大臣刘坤一以圆滑著称，知道反对修铁路者力量强大，所以上奏时态度模棱两可，认为修与不修各有利弊，最后要求清廷饬令刘铭传仔细推敲修路的利弊后再作决定。

由于反对者力量强大，而洋务派又很难从"道德""意识形态"层面反驳顽固派的诘难，所以清廷于1881年2月14日发布上谕："迭据廷臣陈奏，佥以铁路断不宜开，不为无见。刘铭传所奏，着毋庸议。"这次修铁路的争论以洋务派失败结束，中国近代化进程再次受挫。

1884年8月的中法马江战役，是中国近代海军组建以来的对外第一仗，却以福建水师几乎全军覆没惨告结束。海军的惨败，才使清廷开始重视海军建设。在左宗棠、李鸿章等人的催促、建议下，清廷才于1885年成立海军衙门。但谁也没想到，在李鸿章的运作下，海军衙门竟"破天荒"开始修筑铁路。

原来，在1880年底，关于是否能修铁路的大争论以洋务派失败而告终。但李鸿章并不甘心，一直寻机重提此事，而且，他明白修铁路虽然不可能作为一项"国策"，但有可能在他的势力范围内作为一项地方的"土政策"施行。

就在争论最激烈的1880年，他就开始试探性地悄悄动工修建开平煤矿唐山至胥各庄铁路，以便运煤。1881年这条约10公里的短短一段铁路建成后，他才正式奏报清廷，并有意将其说成"马路"。李鸿章真不愧是"遇到红灯绕开走"的前辈。李鸿章汲取了在"大争论"中未得到朝中有力支持而失败的教训，所以在修路的同时，积极活动，寻求权贵的支持。此时醇亲王奕譞早已取代恭亲王奕䜣，最为慈禧太后倚重，所以李鸿章全力做他的工作。他多次给奕譞写信，说明兴办铁路的种种好处，奕譞有所心动，所以李才敢将唐胥铁路修完。但李一直认为修路应是举国兴办，所以在给奕譞的信中说修铁路在中国"阻于浮议"一直未能兴办，并且明确表示希望由奕譞直接出面"主持大计"。

1885 年中法战争结束，战争中暴露出海军调度协调的问题，清廷最终同意成立"海军衙门"，由醇亲王奕譞总理，奕劻、李鸿章为会办，曾纪泽、善庆为帮办；同时陆军调兵遣将行动迟缓的严重问题也暴露出来，清廷也不得不面对这个问题，重新考虑是否应当修铁路。在这种情况下，经过奕譞、李鸿章的努力，清廷终于在 1886 年决定将铁路事宜划归由奕譞为总理、李鸿章等人为会办的海军衙门办理。由"海军衙门"负责修建铁路，也可说是当时的"中国特色"。

二、你争我夺

1886 年，身为海军衙门总理的奕譞在慈禧宠信的太监李莲英的陪同下，到天津巡视北洋海军。奕譞与李莲英亲见现代化军舰在海上乘风破浪，极为兴奋，进一步了解到现代军舰的动力来自锅炉，而锅炉要烧煤，只有铁路运输才能保证北洋海军所需煤炭。因此奕譞坚定了修铁路的决心，与李鸿章具体商订修路办法。以奕譞此时的权位之重，也不敢大张旗鼓地主张修路，所以在天津巡视北洋海军与李鸿章商议时，他也不得不想方设法避开强烈的反对意见。他对李鸿章说，如果修铁路，就必须从已修成的胥各庄一路修起，因为修唐山到胥各庄的铁路是为了运开平矿的煤，关系不大，反对的意见可能会小一些，这样此事才有可能办成。李鸿章也认为事情只有如此才可行，加之在唐胥铁路基础上逐年修建，相当一段时间内所经之地都在他管辖的直隶境内，更易办成。

据此，李鸿章采取一点点来、稳步前进的策略。开平矿务局在李鸿章的授意下就在这一年便以要运煤以方便商业为理由，将唐胥铁路延长到芦台附近的阎庄，总长从 10 公里延长到 40 多公里，改称唐芦铁路。同时，李鸿章趁热打铁，成立了开平铁路公司，招集商股 25 万两白银。就在 1886 年底，李鸿章又与奕谭相商，提出将唐芦铁路延长修建到大沽、天津。1887 年春，由奕谭出面奏准动工修建，强调这段路是“为调兵运军火之用”，并将开平铁路公司改名为中国铁路公司。此路第二年便告建成，这条从唐山到天津的铁路全长终于达到130 公里左右。可以看到，从 1880 年修唐胥铁路到 1888 年延长到天津，几年间李鸿章一直紧锣密鼓地筹备，不放过任何“可乘之机”，硬是一点点修成了铁路。其间当然也有小小的波折，如唐胥铁路刚修成时，一名英国工程师将矿上的废旧锅炉改造成一台蒸汽机车拉煤，却遭到顽固派的反对，不得不改用骡拉运煤车皮，几经周折，方许蒸汽机车运行。唐山至天津的线修通后，李鸿章视察了这条铁路，亲身体验了铁路的快捷，大为满意地说：从天津到唐山的铁路一律平稳坚实，所有桥梁和机车都符合要求。除停车检修时间不计外，全程二百六十里，只需走一个半时辰，比轮船快多了。这时的李鸿章信心大增，想趁热打铁把铁路从天津延伸到京城附近的通州。

这几年中，尽管"试办"铁路的活动时断时续，慈禧太后态度已有所松动，同意修津沽路，但未能下决心在全国兴办铁路。要创造铁路建设事业起步的机会，关键是要改变慈禧太后对铁路之事的根本态度。李鸿章、奕譞和李莲英一直在做慈禧太后的工作，他们知道，朝廷最终能否同意全国修铁路，决定权还在慈禧太后手中。奕譞、李莲英巡阅北洋水师后，就向慈禧太后汇报检阅海军的主要情况。1887年3月，奕譞又与李鸿章等会奏朝廷，陈明他领导下的海军衙门各大员对铁路态度变化的心迹："铁路之议，历有年所，毁誉纷纭，莫衷一是。臣奕譞向亦习闻陈言，尝持偏论。自经前岁战事，复亲历北洋海口，始悉局外空谈与局中实际，判然两途。……臣奕譞管理各国事务衙门，见闻亲切，思补时艰。臣曾纪泽出使八年，亲见西洋各国轮车铁路，于调兵运饷、利商便民诸大端为益甚多……自当择要而图。"奕譞承认自己以前对修铁路也曾"习闻陈言，尝持偏论"而反对修路，但经中法战争，又"亲历北洋海口，始悉局外空谈与局中实际，判然两途"，这种转变殊为难得。

由于有奕譞、李莲英为奥援，李鸿章心生一计，决心给太后在颐和园昆明湖畔和北海、中海西侧各修建一条游玩铁路，让她直接体验乘坐火车的乐趣，切身感受铁路的利益。1887年3月20日，李鸿章到北京护送慈禧太后和光绪皇帝扫墓，慈禧太后已经同意建设津沽铁路，对铁路之事有所关心，李鸿章和曾纪泽一起向慈禧和奕譞提出铁路建设等洋务新政，请求慈禧同意由洋商报效，在颐和园和中南海建造游玩铁路火车，专供她和光绪帝乘坐享用。慈禧太后情绪正好，欣然批准。李鸿章立即行动起来，与一法国公司商定，从该公司订购洋轮座车 6 辆、丹特火机车 1 辆并铁轨七里余。1888 年 1 月 20 日，颐和园工程告一段落，洋商所供小型火车在园内试行，华人司机不慎出事，慈禧命撤去机头，由人推行。1888 年 12 月，中南海紫光阁铁路修通，慈禧太后在中南海居住时，每天中午偕同光绪帝和后妃、王公大臣等乘坐火车到镜清斋吃饭、休息。她害怕机车鸣笛轰隆之声会破坏皇城气脉，又害怕机车压死人，更为不祥。所以，车辆行驶时不用机车牵引，而在每辆车上拴着绒绳，由太监挽拽。车的装饰有严格区别，行车时有太监持仪仗开路。

几乎同时，李鸿章1888 年 11 月又通过奕譞主管的海军衙门奏请修筑津通路，其理由是津通路将沿海与内陆联结起来，可以"外助海路之需，内备征兵入卫之用"，有利于军事、防务。这一奏请得到朝廷批准，没想到却捅了马蜂窝。顽固派本来可能是对醇亲王有所顾忌，对李鸿章悄悄修路忍而又忍，并未大张旗鼓地表示反对，现在他要把铁路修到天子脚下，岂可容忍！反对声于是像炸开锅一样，一时弹章蜂起，纷至沓来，掀起了近代关于铁路的又一次大争论。顽固派有的上奏朝廷，有的致函奕譞，想争取他而拆掉李鸿章的后台。为了耸人听闻，顽固派与前几次一样，首先指责修路是"开辟所未有，祖宗所未创"，还将修路与"灾异"联系起来，认为清宫太平门失火就是"天象示儆"。大体而言，顽固派的意见集中于以下几点：一、修铁路有利于外敌入侵，如修筑津通路，一旦外敌入侵即可经由铁路直达京师；二、修路扰民，铁路所经之地，要拆毁民间田庐、坟墓，必致民怨沸腾；三、修筑铁路夺民生计，铁路修通后，将导致成千上万原来的水手、船夫、客店主贫困失业，断了他们的生计。

面对众多位高权重的大臣的强烈反对，李鸿章这次因有醇亲王支持，所以与顽固派针锋相对，反复辩驳，毫不示弱。对于铁路"资敌"的责难，他反驳说敌人前来也必须用机车、车厢运兵，我方可先将机车、车厢撤回，使敌无车可乘；另外，到时还可以拆毁铁轨或埋下地雷，使敌人不可能利用铁路长驱直入。相反，铁路将使中国运兵更加快捷。针对"扰民"的观点，他以修筑唐山到大沽、大沽到天津的铁路为例，认为修路应当尽量避免拆毁民间房屋、坟墓，万一无法避免时，只要给居民以"重价"，民众就不会反对修路。至于说到铁路"夺民生计"，他认为更没有道理，从国外和国内已修通的铁路沿线来看，铁路沿线生意发达，修铁路、通火车只会增加各种职业。

1880 年底关于铁路的第一次大争辩开始时，双方基本只能空论修路的利弊，无法以经验、事实来检验。这种空论无疑使顽固派的"道德""意识形态"话语显得更有力量，再加上顽固派比洋务派强大得多，争辩便以洋务派失败告终。而到这一次大争论，则有已经修成的唐津铁路以事实证明了铁路的优越性，从而在一定程度使争论从"道德""意识形态"层面"降低"到技术层面；加之中法战争后奕譞意识到铁路的重要，所以坚决支持修路。这样，赞成与反对双方力量旗鼓相当。

面对这种两派势均力敌的局面，朝廷一时仍拿不定主意，于是认为"在廷诸臣于海防机要，素未究心，语多隔膜"，而各省将军、督抚身处各重要地方，亲自办理防务，"利害躬亲，自必讲求有素"，所以慈禧于1889年2月14日发布"懿旨"，要地方大员也发表意见。但这些"地方官"都谙熟官场的"游戏规则"，知道赞成与反对两派在朝廷各有势力，不能轻易得罪，结果明确表态支持与反对的都是少数，大多数都是含糊其词、态度暧昧。这时，两广总督张之洞经中法战争后已转而赞同洋务，所以明确表态支持修铁路。不过，他的建议却是停修津通路，改修腹省干路，即从卢沟桥到汉口的卢汉路。几经权衡，慈禧最后于1889年5月作出修铁路的决定。她肯定修铁路"为自强要策"，"即可毅然兴办，毋庸筑室道谋"。但采纳了张之洞的建议，决定缓建津通路，先建卢汉路，历时半年的大争论遂告结束。修卢汉路，湖广总督非常重要，但此时的湖广总督裕禄却坚决反对，于是慈禧将他调开，将主张修路的张之洞由两广总督调任湖广总督。

从是否修铁路来说，这次争论以洋务派胜利告终，所以奕谭在给李鸿章的电报中，高兴地称赞张之洞的建议是"别开生面，与吾侪异曲同工"。然而，李鸿章的心情却复杂得多：一方面，从1872年俄国出兵侵占我国伊犁，他提出改"土车为铁路"的主张起，到现在已近二十年，虽然十分艰难，耽误了二十年宝贵时光，但朝廷最终同意修路，他当然为此高兴；另一方面，张之洞的建议明显是为限制自己的北洋系势力进一步扩张，而朝廷决定也明显扬张抑己，所以又有深受打压之感，故有怨愤。洋务派内部确有不少人对李鸿章的北洋系扩张过快大为不满，如威望甚高的曾国荃上奏坚决主张要修铁路，认为今天不修明天肯定也要修，各国皆同；但对修津通线一事却三缄其口，决不附和，亦不欲李鸿章势力过大也。

不过，李并不甘心自己的计划落空、势力受损。他知道，要修长达三千华里的卢汉路谈何容易，约需三千万两白银，几乎是朝廷年收入的一半。所以他在给其兄的信中不满地说张之洞"大言无实"，最后"恐难交卷，终要泻底"。因此，他对修卢汉路采取袖手旁观的态度。但张之洞不愧是洋务运动的后起之秀，也是官场高手，岂能让李鸿章作壁上观？想方设法也要让李鸿章"上马"为他所用，所以向朝廷建议卢汉路分几段修筑，先修南北两段：南段从汉口到信阳，由他负责；北段从卢沟桥到正定府，由李鸿章负责。他还提出以十年为期，前几年先建铁厂、钢厂，后几年再开始修建铁路，"两端并举，一气作成"。对此主张，李鸿章大不以为然，以前辈教导后辈的口吻致电张之洞说，从开采铁矿、炼钢到做成铁轨、机车实非易事。如日本一直在大修铁路，工、料虽然都用土产，但直到现在钢轨仍不得不从西洋进口。他最后表示："自愧年衰力薄，不获目睹其成耳！"一是以此推脱，二是表示自己看不到那一天，其实是对张大泼冷水。就在他辞就两难之际，沙俄加紧修建东方铁路，直接威胁到"龙兴之地"中国东北的安全，李便于1890年3月会同总理衙门上奏朝廷，提出东北、朝鲜受到日本、俄国严重威胁，因此建议缓建卢汉路，先修山海关内外的"关东铁路"以加强防务。此奏立即得到朝廷批准，谕令李鸿章督办一切事宜。李鸿章大喜过望，再不以"年衰力薄"推却，并迅速派人前往测量勘路。以当时形势而言，确应先修关东铁路，而李鸿章也确实善于"把握机会"扩大自己的势力。

关东铁路实行官办，将原来修卢汉路的每年 200 万两白银移作关东铁路之用。因为唐津铁路已修至滦州的林西镇，李鸿章决定关东铁路由林西造干路出山海关至沈阳，再到吉林，再从沈阳造到牛庄、营口的支线。1891 年，他在山海关设立了北洋铁轨官路总局。当一切按计划进行，林西至山海关段一百多公里长的铁路于 1894 年春建成通车后，户部决定挪用关东铁路经费给慈禧太后作六十寿辰庆典之用，其他如山海关到沈阳等主要部分被迫停建，而这正是甲午战争前夜的关键地点！

"铁路"这种新式交通方式在近代中国几十年的命运真可谓一波三折。从要不要修铁路之争到怎样修铁路的明争暗斗，可以看到新事物进入中国的艰难曲折、新旧观念的激烈交锋、各种政治力量的尖锐较量、国家和朝廷与地方官员之间的博弈、不同派系乃至相同派系间利益关系复杂的你争我夺……这些不啻一幅当日社会、官场的"缩略图"。

"官不过问"的失败

　　刘铭传是晚清名臣，淮军悍将，在镇压太平军和捻军的过程中由千总、都司、参将、副将升至总兵，1865 年被提拔为直隶提督。在中法战争中，已解甲归田多年的刘铭传又被起用，奉命督办台湾军务，率军英勇作战，抵抗法国侵略。1885 年 10 月，台湾设省，抗法护台的有功之臣刘铭传自然成为台湾第一任巡抚。然而，如此劳苦功高的重臣，最终却因力主企业应当商办、"官不过问"而被清廷责问丢官。

　　刘铭传二十出头就投靠李鸿章，自然深受李鸿章洋务思想的影响，成为主政台湾的封疆大吏后，在台积极推行洋务运动，成就斐然。他认为，台湾孤悬海外，民间传统文化及保守力量较弱，且清政府对这个到处都是"化外土番"的"荒岛"远不如对内陆省份那样重视，这些正是学习西方以求自强的有利条件。因此可以一岛而"为全国之范"，进而成为"国之富强"的基础，所以在他任台湾巡抚的 5 年（1885—1890）中，台湾兴建了许多新式企业。

　　早在 1880 年，刘铭传就在李鸿章授意下向朝廷上了《筹造铁路以图自强折》，但由于顽固派的强烈反对，修建铁路的计划未能实现。担任台湾巡抚后，刘就将几年前未能实现的愿望付诸实施，制定了以"兴创铁道为纲纽、辅之以电线、邮政"建设台湾、加强台湾与内地联系的方针。先后在台北设立了电报总局、"全台铁路商务总局"、邮政总局和各地支局，架设水陆电线 700 公里，大大改善了岛内外的电讯交通；聘英德两国人为工程师，着手修建铁路，前后历时六年，完成了基隆至新竹全长 106.7 公里的铁路，成为中国人自办自建的第一条铁路；发行了邮票，有船只定期往来于台湾与大陆之间，邮路远至厦门、福州、广州、上海、香港等地。这是我国最早的自办邮政业务，比清中央政府成立的邮政官局早了近十年。因此，刘铭传当之无愧地赢得了"台湾现代化之父"的美名。

1887 年，刘铭传准备将亏损不止的官办基隆煤矿招商承办，引起一场轩然大波，结果导致自己丢官。1874 年，李鸿章和湘系官僚、船政大臣沈葆桢几乎同时向朝廷奏请开办新式煤矿。李鸿章奏请开办直隶磁州煤矿，沈葆桢奏请开办台湾基隆煤矿，均获朝廷允准。两矿都从 1875 开始筹建，由于基隆煤矿在 1878 年首先建成投生产，所以被认为是中国第一座现代化煤矿。因此，它的创办自然深具意义。

沈葆桢创办基隆煤矿的目的是向福州船政局供煤，在当时的条件下，只能采取官办形式。煤矿建成后，日产能力约 300 吨，比旧式煤窑高出几十倍。从 1878 年到 1884 年，基隆煤矿生产初具规模，产量逐年上升，但官办企业的种种弊端也越来越明显。在中法战争中，基隆被法军占领，中国军队撤退前，不得不拆毁机器，并将矿井炸毁，基隆矿被彻底破坏。中法战争结束后，已任台湾巡抚的刘铭传认为煤炭是船厂、机器局、兵轮的必需之物，是富强的基础，不能废弃不办，便着手煤矿恢复工作。刘铭传的过人之处在于看到了官办的严重弊端，决定完全商办，以招商方式恢复办矿。商人张学熙开始承办，张接手后才发现，由于煤矿破坏严重，恢复生产需要大量资金，而他的资金非常有限，不得不在经营几个月后因严重亏本、赔进本银数千两禀请退办。完全靠商力不行，刘铭传便想以官督商办的形式来恢复生产。他商同两江总督曾国荃、福州船政局船政大臣裴荫森，由这两方与他主管的"台湾当局"，三方各出本银 2 万两作为官股，同时委派补用知府张某另招商股 6 万两，合成本银共 12 万两，添购机器，雇佣外国技师，于 1887 年初开局试办。当时即规定，等到办有成效后，再广招商股，收回官本。

采取官督商办后，基隆煤矿恢复顺利，1887 年当年的生产能力就达到日产 100 吨，年产 17 000 余吨。此时，煤矿的运力明显不足，制约了产量进一步提高，便开始修建从矿井到基隆码头的铁路，以使运力大大提高，促进生产进一步发展。但此时，官商矛盾已经出现，商人对进一步投资修铁路态度消极，而刘铭传这时看到生产顺利，因此乐观地认为铁路工程已办有"十分之九"，以后不需要再增加资本，便将商股退还，重新将煤矿收归官办。以刘铭传的思想之开明，曾长期力主商办企业，但在官督商办企业赢利后还想收归官办，遑论他人。可见要官员、政府真正要将"官企"，尤其是赢利的"官企""民营化"，确实难而又难。

不过，收归官办后，官办企业的各种弊端立刻表现出来，又是月月亏损，与几年前官办时的情形完全一样。无情的事实很快使刘铭传清醒过来，转而再次寻求商办，一是福州船政局仍需要大量基隆煤炭，二是刘铭传急于将官本收回。不过，有实力的华商毕竟不多，而且一些商人对他曾经轻改而待企业有成效后再收回官本、改为商办的做法心有余悸，所以募集商股的工作并不顺利。此时，一名英国商人向刘铭传提出，愿以分期偿还官本银为条件，换取 20 年内台湾全部煤矿和石油的开采权。刘铭传认为引进英资对中国有利，既可收回官本，还可得各种利税，他在给朝廷的奏章中写道："若由该英商承办，不特官本可以收回，即以二十年计之，可免漏卮百万。关税并车路运资，转可得数十万……"不过，此事被清廷否决。

官办严重亏损，引进外资又被朝廷否决，煤矿还不能关闭，刘铭传只得在勉强维持中继续作商办打算。经过多方努力，终于有些商人愿意以官商合办的形式承办基隆煤矿，为期 20 年，商人出资 20 万元，并缴还原矿本银 12 万两；官府出资 10 万元，而且是以"矿存房屋机器以十万元作为官本，其余按月缴煤扣除"。但这些商人很清楚"官"的危害，所以在合同中提出在用人、财务方面官方免予过问。其实，官办企业或官督商办企业，官员对企业最感兴趣的就是用人权与财务大权，有此二权，便可任意安插亲信，贪污中饱。规定官方无此两种权力，确实抓住了问题的要害。按照此办法，政府既不必另拨款项，又能得到煤矿生产之利，完全符合刘的意图，所以他认为此约对官方大大有利；同时他更加深刻地认识到"官"对"商"的干涉有害无益，因此完全同意此约。所以，在 1890 年 8 月中旬将基隆煤矿移交商人办理。他在给朝廷的奏折中说明了合约具体内容，彼此入股、分利情况，还如实写道："矿务一切事宜，由商经营，官不过问。"

但是，朝中反对民营商办的力量异常强大，任总理衙门事务大臣的庆郡王奕劻带头反对，总理衙门和户部联衔上奏反对此举，他们列出了种种反对理由，特别针对刘铭传奏折中的"官不过问"一句声色俱厉地质问："此事既经官商合办，自应官为主持，何以一切事宜悉授权于商人，官竟不能过问？"在官本位、官权大于一切的近代中国，提出"官不过问"确实敏感，使反对者发出了"官竟不能过问"这种很能打动人的严厉责问。群情汹汹之下，亲政不久的光绪皇帝降旨对刘严斥："刘铭传着交部议处。该抚接奉此旨，即将现办之局赶紧停止，不准迁延回护。"吏部"议处"的结果是刘铭传"照违制律私罪革职"。或许是考虑到刘的功劳与影响，1890年10月上旬上谕将此改为"革职留任"。但刘知道自己在官场已无前途、无意义，再三以病请辞，终于在1891年6月获准。

官办企业民营化是晚清社会近代化转型最重要的方面，战功赫赫、为大清王朝效尽犬马之劳的刘铭传却因此丢官，付出惨重代价，由此可见转型之艰难。这固然是刘铭传的不幸，其实更是清王朝的不幸。依然官办的基隆煤矿衰败得更加迅速，就在刘铭传辞官后的第二年，1892年11月底，基隆煤矿便不得不完全停产。宁愿维持企业官办，以至衰败破产，也不愿把企业交给民营，或能兴旺发达，在这种基本思路的指导下，清政府如何能引导社会成功转型呢？

第五辑

1898：变局

晚清的两次"行政改革"

政治体制是治理国家的基本制度,当一个国家的经济、社会状况发生根本性变化时,政治体制也要相应改革,不然就会制约、延缓经济和社会的发展。然而,由于政治体制改革是统治者的"自我改革",尤其涉及统治者的重大利益,所以阻力巨大、困难重重。面对这种局面,"改革者"往往会采取"先易后难"的策略,想以非根本性的行政体制改革代替根本性的政治体制改革,多少弥补明显已不合时宜的政治体制之弊。这种思路自有其合理之处,不过,晚清政府发起裁撤无用政府机构与冗员、将功能相近部门合并成几大部门这两次"行政改革",并冀以此代替"政治体制改革"的实践,均以失败告终,结果却是你死我活的政坛恶斗——先是光绪被囚、康有为逃亡,后是袁世凯几被围殴,慈禧甚至想要跳湖。这段"行政改革史",实在是引人深思。

温和的"维新"

第一次是戊戌变法期间的"变官制"。正是行政改革的"变官制",成为镇压维新的"戊戌政变"的直接导火索。

维新派的兴起肇因于只要西方的坚船利炮却回避西方政治制度的洋务运动的失败。因此,他们提出政治体制改革才是国富民强之道。虽然他们对近代宪政民主的理解不尽准确、他们的主张也有种种矛盾含混之处，大体而言，在真正开始维新变法的"百日维新"之前，建立君主立宪制是其基本政治纲领。但就在他们鼓吹"开议院""兴民权"的同时，又对以中国此时的国情民情，能否立即实行宪政也不无怀疑，进而认为"凡国必风气已开，文学已盛，民智已成，乃可设议院。今日而开议院，取乱之道也"。1898 年初，翁同龢等五大臣代光绪帝问康有为"宜如何变法"，康答曰："宜变法律，官制为先。"梁启超也曾明确提出"变法必先变官制"这种行政改革优先、将行政改革导入政治体制改革的思路。

"百日维新"期间，维新进入实际操作，康有为等人的主张更加谨慎、现实，绝口不提君主立宪等政治体制改革问题。康有为在呈进给光绪皇帝的《日本变政考》中明确提出现在开国会、立宪法为时过早，"中国风气未开，内外大小多未通达中外之故"，"民智未开，遽用民权，则举国聋瞽，守旧愈甚，取乱之道也"；甚至主张"惟有乾纲独断，以君权雷厉风行"。对于谭嗣同等少数"激进派"开议院的主张，康有为也以"以旧党盈塞，力止之"。在第一次被光绪皇帝召见时，康有为建议"就皇上现在之权，行可变之事"，力主行政改革的"变官制"而不是政治体制改革。其行政改革的主张也非常谨慎，甚至被批评为"保守"。其主要内容是"勿去旧衙门，而惟增置新衙门；勿黜革旧大臣，而惟渐擢小臣；多召见才俊志士，不必加其官，而惟委以差事，赏以卿衔，许其专折奏事足矣"，强调要"存冗官以容旧人"。他后来上折，提出了分别"官""差"的具体措施。"官"即官位，高官虚位让老臣旧官去做，使老官僚仍稳坐官位，不减俸禄，以减少他们的反对。"差"即差使，地位虽不如官高，但经办具体实事，所以重要差使一定要委派"才能"，即维新派人士担任。他认为许多不合时宜、已经无用的旧部门虽应裁撤，但他强调，如果现在裁撤必将激化矛盾，"今行之非其时也"，"稍革一二"非但无裨于事，反而会因此坏事。所以，"百日维新"期间，光绪皇帝颁布的新政主要是经济、军事、文教方面的改革。在行政改革方面，主要是起用了一些新人、新设了农工商总局，然而对行政改革起关键作用的"制度局"却因守旧派的强烈反对根本未能成立。他们原计划"既立制度局总其纲，宜立十二局分其事"，这十二局是法律局、度支局、学校局、农局、工局、商局、铁路局、邮政局、矿务局、游会局（专管游学与政会、教会、学会）、陆军局、海军局。

虽然不撤旧部，但旧部官僚当然明白自己的实权将因新部之设而大打折扣，旧军机大臣怒曰："开制度局是废我军机也"，表示宁可悖忤皇上圣旨，制度局也"必不可开"。一时"朝论大哗，谓此局一开，百官皆坐废矣"，京师甚至谣传康有为欲"尽废六部九卿衙门"。军机处和总理衙门干脆以"不必更立名目，转滋纷扰"为理由，拒绝开制度局。这些"旧臣"得到紧握实权的慈禧太后的坚决支持，根本不把"日日催之，继之以怒"的光绪皇帝放在眼中。设立制度局的主张，终成一纸空文。最终，只成立了个农工商总局。

由于新设制度局遭到旧部群臣的坚决反对，而各项"新政"又需费孔急，朝廷财政一直困难，左支右绌，于是光绪只得不顾康有为不撤旧部的意见，谕令内阁，裁撤詹事府、通政司、光禄寺、鸿胪寺、太仆寺、大理寺六衙门，归并到内阁及礼、兵、刑各部办公。外省裁撤湖北、广东、云南三省巡抚，以总督兼巡抚事。裁东河总督，所办事宜归河南巡抚兼。各省不办运务之粮道，向无盐场仅管疏销之盐道及佐贰之无地方责者，均着裁汰。此令一下，朝野震骇，以为此举"大背祖宗制度"，皆请慈禧太后保全，收回成命，甚至有老臣在慈禧面前伏地痛哭。所裁衙门奉旨后"群焉如鸟兽散"，如太仆寺的印信、文卷立刻无人过问，甚至门窗都被拆毁无存，犹如经历了一场浩劫，以此作为对裁撤的抵制、抗议。

简言之，百日维新的行政改革，主要就是起用了一些新人、设立了农工商总局、裁撤了部分闲散衙门这三项。然而，这些行政改革也使从京中的许多内阁大学士、军机大臣、六部尚侍，到地方上的一些督抚、将军大表反对，他们集结在慈禧太后周围，"不谋而同心，异喙而同辞"，使慈禧的政治力量空前强大。一些守旧大臣最终上书慈禧，请太后"训政"。在强大的旧官僚群体支持下，慈禧终于发动政变，对光绪痛斥道："九列重臣，非有大故，不可弃；今以远间亲，新间旧，徇一人而乱家法，祖宗其谓我何？"表明了对"改官制"的愤怒之情，随后立即将"百日维新"期间"皇上所裁詹事府等衙门及各省冗员"悉数恢复，还恢复了被裁的广东、湖北、云南三省巡抚，而将新成立的"农工商总局"废去。

所谓"维新"，在政治方面其实只进行了非常有限的行政改革，却仍因触犯了既得利益集团而以失败告终。

帮助革命的"改官制"

几年后，立宪与革命这两个运动风生水起，渐成大潮，迫使慈禧也不得不宣布要实行政治体制改革的"新政"，并于1906年9月1日宣布预备立宪。而且，仅仅过了五天，即9月6日就颁布了改革官制上谕。显然，无论真假，慈禧这次也想走行政改革为先、政治体制改革在后这"先易后难"的"路线图"。

这次改官制，朝廷派镇国公、"出洋考察五大臣"之一的载泽负责编纂官制，制定政治体制改革方案，直隶总督袁世凯是其中之一；并命庆亲王、首席军机大臣奕劻和大学士孙家鼐、军机大臣瞿鸿禨总司核定。但众人皆知，其中的关键人物、起最重要作用的其实是掌握"北洋"大权的袁世凯，他同时还兼参预政务大臣、督办山海关内外铁路大臣、督办政务大臣、直隶总督兼北洋大臣、督办天津至镇江铁路大臣、督办商务大臣、督办邮政大臣、会办练兵大臣等八项重职，可谓大权集于一身。自戊戌政变后，袁世凯深得慈禧信任，同时他以巨金贿买了实权在握的首席军机大臣、庆亲王奕劻，而他在"北洋"的新政中又颇有政绩。此次朝廷谕令包括袁世凯在内的14位王公大臣共同制定改官制的方案，他虽排名最后，但因有奕劻支持，同时在负责官制改革机构"编制馆"的关键岗位安插了自己的党羽，故编制馆的所有文件起草和建议方案最后都要他阅定。

经过一个多月的准备，由袁主导的官制改革方案出台。由于是为"立宪"预备，所以对官制的改革较为全面。除合并了一些不太重要的部门外，还将原来的内阁、军机处、吏部、礼部、都察院全都撤销，而新成立的机构则有资政院、行政裁判院、集贤院、大理院、审计院等，而最重要的，是成立新的、大权在握的"责任内阁"以取代军机处。此方案规定内阁政务大臣由总理大臣 1 人、左右副大臣各 1 人、各部尚书 11 人组成，"均辅弼君上，代负责任"。重要的是，"凡用人、行政一切重要事宜"由总理大臣"奉旨施行"，并有"督饬纠查"行政官员之权；皇帝发布谕旨，内阁各大臣"皆有署名之责，其机密紧急事件，由总理大臣、左右副大臣署名"，如果关涉法律及行政全体者，与各部尚书联合署名，专涉一部者，与该部尚书共同署名。也就是说，内阁尤其是总理大臣、副总理大臣代替皇帝负责任，皇帝发布谕旨须经内阁副署，若未经内阁副署则不发生效力，而且各部大臣由总理大臣推荐。这样，皇帝的用人和行政大权统归内阁，其实主要由内阁总理大臣掌握。袁世凯与奕劻议定，由奕劻出任未来的内阁总理大臣，他任副总理大臣，其执掌中枢大权之野心，几不掩饰。

此案一出，官场风波顿起，众臣几乎群起反对，反对主要来自两方面。

一方是以军机大臣铁良、荣庆等为主角的满族亲贵。取消军机处，尽管他们可能另外任职，但权力毕竟要大大削弱。如果成立责任内阁，规定官员不得兼职，如荣庆便只能专任学部尚书，拟定身兼户部尚书与练兵处会办等要职的铁良出任内阁副总理后也要辞去兼职，其财政权和兵权将同时失去。而且，袁还有王公、贝勒、贝子等不实际干政，待上议院成立后让他们充当议员的设想，这也使这些公、子们愤怒异常。铁良坚称："立宪非中央集权不可，实行中央集权非剥夺督抚兵权财权收揽于中央政府则又不可。"其攻击矛头直接对准袁世凯、张之洞等地方督抚大员。满、汉矛盾，隐然可现。袁世凯则坚持己见，争辩道："别无良策，仍不外赶紧认真预备立宪一法，若仍悠忽因循，则国势日倾，主权日削……"甚至赞同立宪的载泽也担心奕劻，尤其是袁世凯的权力因此过大，他在一道奏折中也指责他们"假立宪以粉饰虚文，借改官制以驱除异己"。双方一直激烈争辩，在一次会议上，醇亲王载沣竟拔出手枪直抵袁世凯胸前大声说："尔如此跋扈，我为主子除尔奸臣！"经奕劻调解，方才作罢。由于传说内务府也要裁撤，所有太监都要裁去，有次袁世凯下朝时百余名太监将他团团围住大声谩骂，有的甚至挥拳要打，几成围殴之势。袁世凯招架不住，急忙大呼奕劻过来为其解围。经奕劻百般劝解，并保证绝不裁撤太监，这些太监才愤愤而去。

为避免更大的动荡，清廷不得不宣布了官制改革中的"五不议"：第一，军机处之事不议；第二，内务府事不议；第三，八旗事不议；第四，翰林院事不议；第五，太监事不议。

另一个主要的反对力量来自以瞿鸿禨、岑春煊、王文韶、赵炳麟等为要角的汉族大臣、御史。他们有的一直与袁争权，有的对袁结党营私愤怒已久，因此纷纷上折慈禧，坚决反对。有的从中国传统观念出发，认为改官制是"用夷变夏，乱国法而害人心"，认为这样内阁权重，如果"用人偶失，必出权臣"；有人甚至明确指出袁的"责任内阁"实际为少数一二总理大臣专权，也就是袁世凯专权。有的相反，从西方宪政制度对此进行批判，认为这次改制完全虚假，指出外国君主立宪国的责任内阁之所以不能专权，是因为有议院监督、限制，中国议院一时恐难成立，所谓"责任内阁"既不对皇上负责，又无议院负责，只是统揽了过去皇帝的权力。御使赵炳麟指出："立宪精神全在议院，今不筹召集议院，徒将君主大权移诸内阁，此何心哉！"他指出，袁之所以在没有成立议院时先成立使皇帝居于无权地位的"责任内阁"，主要考虑是一旦慈禧去世，光绪复出，自己也无法报戊戌之仇。赵的批判从"制度"和制度背后的"用心"两点出发，直击要害，因此传播甚广。据说，光绪就曾当面对袁冷冷说道："你的心事我全知道。"袁则不敢答话。

这样，从王公亲贵、大小太监到大臣御史，尽管观点不同，但几乎全都反对袁世凯改官制，不是到慈禧处哭诉哄闹，就是不断上折，天天鸡飞狗跳。向来滥施淫威、杀伐决断的慈禧此时居然也寝食难安，向人诉苦道："我如此为难，真不如跳湖而死。"

军机大臣、政务处大臣瞿鸿禨甚得慈禧信任，也是慈禧命令的参与改官制的大臣之一。他与袁世凯、奕劻矛盾极深，在讨论改官制方案时勉强同意，但又另上一道《复核官制说帖》反对军机处与内阁合并。他利用慈禧单独召见的机会，说责任内阁对太后不利，将使其大权旁落，而这一点正最为太后担心、忌讳。慈禧太后最终"采鸿禨之议，仍用军机处制"，慈禧在 11 月 6 日颁布了以瞿鸿禨为主导的新官制。

袁世凯可能过高估计了慈禧对自己的信任，在双方斗争激烈之际，他在慈禧召见时竟然陈奏要求朝廷令守旧大臣退休，结果招致慈禧怒斥，并将参劾他与奕劻的大量弹章交二人同看。此时，袁才知道自己已成众矢之的，局势非常险恶，朝廷在 11 月 6 日颁布了以瞿鸿机为主导的新官制，使其感到自己大势已去，慌忙在 11 月 18 日上奏请求将自己除直隶总督以外的八项兼职全部开去，还主动提出北洋六镇除第二、四两镇因"直隶幅员辽阔，控制弹压须赖重兵"，须仍由自己掌握其余四镇均交归陆军部。朝廷有旨照准所请，袁以检阅新军南北秋操为名请调出京，以避锋芒。

朝廷最终裁定中央新官制只有少数旧部被裁并，但多数未动，最多只是改名，军机处仍旧保留而不设责任内阁，宗人府、翰林院、钦天监、内务府等满人所掌管的部门全部保留。更重要的是，在实际所设 11 部的 13 个大臣、尚书中，满人占7 席，汉人仅占 5 席，蒙古 1 席。其中外务部尚书规定由汉人担任，但在外务部尚书之上又设有管部大臣和会办大臣，均同满人担任。清廷以"满汉不分"的名义打破了"满汉各一"的旧例，虽然以前的"满汉各一"也是满族人掌实权，但毕竟在形式上满汉平衡，汉族官员心理上更易接受。形式上的"满汉平衡"被打破，汉族官员的心理平衡也随之被打破。几年后，辛亥革命爆发，不少汉族督抚宣布独立，可能与此不无关系。

这次官制改革，各路权贵、官员你争我夺，种种矛盾更加尖锐、激烈，导致政坛严重分裂。而且，还使人对清廷是否真准备立宪大起疑心，甚至有立宪派直斥其为"伪改革"，"徒为表面之变更"，"袭皮相而竟遗精神"。参与保皇会之宪政会组建的徐佛苏当即评论道："政界之事反动复反动，竭数月之改革，迄今仍是本来面目。军机之名亦尚不改动，礼部仍存留并立，可叹。政界之难望，今可决断……诚伤心事也。"远在日本东京、与革命派激烈辩论，坚决反对革命的梁启超当即在给乃师康有为的信中承认："革命党现在东京占极大之势力，万余学生从之过半；前此预备立宪诏下，其机稍息，及改官制有名无实，其势益张，近且举国若狂矣。东京各省人皆有，彼播种于此间，而蔓延于内地……"清廷刚宣布预备立宪时，革命派的力量就"稍息"；而当官制改革使人们认识到清廷的立宪有名无实时，革命派就"其势益张"。显然，革命派力量的"息"与"张"，与清廷的所作所为大有干系。

事实无情地说明，这次行政改革的效果与清廷的初衷正好相反，彻底失败。不仅没有缓解危机，反而加剧了危机。人们当然可以分析种种原因，如没有开明且强有力的中央权威，利益集团毫无远见、不愿自己的利益受到丝毫损失……反正最终结果就是这样，使坚决反对革命、坚持"保皇"的立宪派对它越来越失望，无奈地叹其"反动复反动"，这也就不必更多地指责"革命"了。无论是否喜欢、是否赞成"革命"，都应像坚决"反革命"的梁启超那样，承认革命正是因清政府的所作所为而"其势益张，近且举国若狂"的。正是如此这般"改官制"，使在与"改革"的竞赛中原本落后的"革命"意外得到清政府的推助加力，猛然提速，大步流星，急起直追。

晚清这两次本想以行政改革推动或导入"宪政"的政治体制改革实践的失败，适足促人"逆向思维"：原以为行政改革只是局部性变革，阻力肯定要小于全局性的政治体制改革，当更容易，其实未必。行政改革将使某些部门和部分官员受益，而另一些部门和部分官员受损，受损部门和官员的抵制、反抗必然十分强烈。甚至保持原待遇不变，也不足以抵消权力的损失，对官员来说，权力大过一切；要裁撤一些部门和一些官员自然难上加难、难以执行。争斗的激烈程度，可能并不小于政治体制改革。而实行宪政的政治体制根本性改革是对从上至下政府所有部门、所有官员的权力的监督限制，由于大家都"待遇平等"、一同"受损"，官员们的不满和反抗反而可能会相对小得多。在宪政框架下，最高掌权者的权力也同样要受限，其他官员当更无话可说。近代以来，清王朝一次又一次地想以并无实效的行政改革代替政治体制改革，殊不知成本和代价其实更高；而最高的成本和代价，则是耽误了政治体制改革的时机而导致自己垮台。

悲　壮　维　新

　　百余年前的戊戌维新运动，是近代以来中国首次有意识地
进行制度变革、因应现代化挑战的尝试。但这次措施并不过激
的改革，却以流血的悲剧收场，使中国的现代化进程严重受
挫，给中国社会的发展，最终也给清王朝统治者本身带来巨大
损失。这次堪称悲壮的变法运动，值得后人长久地深刻反思。

"不妨以强敌为师资"：怎样爱国？

　　这次维新运动有着深刻的社会、政治、文化和国际背景，
而最直接的原因则是甲午战争中国的失败。由于历史上日本
长期学习中国文化，所以在甲午战争之前，国人一直视日本为
"蕞尔岛国""东夷小国"。但在历时近十个月的甲午战争中，
中国却惨败于向为国人小觑的日本，号称"东方第一"的北
洋水师全军覆没，几十万中国军队溃不成军，日军在中国领土
上肆意烧杀掳掠，清政府最终不得不签订割地赔款、丧权辱国
的《马关条约》，向敌乞和。

　　中国的失败使国人痛心疾首、深受震撼，一些先进的有识
之士，如康有为、梁启超，痛定思痛，探索新的救国之道。他
们认为，日本之所以能以"崎岖小岛"战胜"老大"中华帝
国，就在于其向西方学习，变衣冠、改正朔、变法维新，实行

君主立宪，所以中国的救亡强国之路就是要向敌人日本学习。日本因学习西方，由弱而强，中国要生存、要强大，应该——而且也只能——像日本那样变法维新，学习西方。1895 年 5 月，康有为在北京发动著名的"公车上书"，公开提出只有学习日本变法才能强国的主张。在论证了变法强国的必要性之后，他提醒说："日本一小岛夷耳，能变旧法，乃敢灭我琉球，侵我大国。前车之辙，可以为鉴。"（《上清帝第二书》）在其后给光绪皇帝的两份上书中，他一再提出要向日本学习："以日之小，能更化则骤强如彼，岂非明效大验哉?"（《上清帝第四书》）日本维新说明，现在"图保自存之策，舍变法外，另无他图"（《上清帝第五书》）。梁启超在风靡一时的《变法通议》一文中也对日本赞不绝口：日本在维新以前曾"受俄、德、美大创，国几不国，自明治维新，改弦更张，不三十年而夺我琉球，割我台湾也"。

他们对敌人的夸赞，要向强敌学习的疾呼，使朝野为之一震，有的表示赞同，有的坚决反对，认为是大逆不道。支持维新的光绪皇帝则深为所动，在"百日维新"开始不久，就命康有为进呈所著《日本变政考》。从 1898 年 6 月 21 日起，康有为开始将自己所著 15 万言、12 卷本《日本变政考》陆续进呈。光绪皇帝更是急不可耐，康有为写道："一卷甫成，即进上。上复催，又进一卷。"（《康南海自编年谱》）终于在近两个月的时间内进呈完毕。《日本变政考》以编年的形式，对明治维新的内容、经过和经验作了详细的介绍、评说和总结，并结合中国情况向光绪帝提出变法的具体建议。在这本书中，他响亮地喊出"不妨以强敌为师资"的口号；强调"日本改定国宪，变法之全体也，总摄百千万亿政事之条理，范围百千万亿臣民之心志，建斗运枢，提纲挈领，使天下戢戢从风，故为政不劳而后举"。把定典章宪法作为变法的"总摄"，确是抓住了问题的关键；在书后的"跋"中，他总结说明治维新"其条理虽多，其大端则不外于：大誓群臣以定国是，立制度局以议宪法，超擢草茅以备顾问，纡尊降贵以通下情，多派游学以通新学，改朔易服以易人心数者"。他斩钉截铁地断言："我朝变法，但采鉴于日本，一切已足。"

康氏的《日本变政考》对光绪皇帝产生了极大的影响，"百日维新"中发布的许多上谕、变法的主要内容都来自此书。

在中国为日本打败、举国同仇敌忾之时，同样热血沸腾的维新派却没有仅仅停留在对敌人的谴责、痛斥阶段，更不是简单地否定侵略者包括体制在内的种种优长之处，而是冷静地提醒人们看到敌人的长处，提出要向敌人学习，确实难能可贵。因为这既需要高人一筹的识见，对世界大势、国际格局、国内形势有理性、清醒的认识，更要有过人的勇气，面对群情激愤，提出"以强敌为师资"往往会被斥之为"媚敌""卖国""数典忘祖"……会受千夫所指、举世痛责，甚至身败名裂。而维新派之所以甘冒"天下之大不韪"，承认、分析仇敌的优点，进而提出向仇敌学习，盖因其对国家之爱至真、至诚、至深，正如梁启超所说："今夫所谓爱国之士，苟其事有利于国者，则虽败己之身，裂己之名，犹当为之。"（《戊戌政变记》）此种爱国，才是更纯粹、更深沉、更清醒、更理性、更负责、更有效、更值得敬重和提倡的爱国主义！

"去塞求通"：报刊与学会

维新运动是由康、梁等功名不高的传统"读书人"发动的，阻力重重。但在短短一两年内，维新运动便能达高潮，甚至一时出现"咸与维新"、一些高官也屡屡"赞助"以显己"开明"的局面，在很大程度上，是因其创办的论政报刊风行一时、组织的种种现代学会吸引了广大士绅官僚。

办刊论政，是维新运动最主要的成效之一。清末有人谈到维新派时，曾这样说："新党之议论盛行，始于《时务报》；新党之人心解体，亦始于《时务报》。"这样说是否恰当暂可不论，但至少说明了《时务报》的重要性，进而言之，也说明了新式报刊在当时的重要性。

中国向来只有官家的"邸报"，而无真正的"报刊"。所谓"邸报"，只是传抄朝中诏令章奏，约略等于现代的"政府公报"。后又有《京报》，但内容"首宫门抄，次上谕，又次奏折，皆每日内阁所发抄者也"。而中国最早的一系列现代报纸之产生，均出自外国人之手。随着通商口岸的开辟，外报外刊增多，中国的一些有识之士如王韬、郑观应、陈炽、何启、胡礼垣等人也开始认识到现代报刊的重要作用，要求办报之声便日渐高涨。他们大都从"中国传统"和"西方现代"这两方面来论证创办现代报刊的必要性与合法性，一方面将报纸比作中国古代的谤木谏鼓、太史采风；另一方面又介绍现在"泰西各国"不仅有议院以"通上下"，而且报刊勃兴，"故远近各国之事，无不周知，其销路之广，尤在闻见多而议论正，得失著而褒贬严，论政者之有所刺讥，与柄政者之有所申辩，是非众著，隐暗胥彰，一切不法之徒，亦不敢肆行无忌矣"。

康、梁在刚开始倡言维新时，便认识到报刊论政的重要作用。康有为在《上清帝第二书》和《上清帝第三书》中反复申述创办报刊的重要性。他认为报刊有"设报达聪"的功效："中国百弊，皆由蔽隔，解蔽之方，莫良于是。"梁启超在《时务报》创刊号发表《论报馆有益于国事》一文，认为"觇国之强弱，则于其通塞而已"，而"去塞求通，厥道非一，而报馆其导端也"。报刊是国之耳目喉舌，若无耳目喉舌便是"废疾"，"而起天下之废疾者，则报馆之为也"。对报上的种种言论，"见知见罪，悉凭当途。若听者不亮，目为谤言，摧萌拉蘖，其何有焉。或亦同舟共艰，念厥孤愤，提倡保护，以成区区。则顾亭林所谓天下兴亡，匹夫之贱，与有责焉"。他不仅认识到报纸对国家政治的重要性，而且看到了现代报刊对民间社会的重要性。除了军国大事之外，报纸还详记人数之生死、民业之盈绌、学会之程课、物产之品目、格致之新理、器艺之新制等，几乎无所不记。总之，"有一学即有一报"，通过在报刊上的公开交流和讨论，不仅"通上下"，而且"开民智"。"阅报愈多者，其人愈智。报馆愈多者，其国愈强。"

中国传统的谤木谏鼓、太史采风与现代报刊有本质的不同，对此，维新派未尝不知。但他们此时并不是在进行一种脱离现实的学理上的研究和论证，而是要借助"亡灵"、用传统来为现代服务，用"曾经有过"作为"制度创新"的合法性依据。作为"体制内"的改革者，此时他们的目的和重点在于向上说明报刊对于国家富强的重要性。因此，他们竭力说明的是报纸对"通上下"的重要性与必要性，只有上下"交泰"、左右"通达"，国家才能臻于富强。他们当时虽然已经触及，但没有也不可能从言论自由、公民权利、对权力的监督这种角度来详细论证创办现代报刊的必要性与合法性。

梁启超在《时务报》上发表了一系列宣传改革的文章，如《变法通议》《论变法不知本原之害》《论中国积弱由于防弊》《论君政民政相嬗之理》等。这些文章引起了巨大的反响。当时有人说，读梁启超的这些文章，"虽天下至愚之人，亦当为之蹶然奋心，横涕集慨而不能自禁"。《时务报》的发行量在不长的时间内就上升到 1.7 万份，遍布全国 70 个县市，以当时的文化程度和交通情况来看，这是非常惊人的数字。《时务报》成为全国影响最大的政论报刊，梁启超的名声亦由此而起，有人说："当《时务报》盛行，启超名重一时，士大夫爱其语言笔札之妙，争礼下之。自通都大邑，下至僻壤穷陬，无不知有新会梁氏者。"

在"百日维新"的高潮中，上谕将《时务报》改为官办，并要各地仿办，"各报体例，自应以胪陈利弊、开扩见闻为主，中外时事，均许据实昌言，不必意存忌讳，用副朝廷明目达聪，勤求治理之至意"。

维新运动的另一重要贡献是大量民间社团的成立，传统、松散的"民间社会"开始向现代的"市民社会"转变。

1895 年春"公车上书"失败之后，康有为意识到仅靠朝廷是不够的，应造成一种社会力量来推动、促进维新事业。同年 8 月底，他在北京组织了强学会。强学会每十天集会一次，发表演说，探讨政治，研究国是，宣传种种新知识，还准备翻译外文新书，并出版了《万国公报》（后改名为《中外纪闻》）作为机关报。强学会的每次演讲，都吸引了大批听众，影响日大，不仅许多京中名流参与其中，连一些元老重臣，如翁同龢、张之洞，也表示支持。不久，康有为又在"得风气之先"的上海组织了上海强学会，并创办《强学报》作为机关报。可以说，这是第一个公开的合法社团，开近代合法结社之先声，意义重大。正如梁启超所说，"我国之有协会、有学社，自此始也"。强学会的影响甚大，引起旧党忌恨，他们上折弹劾强学会"植党营私""将开处士横议之风"。1896 年 1 月底，慈禧便迫使光绪帝下旨封闭北京强学会，上海强学会亦随之停办。

强学会虽只几个月就被封禁，但创办学会的热潮却由此而起，到 1898 年 9 月"戊戌政变"止，短短两三年中，各地兴办各类学会就有七十余个。有政治性学会，也有各种专门学会，如算学会、测量会、不缠足会、农学会、法律学会、地图公会、工商学会……确如谭嗣同所言，"强学会虽禁，而自余之学会，乃由此而开。大哉学会乎！所谓无变法之名而有变法之实者，此也"。

虽然不久就发生"戊戌政变"，维新运动失败。慈禧重掌大权后，将新法尽废，所有报刊一律停办，因"报馆林立，肆口逞说，妄造谣言，惑世诬民，罔知顾忌"，并命捉拿各报主笔，"其中主笔之人，率皆斯文败类，不顾廉耻，即饬地方官严行访拿"。所有学会都被迫解散，慈禧要求各地官员"拿获在会人等，分别首从，按律治罪……务当实力查办，毋得阳奉阴违，庶使奸党寒心，而愚民知所儆惧"。但是，报刊的论政作用却首次为万众瞩目，学会、社团的重要性也首次显现。流亡海外的维新人士和留日学生立即掀起了创办政论刊物和成立各种社团的热潮，而且这种潮流已不可阻挡；不久国内又创办了更多的论政报刊，各种社团又遍地而起，对辛亥革命起了重要的推动作用。在此后的中国政治生活中，政论报刊和各种社团一直举足轻重。总之，戊戌维新虽然失败，但此时为"去塞求通"创办公开论政的报刊与成立公开合法的社团，却将现代政治生活中的两个重要因素引入中国，加速了中国从传统社会向现代公民社会的转型，这确是维新运动的重大贡献。

力量悬殊的较量：新为旧败

1898 年 6 月 11 日（光绪二十四年四月二十三日），光绪皇帝诏定国是，标志着维新运动进入最高潮，开始了后人所说的"百日维新"。

这时，维新派与顽固派间的矛盾更加尖锐，而这种新旧之争，又与皇家内部的权力之争密不可分，情况更加复杂。光绪皇帝 4 岁登基，慈禧借姨母身份保留太后资格，继续垂帘听政。1889 年，19 岁的光绪皇帝大婚，按惯例亲政，慈禧不得不撤帘归政。但慈禧根本不想归政，所以实际权力仍一直在她手中，光绪帝名为亲政但并无实权。光绪帝当然不甘于此，所以朝中逐渐形成了以光绪帝为首的"帝党"和以慈禧为首的"后党"，当然，后党的实际权力比帝党要大得多。甲午战争之后，民族危机空前严重，帝党主张革新内政以富国强兵，逐渐倾向维新，赞成变法，支持维新派。无权无势的维新派只有依靠帝党才能实现自己的抱负，而帝党也需要利用维新派来扩大自己的社会基础，增强自己的力量，从后党手中夺回实权。正是二者的结盟，引发了悲壮的维新变法运动。"百日维新"开始，维新与守旧的斗争和帝后两党的明争暗斗交织缠绕，终于进入白热化阶段。

在"百日维新"期间，"新政"在经济方面的主要措施有保护农工商业，成立农工商局，奖励发明创造，提倡私人办实业，修建铁路，开采矿产，设立全国邮政局，改革财政，编制国家预算等；在文教方面的改革主要有设立新式学校、译书局，开办京师大学堂，派留学生，自由办报，成立学会，改革科举考试制度，废除八股改试策论等；在军事方面主要有训练新式海陆军，裁减已不合时宜、战斗力低下的绿营；在政治方面主要有裁减闲散重叠的政府机构，裁汰冗杂多余官员，要长期享有不劳而食特权的旗人自谋生计，准许、鼓励官员和民众论政，等等。

维新派和光绪皇帝深知自己的力量有限，所以提出的改革措施相当温和，一些重要措施并未提出。

例如，政治方面最重要，也是他们最想进行的变法是建立议会政治，实行君主立宪，但他们深知反对力量的巨大，所以想走由行政改革引起政治改革的策略。康有为曾说，当谭嗣同、林旭为"军机四卿"后，"又欲开议院，吾以旧党盈塞，力止之"（《康南海自编年谱》）。康有为曾上一折，请开"制度局"定新制、任命新人入局推行新政。光绪帝知道此议难获西太后首肯，便想借群臣之议行之，表明此非自己与康有为的私见，便要总理衙门议行，但总理衙门一直拖延，在光绪的催促下才议奏，驳回康有为折。光绪大怒，又命军机大臣与总理衙门同议，结果"仍驳其不可行"。光绪帝更加愤怒，亲以朱笔书上谕命两衙门再议，甚至有"须切实议行，毋得空言搪塞"之语。但这两个衙门仍将康折驳回，光绪帝"无如之何，太息而已"。"而诸臣之敢于屡次抗拂上意者，亦恃西后为护符，欺皇上之无权也。"（《戊戌政变记》）所以，"维新"实际所做的不过是减汰冗员、裁撤机构，要求设立制度局等"行政"方面的措施，并没有颁布关于定宪法或开议会的谕旨。但就是这一点点改革，也必然要侵犯一些人的既得利益，裁减机构与官吏引起"百官震骇"，遭到各级官员的抵制，光绪皇帝连下谕旨严责也不起作用。

维新派对科举制的批判可谓入木三分，认为应及早废科举，但"维新"时期却根本未敢提出"废科举"，只是提出改革科举考试内容，以"策论取士"取代"八股取士"。这一非常有限的变革也遭到了强烈反对。

光绪皇帝一直受制于慈禧，如此重要的变革当然不敢不听"懿旨"。在"百日维新"期间，光绪皇帝先后十二次赴颐和园，诣慈禧太后前请安驻跸，向其禀告变法诸事。老谋深算的慈禧虽然不表赞成，却也不表反对："每有禀白之件，太后不语，未尝假以辞色；若遇事近西法，必曰：'汝但留祖宗神主不烧，辫发不剪，我便不管。'"（苏继祖：《清廷戊戌朝变记》）实际上，她采取以退为进、后发制人的策略，等到变法"出乱子"，引起"众怒"，再出来收拾局面。她曾召见几位守旧近臣，对他们说："皇上近日任性乱为，要紧处汝等当阻之。"这些大臣回答说："皇上天性，无人敢拦。"当他们哭求慈禧太后劝阻时，她只冷冷地说："俟到时候，我自有办法。"（《清廷戊戌朝变记》）此后，这些守旧大臣更有恃无恐。随着改革措施越来越多，有更多的守旧大臣及内务府诸人，跪在慈禧面前乞其禁止改革。"西后笑而不言，有涕泣固请者，西后笑且骂曰：'汝管此闲事何为乎？岂我之见事，犹不及汝耶？'"她的宠臣荣禄也对这些人说："姑俟其乱闹数月使天下共愤，罪恶贯盈，不亦可乎？"

实际上，从新政诏令颁布之日起，慈禧就在暗中积蓄力量，采取种种措施，伺机政变，重新"训政"。6月15日，即推行新政的第四天，慈禧就命令光绪在一天之内连发三道谕旨。第一道是免去翁同龢的职务。翁是光绪皇帝的师傅，户部尚书、军机大臣、协办大学士，是帝党中最重要的人物，康有为就是他推荐给光绪皇帝的。翁的去职，使光绪皇帝顿失股肱，进一步削弱了力量原本就有非常限的改革势力。第二道是规定凡授任新职二品以上官员，必须到早已"归政"、移居颐和园的皇太后面前谢恩。此举是为控制用人大权，同时向高官发出大权仍在太后，而不是在皇上手中的信息。第三道是任命亲信荣禄为至关重要的直隶总督，控制了京、津一带兵权。

其实这三道谕旨一发，慈禧实际已布下"天罗地网，视皇上已同釜底游魂，任其跳跃，料其不能逃脱"（《戊戌政变记》），已经基本决定了维新运动失败的命运，只要时机一到，慈禧便可后发制人。

任何改革都是利益的重新调整，总会使一些人的利益受损。裁撤政府闲散部门、裁减政府官员，使被裁的大批老吏冗员站在守旧势力一边，麇集在慈禧周围，因为他们的个人利益受到了损害。一个庞大的官僚机构，其力量是强大的，其利益是难以侵犯的，因此也是难以战胜的。但若不对其进行减撤，改革就无法进行，这就注定了这种改革必然如履薄冰，充满艰险，稍有不慎，便全盘皆输。对庞大的官僚机构进行调整精简，对冗员的安置，或是要以更强的力量来贯彻执行，或是以相当的利益来赎买。这二者，无权无能的光绪皇帝或维新派都未能做到，因此以行政改革来推行政治改革的策略实际上很难实行。新政要旗人自谋生计，"各习四民之业"，剥夺了他们二百多年来靠国家养起来、不劳而食的特权，引起了范围更广的反对。裁减旧军，自然使旧式军官失业，因此这些人也反对新政。改革科考内容，废八股考策论，触犯了千百万"读书人"的利益，他们骂维新派为"名教罪人""士林败类"，"首倡邪说，背叛圣教，败灭伦常，惑世诬民"……连康有为的弟弟、后来成为"六君子"之一的康广仁看到反对如此激烈，都不得不劝乃兄缓行此策："八股已废，力劝伯兄，宜速拂衣，多陈无益，且恐祸变生也……弟且夕力言，新旧水火，大权在后，决无成功，何必冒祸……"（《康幼博茂才遗稿·致易一书》）

对这些阶层利益的损害，使之成为改革的反对者，加强了守旧势力的社会基础。但问题在于，正是这些阶层的"利益"，成为国家、社会发展的严重障碍，不革其"利"，国家、社会就难以发展，所以改革必然要侵犯其"利益"。虽然改革是为了各阶层的总体、长远利益，但每一阶层都不愿承担改革的"代价"与"成本"，这是改革者不得不面对的两难困境。

随着变法速度的加快、力度的增强，维新遇到的阻力越来越大，一些守旧官员对维新或阳奉阴违，或公开反对。面对这种局面，光绪必须对"人事"作出一些调整，陆续免去一些守旧大员之职，拔擢维新力量：9月4日，下令将阻挠新法的礼部尚书怀塔布等六人全部革职，由支持维新的官员取而代之。9月5日，任命谭嗣同、刘光第、杨锐、林旭等四人为军机处章京，光绪特意在谕令中加上"参与新政"四字，以示此四人权力与其他章京不同。

对光绪引入新人削弱旧党的做法，慈禧愤怒已极，在光绪又一次到颐和园朝谒时怒斥道："九列重臣，非有大故，不可弃；今以远间亲，新间旧，徇一人而乱家法，祖宗其谓我何？"光绪泣答："祖宗而在今日，其法必不若是；儿宁忍坏祖宗之法，不忍弃祖宗之民，失祖宗之地，为天下后世笑也。"（胡思敬：《戊戌履霜录》）双方实际已无妥协余地。

9月13日，光绪帝决心开懋勤殿，准备招帝党官员、维新派人员和一些西方、日本的政治家共商改革、制定官制之事。消息传来，许多官员惶惶不可终日，纷纷向慈禧哭诉，慈禧更加怒不可遏，斥之为："小子以天下为玩弄，老妇无死所矣。"（《戊戌履霜录》）在守旧势力的支持下，慈禧太后在9月21日凌晨突然由颐和园回宫，囚禁光绪，杀捕维新人士，重新"训政"，尽废新法。

在这次惊心动魄的新旧较量、搏斗中，"新"为"旧"败，维新事业受到严重挫顿。这是国家、民族、社会的不幸，但也更是统治者本身的不幸——大清王朝丧失了变法图存的重要机会，终于导致最后的全面崩溃。

东山再起李鸿章

虽然李鸿章在戊戌政治风云中能自保平安，但他的观点、态度悉为慈禧所知，戊戌政变后他自然不可能再获重用。不仅如此，他还受到变相惩罚。

黄河自古以来就水患无穷，地处下游的山东更是深受其害，时常决口。1898年夏秋，山东黄河再次决口，数十县被淹，受难乡民无数，甚至浮尸蔽水。这时，慈禧出人意料地命令实龄已七十有五的李鸿章前往山东履勘山东河工。派李前往当此苦差，慈禧当有自己的考虑：一是自己通过政变重新训政，想以派如此重臣前往灾区，显示自己对灾情的重视、对灾民的关心，以收买民心，稳定局面；二是李鸿章毕竟同情维新派，且有多人上奏要求弹劾，故借此变相罚李。

此时已是初冬，而当他到山东时将是隆冬季节，对一个年近八旬的老人来说，确实难以忍受，所以李鸿章在万般无奈中上折请求慈禧太后另选他人，但未被慈禧批准。11月30日，李鸿章一行离开北京，他特别邀请比利时工程师卢法尔（Armand Rouffart）随行。12月11日，他们到达济南。他接受卢法尔的建议，决定采取近代西方科学方法，首先测绘全河情形，研究沙从何处而生，水由何处而减，探寻根治办法。在有些地段，他还亲率卢法尔及一些官员一同勘测。1899年3月31日，李鸿章返京复命，距他出京正好四个月。

在这四个月中，他不顾隆冬严寒，不辞劳苦，驰驱两千里，认真查看，广泛听取各方意见，拿出了长、短期治本、治标两套办法，确比许多敷衍塞责、贪图享受，甚至以河务谋私利的官员强不少。

不过，李鸿章关于河工的意见却未受到朝廷重视，许多具体建议都被朝廷和有关部门以种种理由推托、否决。李鸿章对此忧心忡忡，生怕水旱之灾会激起民变。他在给友人的信中担心地说："沧海横流之忧，不得谓一隅偏灾不关全局也。"

从山东勘河回到北京后，李鸿章仍然未受重用，闲居了八个月后却突然时来运转，东山再起，重任封疆大吏，被任命为两广总督。从"勘河"到"督粤"，这种官运的大伏大起看似命运捉弄，其实是李鸿章一直耐心等待、不断窥测方向、最后果断行动的结果。

原来，虽然慈禧发动戊戌政变将光绪皇帝囚禁起来，但光绪皇帝活着对慈禧和守旧派就是一个巨大的威胁，因此慈禧曾打算以"帝病重"之名谋害光绪。但此时的中国已是"半殖民地"社会，慈禧不能不先试探各国对此态度，没想到各国纷表反对，甚至表示要派医生到宫中查看光绪皇帝究竟是否病重。而且，国内亦舆论哗然，尤其是各地华侨纷纷发电，有时甚至数万人联名，要求慈禧归政，确保光绪平安。面对强大的反对力量，慈禧只得打消谋害光绪的主意。但她又心不甘，打算废掉光绪，另立新帝。但这废立之事仍需试探外国的态度，可是慈禧等守旧派与洋人交恶，无从打探，于是与李鸿章私交不错的荣禄便走访李鸿章，请李打听外国人的态度。李鸿章认为自己东山再起、重获大权的机会终于来临，便不失时机回答说，这是内政，如果先询问外国人的态度有失国体，但如果派我到外地当总督，外国使节必来祝贺，这时可顺便探问外国态度而又不失国体。除了想重掌大权外，李鸿章提出外放当总督的另一个考虑是远离京城，以避开"废立"这一至为敏感，甚至有关身家性命的宫廷权力之争。荣禄为李之说法所动，所以几天后他就被任命为两广总督。李鸿章再获重用任两广总督的消息传来，外国使节果然纷纷前来祝贺。李鸿章"无意之中"向他们谈起废光绪、立新皇帝的问题，这些使节则表示这是中国内政，他们"理无干涉"，但他们的国书都是给光绪皇帝的，如果另立新君，是否继续承认则要请示本国，间接表达反对废立之意。荣禄、李鸿章担心废立会引起外国干涉和国内一些官员反对，因此他们也不太赞成此时废立。于是荣禄提出了不必过于着急，可先立"大阿哥"再慢慢取得皇帝"大统"的建议，得到慈禧认可。

而任命李鸿章为两广总督，则是慈禧的老谋深算。对权谋术数，慈禧可能比李鸿章还要精通。李想外放当总督，慈禧则顺势让他当两广总督，因为广东紧邻香港，洋商众多，中外交涉日益繁杂，不懂洋务者很难在此为官，李鸿章当是最佳人选。更重要的是，以康、梁为首的维新派在海外华侨、华商中得到广泛支持，声势越来越大，而侨民、侨商大多数都是广东人，所以广东同情康党的人很多，慈禧认为广东人心浮动、局面不稳，只有像李鸿章这样资望甚高的官员才镇得住。慈禧此举最厉害之处在于，她清楚知道李鸿章从思想、观点上赞成、同情维新，所以一定要李前去镇压康党，将李置于不能不明确态度的"风口浪尖"上，既是对李的考验，又可将李"拉下水"，强迫他也成为与自己一样的维新派的镇压者。就在任命李鸿章为两广总督发表的第二天，慈禧便以光绪之名诏谕各省督抚严密缉拿康有为、梁启超："康有为及其死党梁启超先已逋逃，稽诛海外，犹复肆为簧鼓，刊布流言，其意在蒙惑众听，离间宫廷。""近闻该逆狼心未改，仍在沿海一带倏来倏往，着海疆各督抚懔遵前谕，悬赏购线，无论绅商士民有能将康有为、梁启超严密缉拿到案者，定必加以破格之赏，务使逆徒明正典刑，以申国宪。"其中特别强调"沿海一带""海疆各督抚"，显然是说给李鸿章听的。

1900 年 1 月 7 日，李鸿章春风得意、精神抖擞地离京南下，于 1 月 16 日到达广州，只隔了一天就接印视事。在政坛失势一段时间后，仍审时度势、积极活动，最终竟以年近八十之高龄东山再起，重任封疆大吏，李鸿章的能忍能等与终生嗜权恋栈的性格显现无余。

风口浪尖李鸿章

1900 年元月，李鸿章在失意多年之后终于重获重用，当上了两广总督。他的东山再起，与慈禧太后要他前去镇压康、梁等维新党人大有关系。而此时，义和团运动正迅速席卷华北大地，一场巨大的政治、社会动荡即将发生。这一切，都使他不能不在狂风巨浪之中身处风口浪尖。

在两广总督任上，李鸿章首先必须面对如何处理与康党关系的问题。1 月 24 日，清廷封时年十五的端王载漪之子溥儁为皇子（大阿哥），史称"己亥建储"（因光绪二十五年是己亥年），这是顽固派欲废黜光绪的一种试探。此谕一出，全国舆论沸腾，一片反对之声，康、梁加紧了在广东的活动，准备"武装勤王"。对康、梁，李鸿章一方面"奉职而行"，严禁其党羽在广东活动；另一方面又留有某种余地，不想与康党彻底决裂。由于捉拿不到康、梁，慈禧怒而严令李鸿章将康、梁在广东的祖坟铲平，但李以种种理由迟迟不动，因为他知道在中国传统中只有对罪大恶极、十恶不赦者才"铲祖坟"。所以他上奏说现在局面非常不稳定，"惟虑激则生变，平毁康坟，似宜稍缓"。但慈禧大怒，痛斥李鸿章道："语殊失当，康逆罪大恶极，如直欲乘机起事，岂留一逆坟所能遏止。该署督身膺疆寄，惟当不动声色，力遏乱萌，倘或瞻顾彷徨，反张逆焰，惟李鸿章是问。"在慈禧的威逼下，李不得不铲平康、梁祖坟，但暗中仍与康、梁有间接来往，互通信件。

所以康、梁对李虽有种种不满，尤其梁启超甚至一度想派人暗杀李，但后来态度软化，改变了暗杀李的主张。总体上，康、梁对李的态度与评价是"敬其才""惜其识""悲其遇"。然而，随着义和团运动的爆发，李鸿章与"革命党"孙中山的关系则更复杂微妙，甚至具有戏剧性。

义和团运动全面爆发后，社会动荡，朝政混乱，孙中山认为在华南起义的时机已经到来。他在准备在广东发动起义的同时，又想与李鸿章合作，策动由李为首宣布两广独立。孙中山之所以会有争取李鸿章的想法，一方面因为他一直认为李是清廷大员中最为开明的，因此长期对他抱有某种期待；另一方面因为一直与兴中会关系密切的香港立法局议员何启提出李与港督卜力（Henry A. Blake）交往非同一般，因此可以借港督之力，劝李鸿章独立。他们先与李鸿章的心腹幕僚刘学询联系，刘试探性地对李鸿章表示，如李有意"罗致"孙中山，他可设法让孙前来。对此敏感话题，李未开腔，仅略点头。刘学询立即捎信给孙中山，说李因北方拳乱，也有广东独立的想法，所以请孙中山前来效力。得此信后，孙中山半信半疑，但最后还是决定前往一试，于1900年6月11日与助手杨衢云、郑士良及宫崎寅藏等三位日本友人从日本横滨出发，于6月17日到达香港海面。就在此时，孙中山又听说李鸿章仍在观望局势，且很可能诱捕自己，于是改派享有治外法权的宫崎寅藏等三位日本友人前往刘学询公馆会谈。会谈虽从晚10点多一直谈到次日凌晨3点，但未取得实质性进展。当宫崎等人返回香港海面时，发现孙中山为防清政府搜捕，已乘船驶往越南西贡。在西贡，孙中山仍一面准备武装起义，一面策动李鸿章宣布"两广独立"。

这期间，清廷于6月15日命令李鸿章"迅速来京"，两广总督一职由广东巡抚兼署。接此命令后，李鸿章满腹狐疑。朝廷如此催他迅速进京，却未言何事，更未授其新职；朝政为强硬的"主战派"把握，一些温和的主和派官员性命难保；他本人曾多次冒死电奏朝廷，反对慈禧和顽固派的"联拳灭洋"政策，为顽固派官员和义和团痛恨；得到慈禧支持的义和团明确提出要杀"一龙二虎三百羊"，所谓"一龙"为光绪皇帝，"二虎"为李鸿章和庆亲王奕劻，"三百羊"为清政府中的开明官绅；义和团还提出要将亡命海外的"乱党"，以及维新改良的康有为、梁启超等统统捉拿归案……李鸿章明白，在此种局面下自己贸然北上，不仅无法改变政局，而且凶多吉少，甚至可能有杀身之祸。所以他一方面表示"立刻遵旨北上"，另一方面却想方设法拖延徘徊，拒不北上。

6月21日，清廷对外宣战，但得到李鸿章坚决支持，以两江总督刘坤一、湖广总督张之洞为核心的东南地区的"封疆大吏"们却拒绝执行清廷的"向各国宣战谕旨"，与列强达成了维持东南局面稳定的"东南互保"协议。"东南互保"由李鸿章的心腹盛宣怀一手导演，但盛认为"东南互保"保的毕竟只是"地方"性安定，此时最迫切的是改变朝廷政策，实现"全局性"安定，而只有李鸿章重新担任"总督之首"和直接参与全局外交的直隶总督兼北洋大臣，才有可能尽快从根本上改变"国策"。于是，盛宣怀为使李鸿章"官复原职"开始了紧锣密鼓的积极活动。随着战局的恶化，清廷内"主和"声音开始出现。7月8日，慈禧终于任命李鸿章为直隶总督兼北洋大臣，虽未明言"议和"之事，但明显是态度有所变化的信号。虽然李鸿章在7月12日尚未得知自己的新职，但他觉察到朝政有开始向有利于"主和派"方向发展的可能，于是决定北上。7月16日，即启程北上前一天，他才得知自己重任直隶总督兼北洋大臣，但生性谨慎的他仍决定只北上半步，先到上海观望局势，再决定是否最后北上。

这时，李鸿章再次成为各方"争夺"的对象，成为各方瞩目的焦点。正与"八国联军"交战的清廷不断催李迅速北上，以打开外交局面；确实，慈禧也不能不开始考虑后路，表示了要李北上的迫切心情，虽未明言，实有要他为"议和"做准备之意。直到7月初，一直对李抱有希望的孙中山又请人与港督卜力联系，希望他能力促自己与李鸿章合作，实现"两广独立"。卜力则从英国利益出发，对中国以后能否继续统一、稳定没有把握，仅希望华南能保持安定局面，因此通过英国驻广州领事劝李不要北上，留在广州以维持华南稳定。

7月17日，他乘招商局的轮船离开广州。开船之前，南海县令裴景福前来送行，李鸿章对他纵论时势，大发感慨。此时"八国联军"刚刚攻下天津，尚未向北京进发，裴景福问李鸿章：万一以后京城被攻破，结果将如何？李鸿章回答说，列强必会做以下三点：一是剿灭"拳匪"以示威，二是惩办首祸官员以发泄愤怒，第三就是索要兵费赔款。裴氏接着问兵费赔款大约会是多少，李鸿章大为伤感，一边流泪，一边回答："我不能预料，惟有极力磋磨，展缓年分，尚不知作得到否。我能活几年，当一日和尚撞一日钟，钟不鸣了，和尚亦死了。"

由广州循海路北上要经过香港，港督卜力与孙中山对"孙李合作"实现"两广独立"仍未完全放弃希望，还想借此作最后努力。卜力起初甚至想将李强行扣留，由于英国政府的坚决反对作罢。李鸿章在香港上岸时，港府还是准备了盛大的仪仗队，并鸣礼炮17响，以示尊重。而在此前一天，孙中山已乘船来到香港海面，不放弃与李会面的可能。港英当局通知孙中山，由于几年前应中国政府要求，对他的驱逐令尚未期满，所以不准他上岸，但如果李鸿章同意"两广独立"，即允其上岸与李会谈。在船上，孙中山仍是"两手准备"，一面等待卜力与李鸿章的会谈结果，一面筹划惠州起义。

卜力给英国殖民大臣张伯伦报告说，他与李鸿章见面后，再三对李鸿章决定离粤北上表示遗憾，甚至劝他说这个任命是由极端保守、首先提出进攻使馆的端王载漪签署的，暗含此令有顽固派官员诱李北上而害之之意。李鸿章则反驳说，此令并非端王签署，确是太后和皇上签署的。卜力一再强调他对广东、香港稳定的重要，力劝他不要轻易离开北上，但为李鸿章婉言拒绝。相反，李鸿章不仅根本不提与孙中山的合作，反而强调香港总督应禁止颠覆分子以香港为基地，强调威胁香港和广东安定局面的主要因素是香港的"三合会"和其他危险人物，矛头明显指向孙中山。

随后的谈话表明，李鸿章此时更为关注的并非粤、港，而是国家未来面对的局面。他甚至试探性地问英国希望以后谁当皇帝。卜力回答说，如果英国使馆安全，英国主要关心的是恢复秩序、贸易和商业；如果光绪皇帝与以他之名所发诏书、所做之事并无关系，英国将不反对光绪皇帝继续统治。此时德国驻华公使克林德已被杀，义和团与清军正在攻打各国驻华使馆。李鸿章显然意识到，如果攻下各国使馆，对清王朝来说，结果将是灾难性的。所以他对卜力说，如果只有德国公使被杀，列强就无权决定由谁来当皇帝；但是，如果所有公使都被杀害，情况就将不一样，列强就可合法干预，决定谁当皇帝。因此，他进一步问道，如果发生这种情况，列强将选择谁，并推测说列强可能会选一个汉族人当皇帝。卜力答道，列强"大概会征询他们所能找到的中国最强有力的人意见，看怎样做最好"。李鸿章紧接着说，不管太后有什么过错，她"无疑是中国最有能力的统治者"。然而，英国的殖民部却据此认为，李鸿章本人"不是不乐意当皇帝"。这种推测究竟有多高的准确性着实可疑，很可能更多地反映了大英帝国希望李鸿章能当皇帝的潜在愿望。

在会谈中，李鸿章还请求联军占领北京后一定要宽宏大量，不要采取报复措施。他告诫卜力说，报复只会激起中国人更普遍的仇外情绪。

总之，此番会谈表明，李鸿章现在已毫无与孙合作、实现"两广独立"之意。但孙中山的助手、兴中会领导人之一的陈少白仍不死心，还是登上了李鸿章乘的船，企图让随李而行，也非常热衷此事的刘学询能再三劝说李鸿章改变主意，但刘无奈地对陈说，李鸿章"意甚坚决，无法劝阻"。孙李合作、"两广独立"的计划至此宣告结束。

李鸿章虽然"官复原职"好不得意，但对朝局仍不乐观，因此决定还是按以前的计划先到上海，等待局势进一步明朗。

他深知，此时此刻必须慎之再慎，走错一步将满盘皆输，很可能难保性命，所以 7 月 21 日到达上海后，他便以健康为由，要慈禧赏假 20 日。这时，慈禧太后明显乱了方寸，作的决策非常矛盾。她一方面急盼李鸿章前来与洋人打交道，有求和之意，另一方面仍重用极端主战的顽固派大臣，态度似乎更趋强硬。7 月 28 日，她将反对与列强盲目开战的大臣许景澄、袁昶处死；8 月 7 日却正式任命李鸿章为全权大臣，负责与各国外交部电商"停战"；8 月 11 日，又将反对开战的大臣徐用仪、立山、联元处死。五大臣被处死，中外震惊，李鸿章在上海得此消息不禁哀叹"成何世界"！很可能，他为自己没有贸然北上感到庆幸，此时更明确表示哪怕被朝廷"严谴"，也不能北行。他在给朝廷的密折中明言了对朝政、对自己有可能被义和团和政敌打杀的担忧："惟每读诏书，则国是未定；认贼作子，则人心未安。而臣客寄江南，手无一兵一旅，即使奔命赴阙，道途险阻，徒为乱臣贼子作菹醢之资，是以小作盘桓。"所谓"菹醢"，是一种将人剁成肉酱的刑罚。所以有同僚对他正式被任命为议和全权大臣表示祝贺时，他却十分淡然。他深知政治讲究的是实力而不是名分，如果朝廷政治格局不变、慈禧态度无根本性变化，那么自己其实只有全权之名而并无实权。此时，他不顾"龙颜"有可能"大怒"，多次递折要求慈禧彻底改变态度，一再向慈禧施压，要求一定要将外国驻华使节平安送出京城并且剿灭义和团，他还斗胆要朝廷下"罪己之诏"。当然，他丝毫没有反对慈禧之念，当有外国外交官对他透露各国公使有让慈禧归政光绪的打算时，他断然反对，并为慈禧开脱、辩护："太后训政两朝，削平大难，臣民爱戴，此次拳匪发难，只恐祸起腋肘，不得已徐图挽救。"

此时慈禧自顾不暇，鞭长莫及，所以李鸿章一直在上海"小作盘桓"，他在等待局面的根本性变化。8月15日，八国联军攻占北京，慈禧仓皇出逃；8月20日，朝廷以光绪皇帝名义发布"罪己诏"；9月7日，朝廷发布剿灭义和团的谕旨，诬称义和团"实为肇祸之由"，"非痛加铲除不可"；9月8日，朝廷电旨再次表示"罪在朕躬，悔何可及"，几乎是央求李鸿章"即日进京，会商各使，迅速开议"，甚至低三下四宣示李鸿章此行"不特安危系之，抑且存亡系之，旋乾转坤，匪异人任。勉为其难，所厚望焉"。朝廷竟然公开承认大清王朝此时的生死存亡全赖李某一人，想来也是万般无奈。此时，李鸿章才认为北上"议和"时机成熟，于9月15日离开上海北上，开始为挽救已经病入膏肓的清王朝作最后的努力。作为晚清重臣长达四十年之久的他，很难做出别的选择。他的命运，已很难与这个腐朽不堪的王朝分开。

总之，从1900年1月中旬李鸿章东山再起到广东任两广总督，到9月中旬重任直隶总督兼北洋大臣的八个月间，政坛风云剧变，充满惊涛骇浪。李鸿章身处政治的风口浪尖，种种无比尖锐的矛盾集于一身，稍有差池则大祸临头。在这短短几个月间，康有为、梁启超的祖坟为他所掘，二人却仍能谅解他；孙中山为反清革命，一再策反他；港督卜力想稳定粤、港局面，竭力挽留他；慈禧要与列强"和谈"自保，最终不能不完全依靠他。彼此不共戴天的各种政治力量在关键时刻竟都对他抱有某种期望，都如此看重他，而他也能周旋其间、应付裕如，足见其对政治、权谋的把握可谓"炉火纯青"。

"有学有术" 张之洞

政治体制改革往往会引发政坛动荡，戊戌维新时的政坛更是云谲波诡，险恶异常。因为最高层出现了以慈禧为首的"后党"、以光绪为首的"帝党"这两个政见完全相反、斗得你死我活的权力中心，用今天的话来说就是"两个司令部"。在这风云变幻时刻，身处漩涡之中的大臣自然危险异常，稍有差池不仅会丢乌纱帽，甚至有丢脑袋之险。

洋务、维新结盟

此时的张之洞正处政治漩涡之中。李鸿章因甲午大败、代表清王朝签订《马关条约》而名声扫地，被投闲京师，张之洞则取代李鸿章成为影响最大的封疆大吏，成为具有开明色彩的洋务派领袖，一举一动，皆引人注目。

1895 年 5 月，康有为在北京发动"公车上书"，呼吁变法，但上书不达，决定先组会结社推行维新。北京、上海，是他活动的重点。1895 年 8 月，康有为在北京成立了第一个维新团体强学会，并创办机关刊物《万国公报》（后改名《中外纪闻》）。强学会的成立，得到了一些中央重臣和地方封疆大吏的支持，以洋务著称的张之洞这时身在南京，捐银 5 000 两，并要儿子张权和亲信杨锐入会。谭嗣同在给他人的信中说，强学会最主要的官方支持者是朝廷内的翁同龢与朝廷外的张之洞，甚至认为现在能够顾全大局、通权达变、讲求实际的重臣，只有张之洞一人。梁启超也称张为"今世之大贤也"。

在筹备北京强学会之时，康有为在 1895 年 10 月中旬曾到南京游说张之洞成立上海强学会。康在南京二十多天，每天与张共进早餐，每隔一天就长谈一次，每次都从午后谈至深夜。对在上海成立强学会的主张，张之洞大表支持，并答应捐银1 500 两作为经费。他甚至向康有为表示，中国如有维新党，自己愿当领头人；如果有维新领袖，自己愿意跟随。此会的成立宣言《上海强学会序》虽由康有为撰写，却由张之洞署名在报刊公开发表。因此，时人多以为张为上海强学会会长。1896 年 1 月，上海强学会正式成立，不少入会者都与张关系密切，其中梁鼎芬、汪康年等人不是他的幕僚，就是他的属下，会务即由汪康年主持。同时，上海强学会还创办了《强学报》作为机关刊物。但是，张之洞虽然极力支持上海强学会，却婉拒了康有为将他列名之请："群才荟集，不烦我，请除名，捐费必寄。"大力襄赞，甚至要幕僚主持会务，自己却坚决不入会而在幕后指挥，实足表明他的谨慎老到，为自己留有余地。

果然，在朝内保守派的强大压力下，清廷不久就下令封闭北京强学会，查禁《中外纪闻》。张之洞闻讯立即解散了上海强学会，要他的幕僚致电上海各报，宣布上海强学会停办，《强学报》停刊。虽然如此，"洋务"与"维新"此时仍是共同点远大于分歧，而且维新派也理解张的无奈，所以双方继续合作，并将遗留资金转到新创刊的《时务报》，这笔资金为

《时务报》所筹款项中最大一笔。

1896年8月创刊的《时务报》发起人是汪康年、黄遵宪和梁启超三人，三人中汪是张之洞的幕僚，黄也曾是张之洞的属下，张又是最主要的"出资人"，所以虽然梁为主笔，但汪任经理，掌管报馆财政、人事大权。梁启超才华横溢，博古通今，以"常带感情"的笔锋宣传新思想，别有魔力，往往使人"急读之下，狂舞万状"，古国为之震撼。后来梁启超回忆说："甲午挫后，《时务报》起，一时风靡海内，数月之间销行至万余份，为中国有报以来所未有，举国趋之，如饮狂泉。"张之洞对《时务报》也是大力支持，下令湖北全省官销，颁发《咨行全省官销时务报札》赞扬说："本部堂披阅之下，具见该报识见正大，议论切要，足以增广见闻，激发志气。凡所采录，皆系有关宏旨，无取琐闻；所录外洋各报，皆系就本文译出，不比坊间各报讹传臆造；且系中国绅宦主持，不假外人，实为中国创始第一种有益之报。"规定将《时务报》按期寄送湖北全省文武大小各衙门、各局、各书院、各学堂，报费当然由官府支付。

《时务报》成为宣传维新思想的主要阵地，梁启超成为舆论界的骄子，张之洞亲自写信邀请梁启超到湖北来。他在信中谦卑地写道："甚盼卓老中秋前后来鄂一游，有要事奉商。"并捐银500元。梁启超字卓如，此时才24岁，地位不高，而张已经60岁，且是堂堂湖广总督，竟纡尊降贵恭称梁为"卓老"，急欲与梁结识的迫切之情跃然纸上。1897年初，梁启超从广东省亲归来，途经武昌，拜见张之洞那天，恰逢张的侄儿结婚，宾客盈门，但张接到通报后当即撇下众多客人，专门殷

勤招待梁启超。晚上还正式设宴为梁洗尘接风，提出请梁出任
两湖书院院长，或留其在自己的幕府中任职，许以两千金相
待，均为梁婉拒，但他与梁仍畅谈天下大事，直到二更时分才
依依话别。张如此热情，使梁大有受宠若惊之感，对张也不吝
赞美之辞。

联 盟 破 裂

可惜，洋务派与维新派的结盟并不牢固，接踵而来的不是
进一步加强团结、联手制衡力量强大的守旧派，反而是双方各
持己见，公开分裂。维新派主张政治体制改革，主张"兴民
权"，梁启超的许多文章大力倡言民权，同时激烈抨击官场的
腐败无能，甚至汪康年也发表了《论中国参用民权之利益》
等文章，这些都使张之洞大为不满。梁启超在第 40 期的《知
耻学会叙》中痛斥官场现状："官惟无耻，故不学军旅而敢于
掌兵，不谙会计而敢于理财，不习法律而敢于司李。瞀瞀跛
疾，老而不死；年逾耄颐，犹恋栈豆……"张之洞读后大惊
失色，立即致电湖南巡抚陈宝箴等，禁止该期在湖南发行，怒
责此文"太悖谬，阅者人人惊骇，恐招大祸"。张还要他人致
信汪康年，劝说道："民权文字亦不佳，千万不可动笔，实做
经理二字。"汪自然奉命唯谨，生怕报纸惹事，而梁启超执意
宣传变法维新，双方矛盾不断，日益尖锐。最后，梁启超于
1897 年 11 月被排挤出《时务报》，到湖南时务学堂任教习，
梁、汪互相公开激烈指责、抨击对方。后来，梁启超还愤愤回
忆说张之洞"以报中多言民权，干涉甚烈"，自己与张的关系

"殆如雇佣者与资本家之关系"。媒体的"出资人"与具体办报的"新闻人"间之复杂关系，非外人能够厘清。但不管怎样，当时即有人说："新党之议论盛行，始于《时务报》；新党之人心解体，亦始于《时务报》。"洋务派与维新派的公开分裂，明显对变革不利。

在维新运动中，张之洞管辖的湖南是最富朝气的省份，因为湖南巡抚陈宝箴、学政江标等省级领导坚决支持维新运动，为其他各省所罕见。陈宝箴曾任湖北布政使，与张关系密切。湖南新政开始是大办新式企业、改旧书院为新式学馆，提倡"时务"，同时还创办旬刊《湘学报》，以开启民智。这些并不背离"洋务"的框架，所以得到张之洞的支持，他还通过官方力量，使该报能在湖北全境发行。1898 年 2 月，谭嗣同、唐才常在陈宝箴支持下在长沙成立南学会，经常公开演讲，宣传维新。不久，他们又创办了日报《湘报》，使湖南的维新声势迅速大振。湖南维新运动的急剧发展引起了张之洞的警觉和不满，对《湘学报》从支持到屡有批评，表示官方不再订阅，对观点更加鲜明的《湘报》则反对更加强烈。3 月末《湘报》第 20 期发表了易鼐的《中国宜以弱为强说》，宣扬民权、议会等学说，张之洞读后大为震惊，忙致电陈宝箴，要求制止这类言论。他怒斥道："《湘学报》中可议处已时有之。至近日新出《湘报》，其偏尤甚。近见刊有易鼐议论一篇，直是十分悖谬，见者人人骇怒。""此等文字，远近煽播，必致匪人邪士，倡为乱阶；且海内哗然，有识之士必将起而指摘弹击。亟宜谕导阻止，设法更正。"在张的严令下，陈宝箴将有关《湘报》收回，并不再发表谭嗣同、唐才常等人的文章，相反，从第 37 期起开始连载张之洞的《劝学篇》。这些必然使湖南维新人士对张极为不满，谭嗣同就对张的心腹汪康年抱怨说，张的做法使"湘人士颇为愤怒"，"达官之压力，真可恶也"。双方矛盾更加尖锐。

1898 年 4 月，变法维新已呼之欲出，新旧矛盾斗争更加激烈。这时，张之洞发表了影响极大的《劝学篇》。他自己说写此书的目的是想"会通中西，权衡新旧"。此书详细论述了"中体西用"的洋务理论，对顽固派和维新派都有批评，但此时维新派风头正健，此书的主要所指则是"暗攻康、梁"，反对变革政治制度，反对民权理论。

这样，从实践到理论，张之洞都明确与维新派划清界限、保持距离。

《劝学篇》发表后，光绪皇帝因其"权衡新旧"、反对守旧而谕令将其颁行全国，称赞此书"持论平正通达，于学术、人心大有裨益"。守旧派则因其批驳康、梁而视之为守旧、维护名教之论，并将其大量摘录于攻击康、梁的《翼教丛编》中。由于维新派大都是地位不高的读书人，并无政治威望，无论怎样，张之洞仍是重臣中少有的以"新"著称者，所以光绪皇帝颇想让他来京主持维新大业。保守派知道皇上要维新，所以希望由张来主导维新，而不是康、梁主导。因此，保守派重要代表人物徐桐在 1898 年 4 月保奏调张入京，经慈禧同意，光绪帝立即电召其入京。得此谕电，张之洞正在病中，但立即复奏说："谨当迅速料理，拟于二三日内起程，无论病愈与否，亦必力疾起程，不敢稽延。"他于 5 月初乘船东下，准备经上海北上。但事有不巧，当他 5 月 15 日到达上海后，却接到要他回鄂处理沙市教案的谕旨。原来湖北沙市突发民众反教运动，民众还烧毁了日本领事所，一场中外纠纷和大规模民变一触即发。清廷意识到"长江一带呼吸相连，上游情形最为吃紧"，自然不敢掉以轻心，忙要督鄂多年、威望甚重的张之洞打道回府，平息此事。5月27日，张之洞返回武昌。

历史总是充满偶然因素，此时距"百日维新"已不到一月，如果沙市教案晚发一月，由重臣张之洞赴京主持变法大局，以后的历史，或将改写。

为自保不择手段

虽然回到湖北，但此时朝内的维新之事已紧锣密鼓，如此政治大变动，张之洞自然密切关注，暗中活动。百日维新开始，光绪任命的谭嗣同、林旭、刘光第、杨锐参与新政的这"军机四卿"中，刘光第、杨锐均与张关系密切。刘、杨均为张之洞托陈宝箴出面向光绪举荐。尤其是杨锐，为张的"第一亲厚之弟子"，且长期为其幕僚。张的儿子也在北京，但凡有重要事情，张都托杨办，而不托其子。朝中事情无论巨细，杨锐自然也向张详细禀报，实际是张的坐探。当维新进入高潮、康有为得势时，他曾密电杨锐，说自己与康素来不和，要杨警惕康："意甚险恶，凡敝处议论举动，务望秘之，不可告康。"9月中旬，慈禧坚决反对光绪皇帝变法的态度已明，光绪地位已岌岌可危，光绪正是通过赐密诏给杨锐向维新派透露这一消息的："将旧法尽变，而尽黜此辈昏庸之人，则朕之权力实有未足。果使如此，则朕位且不能保，何况其他。"

在这稍有不慎就会家破人亡的关键时刻，张之洞的儿子、侄子、侄女婿、门生黄绍箕、心腹幕僚钱恂及湖北按察使瞿廷韶全被他派往北京，触角伸向各方，四处打探消息，与各种人物联络。深知宦海风波险恶的张之洞明白，如此关键时候，任何信息都不能遗漏，稍有疏忽，就有可能酿成大祸。就在慈禧发动政变前夕，张之洞得知有人向朝廷奏请要他进京"入枢"主政的消息，急忙电告钱恂："如拟召不才入京，务望力阻之，才具不胜，性情不宜，精神不支，万万不可。"他知道，此时进京将直接卷入慈禧与光绪的尖锐冲突中，无疑是往火坑里跳。此时的"万万不可"与几个月前"无论病愈与否，亦必力疾起程"适成鲜明对照。在某种程度上，政治就是把握时机的艺术。政变发生后，他指示属下与荣禄、袁世凯等慈禧宠臣加紧联络。政变刚刚发生的第二天，清廷尚未点名抓捕梁启超时，张之洞就致电有关人说，"梁乃康死党，为害尤烈"。他一方面表明自己忠于慈禧的态度，但一方面又急电有关人士，想营救心腹杨锐。他辩护说，杨"端正谨饬，素恶康学，确非康党，平日议论，痛诋康谬者不一而足，弟所深知"，"此次被捕，实系无辜受累"。为杨辩，其实也是为己辩。但在营救杨的同时，张又致电慈禧太后，奏请严惩维新党人，严惩包括杨锐在内的"六君子"，以此洗脱自己。对杨锐的死，张之洞内心其实异常悲痛，所以当他1902年再署两江总督来到南京时，又到曾与杨把酒畅谈古今诗文、经史百家的地方，捐资修楼，名之为"豁蒙楼"。世人都以为"豁蒙楼"之名出于杜诗，而不知其实是感慨旧事，为杨锐而建。只有少数人才知道，杨锐曾在张面前将杜甫长诗《八哀》背诵无遗，并反复吟诵其中《赠秘书监江夏李公邕》的最后四句："君臣尚论兵，将帅接燕蓟。朗咏《六公》篇，忧来豁蒙蔽。"张之洞大为感动，印象深刻，故修此楼，怀念故人。

虽然与荣禄拉上关系，荣禄还主动告诉他要给慈禧的"训政大典"发"贺折"，但他毕竟又有开明、求新的名声，特别是曾与康、梁关系密切，杨锐、刘光第、陈宝箴等均是他的属下，所以他又成为保守派攻击的目标。几个月前曾保奏过他的徐桐现在又上书慈禧，指责他变节，成为康、梁的同路人，要求严惩。

洋务派与维新派的分裂是戊戌维新失败的重要原因之一。没有洋务派的支持，维新派其实只是几个毫无权势的书生，很难大有作为；没有维新派打前锋，洋务派便暴露在最前列，成为保守派攻击的对象。

在保守派的强大压力下，张之洞想方设法将与维新派密切交往的痕迹抹去，有些做法甚为可笑。维新运动初起时，张在南京代理两江总督，与康、梁交好。一次游镇江焦山时，他突然对时局大发感慨，遂在松寥阁题写长诗，其中有赞扬维新派人士的字句。天下名臣题诗，寺僧自然将其精装悬壁。戊戌政变发生，张忙派梁鼎芬乘小兵船星夜赶往焦山，问寺僧张督的题诗是否还在。寺僧拿出卷轴说，不敢损毁。梁鼎芬忙说，张总督想再题跋于后，题好后再还给你。于是将卷轴取回，撕碎后烧毁。

为了洗刷自己以求自保，张之洞开始不遗余力攻击、迫害康有为、梁启超等维新人士。康有为、梁启超、王照等人逃亡日本，在日本继续反对慈禧的维新活动。张之洞以"通洋务"、能与洋人打交道自命，所以不断通过日本驻上海领事、驻武汉领事、驻华公使，要求日本政府将维新人士驱逐出境。日本政府认为，张未来在中国政坛将举足轻重，而且张许诺如果自己渡过目前政治危机，日后将扩大与日本的合作。在张之洞三番五次的要求下，日本政府最后同意他的要求，向康有为和王照施压，使二人先后离开日本。后来，康有为从加拿大乘船返港，途经日本横滨，日本政府仍拒绝其上岸要求。为了在境外将康有为"搞臭"，张之洞竟将其心腹幕僚梁鼎芬充满编造、诬蔑之词的《康有为事实》送给日本政府，要求在日本刊布发行。在他的软硬兼施下，日本政府同意报纸刊登此文。

这一系列举措，终使张之洞平安渡过这场重大政治危机，甚至更获慈禧信任。但曾经热情接待夸赞康、梁的张之洞，现在为自保又如此不择手段，欲置康、梁于死地而后快，必为时人所不齿。章太炎在政变发生后，曾鄙夷地对友人说："今日中国之反覆小人阴险巧诈者，莫如两湖总督张之洞为甚。民受其殃，君受其欺，士大夫受其愚，已非一日。自新旧党相争，其人之罪状始渐败露，向之极口推重者，皆失所望。"确实，以"儒臣""忠信"著称的张之洞在这次风波中的表现使其声誉严重受损。或许，张之洞因此格外在意外界对自己的评论，曾问自己的幕僚高某："外间对余有何议论？"高某回答说："人皆谓岑西林不学无术，袁项城不学有术，老师则有学无术。"岑西林为岑春煊，袁项城为袁世凯，岑、袁是否如此另当别论，说张"有学无术"，显然是门生、幕僚深知老师、幕主心事而曲意讨好的谀辞。张之洞闻之，高兴不已，故作谦虚实为自夸地说："予则不但无术，且不能自谓有学。"精通权术者，大都不愿承认自己精通权术。

　　其实，对张之洞最为准确、客观的评价应是"有学有术"。他的所作所为表明，他所推崇的"学"，即儒学所称的仁义礼智信，只能用于"平常时期"，而在生死关头的"非常时期"，他所施行的恰是他在书本中所不屑、所严斥的"术"，如荀子之倡恶、申不害之教人不诚、韩非子之教人不务德行、公孙龙之巧言无实、鬼谷之阴鸷可鄙……但是，这种丝毫不讲信义、不顾道德的权谋术数，其实并非张之洞所独有，而是专制制度下绝大多数官员面临此情此景时合乎理性的选择。在面临革职甚至杀头之险时，能不顾身家性命而坚持理念的官员毕竟少而又少。所以，只要在"平常时期"不贪渎或少贪渎，为官一任时能有所建树，管理一方能大致安稳，能在一定程度体察民情，等等，就是难得的"好官"了。因此，不必以"非常时期"的"非常之举"就在道德层面对"张之洞们"苛责；在专制制度下，确有其"不得不然"之处。专制制度必然使官德败坏，而官德败坏必将导致社会风气败坏。

庚子之乱：袁世凯获命运的"厚礼"

袁世凯无任何科举功名，却在晚清政坛步步高升，成为举足轻重的大臣，端赖其对政坛风云的准确判断，在政治风波中大获其益。前后两三年的"庚子剧变"使得清王朝面临巨大政治危机，政情波诡云谲，许多官员在无情的政治风暴中丢官甚至丧命，袁世凯却先由工部右侍郎升任山东巡抚，终于成为"封疆大吏"，这也是他首次主管地方行政；进而又升为总督之首的直隶总督兼北洋大臣，开始建立自己的权力体系。而他后来主导的"北洋新政"在短时间内就成就斐然，更使他声名鹊起。这种"新政有方"的赞评是一种看不见但价比金贵的政治资本，在相当程度上"对冲"了他在戊戌年间的形成的污点，一些新派人士也开始对他刮目相看。正是在庚子的大灾大乱中，他掌握了"北洋"实实在在的政治权力，又获得了当时稀缺的无形政治资本，二者为十余年后辛亥时期的"非袁莫属"奠定了基础。

一

袁世凯崛起的关键在于他对"新军"的掌控；建立、掌握"新军"，则反映了他的见识在当时的官场中确实超前。

　　袁世凯不是读书种子，参加几次科考，结果连秀才都未考
上，只得投奔淮军将领、父执吴长庆处效力谋生。1882 年 8
月，吴长庆奉朝廷之命到朝鲜帮助平定兵变，袁世凯随营帮办
军务。兵变平息之后，清廷出于安定考虑，命吴长庆部继续驻
扎朝鲜。在朝鲜，袁向朝鲜官员提出为防制日本，朝鲜应整
顿、训练军队，朝鲜随即向直隶总督兼北洋大臣李鸿章提出派
人整顿、训练军队的请求。李鸿章同意了朝鲜的请求，要吴长
庆派员整顿训练朝鲜军队，这个任务，自然落到了袁世凯的身
上。虽然是朝鲜军队，且人数不多，但毕竟是自己独立练兵，
袁世凯尽心尽力，制定章程、制度，严格要求，抓紧训练。最
重要的是，他虽然在淮军吴长庆部，且淮军装备、战斗力甚至
训练水平，在中国军队中都名列前茅，但袁世凯却不用淮军操
法，而是用英、德式操法训练军队，这确是他的过人之处。

　　1894 年甲午战争爆发时，袁世凯正驻节朝鲜，中国军队，
尤其是陆军在已经完成现代军事转型的日军面前不堪一击，溃
不成军。在战争正式开始前，已感事态不妙的袁世凯苦苦哀求
李鸿章将其调回国内。虽然刚回到国内，但他对战况仍然非常
了解。早在十年前，他就感到中国传统军制的落后，开始用西
洋近代兵法为朝鲜练兵，这次中日战争，把中国军队的落后、
腐败暴露得一览无余，显示了日本现代军事体制的厉害。袁世
凯认为，中国军制必须改革，必须按照现代军制建立新军。他
屡次上书各方权要，细述中国传统军队的种种弊端，如虽有进
口的快炮，但军官并不知要相配的各种配件，没有拉炮的马
匹、炮油；许多士兵由于缺乏基本训练，甚至不知道瞄准星的
用处。因此，他力陈要学习西洋兵法，建立新军。经过多方努

力，他的建议得到光绪皇帝的重视。1895 年 8 月，光绪召见了他，并派他到督办军务处任职。袁世凯雄心勃勃，并不满足于在"上层机关"工作，一心想真正掌兵。经过几年来使用各种手段、打通各种关系的努力钻营，终于在当 1895 年 12 月受命在天津小站负责训练新军，不久正式定名为"新建陆军"。他的新军采用德国、日本建制，很快就建立起一支现代化部队，人数虽然不多，却是当时中国战斗力最强的一支军队。

凭借在戊戌期间的表现，袁世凯得到慈禧的赏识、重用。慈禧宠臣荣禄此时主管兵事，将北洋各军联成一气，统一指挥，成立武卫军，分别为武卫前军、后军、中军、左军、右军，袁世凯的"新建陆军"由此更名为"武卫右军"。1899年 1 月，慈禧召见袁世凯，赏了他一些物件，并恩准他在西苑门内骑马、乘坐船只拖船；6 月，袁世凯升任工部右侍郎兼管钱法堂事务。这时，反洋教、义和拳运动在山东兴起。

山东素有习武传统，梅花拳、大刀会等秘密会社在山东、直隶活动多年，义和拳与这些秘密会社渊源颇深，但因有鲜明的反洋教主张且声称能请诸神附体、刀枪不入等神功法术，后来居上，声势远超梅花拳、大刀会。从 1894 年起，先后担任山东巡抚的李秉衡、张汝梅对"反洋教"都持纵容、支持态度，为义和拳后来在山东的迅速发展打下基础。1898 年 6 月末，张汝梅奏请责成地方官谕饬绅众化私会为公举，改拳勇为民团。对他的奏请，朝廷朱批："知道了。钦此。"虽然未置可否，但至少是默认。朝廷默认，山东地方当局态度更加积极。戊戌政变发生后，西方国家支持光绪、反对慈禧的态度非常明确，英国、日本还保护康、梁，使其逃过清政府追捕，再加上德国在山东入侵日深，慈禧仇外之心日益强烈，朝廷于1898 年 11 月初谕令近畿直隶、山东、山西、奉天四省兴办团练，守望相助。1898 年底和 1899 年 3 月，朝廷又两次谕令这些地方充实、改良乡团。在这种背景下，义和拳与团练的边界开始模糊，更为后来义和团为清政府所用埋下伏笔。

义和拳兴起后，"打洋教"主要是打中国教民，因此拳民与教民的冲突越来越多，冲突规模越来越大。1899 年 2 月，盲目排外色彩甚浓的毓贤就任山东巡抚。此时清廷并未与列强决裂，因此对毓贤的强烈排外又有所顾虑，专门发上谕提醒他"山东教案叠出，人心浮动，遇有交涉事件，不可不慎"，一方面要他面对列强的"一味蛮横"时，"不得事事忍让，无所底止"，但又对他强调"尤不得稍涉孟浪，衅自我开。疆臣办事，总须为国家通筹全局，期无后患，不宜顾一时毁誉，率意径行，是为至要"①。朝廷的暧昧态度，给地方官员提供了相当大的自由裁量权。毓贤到山东后，义和拳发展更加迅猛，仅平原县就有拳坛七百余处。

在处理民教冲突时，他虽不能不对双方各有惩处，但明显偏袒拳民。1899 年 10 月初，平原县李庄拳民李长水等人抢劫本庄教民李金榜家的财物，李金榜到县城告状，县令蒋楷查明实情后，派衙役前往拘押李长水等六人，由此引发了以朱红灯为首的五六个县的大量义和拳民与官府的冲突。由于拳民人数众多，县衙役反而吃亏，事态且有扩大失控之势，蒋楷急向巡

---

① 《上谕》，中国史学会主编：《义和团》（四），上海人民出版社 1960 年版，第 5 页。

抚毓贤求援。毓贤接到蒋楷派兵禀文后，急派济南府知府卢昌诒和补用知府、袁世凯的同父异母哥哥，且是"嫡出"的袁世敦带领勇队前往。毓贤给蒋楷禀文的批语中写道："已派拨马步队星夜驰往弹压，并委该管府卢守赶赴该县，相机妥办。查民教互闹之案，不得专以匪论，总以开导解散为主。"① 在平原县森罗店，官军按照毓贤指令，劝谕义和拳解散，但朱红灯见官兵到来，下令开火，打死队勇两名。袁世敦下令还击，义和拳毕竟不是官兵对手，拳民被打死二十余人。对此结果，毓贤极为不满，认为大祸起因在于县令蒋楷断案不能持平，激成众怒，盗匪乘机抢劫，所以奏请将蒋楷革职，永不叙用；他当然知道袁世敦与袁世凯的关系，对袁世敦并未提撤职，只以袁此次弹压实属孟浪、纵勇扰民为由，提出将其发交袁世凯军营历练。朝廷按他所请，将蒋楷革职，永不叙用，且指责他仅将袁世敦发交袁世凯营历练显然是徇私情，身为封疆大吏岂应提如此建议？朝廷将袁世敦也一并革职。

朝廷对蒋楷与袁世敦的严处，反映出其对外政策强硬的一面。在毓贤的纵容下，拳民与教民冲突更加严重，引起了列强的强烈不满。朝廷于是又谕令毓贤应下令各地方官，以抚绥和弹压两种手段控制拳民。由于有列强军舰加强了在烟台等地的活动，朝廷同时谕令袁世凯率武卫军到山东操演行军，预为布置，对外对内都显示力量；同时提点袁世凯要"认真约束兵丁，毋得稍有疏纵，致滋事端"。② 不知是因为朝廷上谕中最后这一句话，还是因为袁世敦被撤职使他与袁世凯成政敌，毓

---

① 《山东义和团案卷》（上），齐鲁书社 1980 年版，第 13 页。
② 《上谕》，中国史学会主编：《义和团》（四），第 8 页。

贤竟然派人侦查袁部有无滋扰地方的行为。

对反洋教、义和拳等，袁世凯的基本观点与毓贤大为不同，因此对毓贤在山东的有关政策极为不满。此次在山东操演，使他对山东情况有了更加直观的了解，对毓贤侦探自己部队更加痛恨，回到小站后，立即奏明山东情形，指出种种问题，实际攻击毓贤治鲁无能，同时提出了许多具体建议。

朝廷对反洋教、义和拳的态度仍是摇摆不定，此时又发上谕严厉谴责袒护拳民的毓贤："近闻山东地方，有大刀会、红拳会各种名目，多系不逞之徒，借闹教为名，结党横行，欺压良善。地方文武弹压缉捕，俱不得力。巡抚毓贤，又固执成见，以为与教民为难者，即系良民，不免意存偏袒。似此因循日久，必致滋生事端。该抚身任封圻，遇事总须持平办理，消患未萌，岂得沽一己之名，竟置大局于不顾。着即督饬所属文武各员，查明各种会匪名目，严行禁止。倘敢仍前聚众，借闹教为名，结党滋事，并着从严惩办，以靖地方。"①

1899 年 12 月 6 日，朝廷命令毓贤进京陛见，由袁世凯署理山东巡抚；次年 3 月 14 日，清廷实授袁世凯为山东巡抚。袁世凯终于从"军界"跨入"政府部门"，成为封疆大吏，这是他此后飞黄腾达至关重要的一步，为他提供了一个施展权术、闪转腾挪的宽阔平台。

二

虽然成为封疆大吏，但深谙权谋之道的袁世凯太了解军队

---

① 《上谕》，中国史学会主编：《义和团》（四），第 8 页。

的重要，所以奏请仍节制武卫右军。朝廷批准了他的要求，他不仅将全部武卫右军带到山东，而且又奏请将山东原有的勇队上万人裁并，改编为武卫右军先锋队、左翼防军、右翼防军和沿海防军，其中许多更换新式毛瑟枪并用新式兵法训练。他的军队布置在全省各个要地，严加防范。经过此番运作，袁世凯的军事实力大大增强，山东全境在他的牢牢掌控之中。

朝廷对反洋教、义和拳的态度不定，上谕中的词句有剿有抚，一些地方官就各取所需，想方设法从"上谕"中找到符合自己观点、想法的词语字句作为自己政策的合法依据。袁世凯甫一上任，就将义和拳定义为"匪"。到任第二天，就发布《禁止义和拳匪告示》，要求已入"拳教"者痛改前非，立即解散，定给自新之路，未入者切勿加入；对坚持不改者一定严惩，威胁说大军一临，玉石俱焚，发此告示，以示先礼后兵，并非不教而诛。

袁世凯的态度，人所周知，此时手握重兵又任山东巡抚，朝野上下纷纷言传袁世凯要以武力严剿义和拳。一些支持义和拳的官员接二连三上奏，有的要求朝廷对其严加约束，有的甚至参劾他滥用武力，要求另派官员替换他。朝廷对义和拳态度本就摇摆不定，于是在十几天之内连发三道上谕，第一道奏折要他"严饬各属，遇有民教之案，持平办理，不可徒恃兵力，转致民心惶惑"。但在发这道要求袁"慎重兵端"的上谕的同时，又把要各地严拿会匪的上谕发给袁世凯。明确兴中会、安清道友、袍哥、天地会、哥弟会、三合会、三点会、大刀会、小刀会和一些散兵游勇等都是应剿之"匪"，要各地官员"严密查拿""从严缉拿"，"以清盗源而靖地方"。第二道谕令要袁"拳民聚众滋事，万无宽纵酿祸之理。惟目前办法，总以弭患未然为第一要义。如已寻击官兵，始终抗拒，即须剿办，示以兵威，亦应详查案情，分别办理，不可一意剿击，致令铤而走险，激成大祸"。要求袁"相机设法，慎之又慎"，要他严管下属，在处理教案时"各了各案"，不得轻信谣传，尤其不能听任下属因"贪功喜事"而严厉处理拳民。此谕最后严厉警告袁世凯："倘办理不善，以致腹地骚动，惟袁世凯是问。"第三道谕令仍是提醒、警告袁世凯不能一意主剿，对民教冲突仍要以"弭患未然"为第一要义，一定要严格遵循前两道上谕，必须"慎之又慎"，断不能"一味操切，以致激成巨祸，有负委任"。①

短时间内，不断被人告状参劾，袁世凯在给心腹徐世昌的信中大发牢骚："到任不过十数日，何至有许多劣迹被人一再参劾也？自必有居心倾排者在其内！"②

命运仿佛是有意考验他。袁世凯刚刚成为封疆大吏不到一个月，就遇到一次严重危机。1899 年 12 月 30 日，在泰安府治下的平阴、肥城交界处，发生了英国传教士卜克斯（S. M. Brooks）被拳民杀死、财物被抢劫事件。这是义和拳暴力行为升级的重要标志，如何处理，对他而言是严峻考验。英国驻华公使向总理衙门递交照会，要求必须保护传教士，同时指派驻上海副领事和两名传教士到济南出席审判。五天后，清廷于 1900 年 1 月 4 日发谕，令袁世凯将凶犯勒限缉获、从严惩办，同时将疏防之该管各官先行参处。袁世凯遵旨将肥城知县撤

---

① 《上谕》，中国史学会主编：《义和团》（四），第 9—10 页。
② 《袁世凯致徐世昌函》，《近代史资料》第 37 册，第 20 页。

职，同时积极缉拿凶犯。一干凶犯抓获后，袁世凯让山东按察使和济南知府审理，为显重视，又亲自审讯一次。英国驻上海副领事来到后，提出四条要求，要袁世凯照办：第一，将凶犯从重治罪，巡抚会同观审，领事监刑；第二，将泰安知府及肥城、平阴两县知县革职，永不叙用；第三，照教会绘制的图样，在行凶的地方为卜克斯建立教堂，由教士选择地方，官府拨款，并由民众集资立碑；第四，恭录 1 月 4 日着迅将疏防的各官先行参处的谕旨及办案情形，由巡抚出告示晓谕，不得再发生此类事件。袁世凯驳回了第一、二两条，认为干涉中国司法；同意了第三条，即在卜克斯遇害的地方建立教堂，集资立碑，但限制教堂面积和规模，占地不得过大，费用不得超过一万两银子；完全答应的，只有第四条。协商量刑的时候，英国副领事坚持是强盗杀人，无论首从，所有凶犯必须处斩。袁世凯也认为此案本系匪徒结伙持械谋财杀人，照例应一律处斩。但是他知道这次是与洋人交涉，一律处斩会激起民众和朝廷的不满，必须有所保留，所以坚持只将两名首犯斩首。经过一番交涉，这位英国副领事最后还是同意袁的处理方案。

　　虽然袁世凯基本拒绝了英国的四项要求，但许多言官并不满意，一时间大量奏折指责袁世凯处置失当，强调严厉剿灭义和拳将使大量中国民众入教，一信洋教就成为洋民，再不是大清的子民了，一旦与列强冲突，教民还能为我御敌吗？慈禧本来就对西方列强反对她废光绪非常不满，在 1900 年 1 月 11 日，也就是袁世凯上任仅仅一月有余，发布了一道重要上谕，朝廷政策明显偏向支持义和拳："近来各省盗风日炽，教案叠出，言者多指为会匪，请严拿惩办。因念会亦有别。彼不逞之徒，结党联盟，恃众滋事，固属法所难宥。若安分良民，或习技艺以自卫身家，或联村众以互保闾里，是乃守望相助之义。地方官遇案不加分别，误听谣言，概目为会匪，株连滥杀，以致良莠不分，民心惶惑，是直添薪止沸，为渊驱鱼。非民气之不靖，实办理之不善也。"要地方官"遇有民教词讼，持平办理，不稍偏重，平日足以孚民望，遇事自足以服众心，化大为小，化有为无，固根本者在此，联邦交者亦在此。各省督抚受恩深重，共济时艰，必能仰体朝廷子惠元元、一视同仁至意，严饬地方官，办理此等案件，只问其为匪与否，肇衅与否，不论其会不会、教不教也"①。

以前清政府虽然政策左右摇摆，但对义和拳仍常有"抚绥弹压，消患未萌""严拿惩办，以靖地方"一类严词峻句，此谕一改前态，转而强调要区别"会"与"匪"的不同。它的重点是不论会不会、教不教，只问其是否为匪、是否肇衅，这是朝廷政策一个重要变化，也是其政策开始明晰化的一个标志。朝廷已在事实上默认义和拳为合法的会、团，承认义和拳会的组织，而不是视其为"邪教"。中国向有地方绅士办团练作为中央统治者维护地方秩序、稳定的传统，早就有一些义和拳改名义和团以示自己合法，此谕一出，大量"义和拳"改称"义和团"。"拳"与"团"虽一字之差，意义却大不相同。

既然朝廷只问其"匪与否"，仍要剿"匪"，所以袁世凯就在"匪"字上做文章，因此一直强调其为"匪"，坚称义和团是"邪拳""邪教"，依然要剿灭义和团。接到谕旨，袁世

---

① 《上谕》，《义和团档案史料》上册，中华书局 1959 年版，第 56 页。

凯立即于 1900 年 1 月 13 日上奏朝廷，委婉却又明确地反驳朝廷。反驳朝廷谕旨，一个必要的技巧是首先必须承认朝廷的正确，他承认山东拳民、教民冲突不断，根本原因在于地方州县官平时受外国传教士挟制，办理教案时不能持平，偏袒教民。承认了责任在外国传教士之后，他却笔锋一转，认为义和拳等只是托名仇教、反教，其实是打家劫舍之"匪"，目的只是为了抢夺财物，而且分赃不均还互斗交殴。特别是他们树大旗以标榜可立即消灭洋人，其实只是耸动他人入伙之私，事实说明他们连清军的勇队都打不过，更打不过洋人。他提醒朝廷，胶东半岛国际形势复杂，逼处强邻，如果义和拳骚扰过久过多，洋人可能派兵深入，则山东将全省震动。他提出了统筹全局的治标、治本之法。治标就是绥靖地方，清除"匪类"，化导"愚氓"。治本之方在于调和拳民与教民，官府要持平办案，教民不得借洋人的势力欺凌其他民众，拳民也不得无理闹教，欺凌教民。

持平办案，有纠纷只论是非曲直，不论拳民还是教民。朝廷上谕及毓贤、袁世凯的词句、"文本"都是如此表述，但实际的意图与做法，却非常不同。袁世凯向来相信武力，主张严剿，但他又绝非一个头脑简单的赳赳武夫，而是深有谋略者。他知道义和拳遍布广大农村，普通农民与拳民很难区分，练几趟拳的农民就可以成为拳民，所以农民几乎都可以立即成为拳民；拳民本就是农民，到处都是拳坛、拳厂。他曾形容说，"处处有匪"，官兵未到时是拳民，官兵去镇压时立刻成为农民。面对这种情况，兵力委实有限，仅靠武力很难镇压。更何况朝廷一而再、再而三地谕令他"慎重兵端"、不能"一味操切，以致激成巨祸"，所以无论从实际情况出发，还是应付朝廷谕令，都不能以武力镇压为主，只能以军队为后盾而采取其他方法，多管齐下。

由于兵力有限，所以对各地的义和拳，他一般并不派兵取缔、镇压，而是派兵驻守交通枢纽，通过控制要冲之地，把各地分散的、小股的义和拳隔离分制，阻止其流动聚集、汇合壮大，武力用来重点对付聚众滋事的少数义和拳坛、拳厂。他规定各州县地方官必须逐日将自己境内义和团的活动情况"据实具单禀报"，不得拖延、隐瞒。为防止有地方官同情义和团或懈怠懒政，他还时常派人到各地查访，严格监督地方官。如果发现有对义和团镇压处理不力、不及时或未及时禀报者，则要予以严惩。更重要、更根本的是，他知道农村是义和团的生命之根，所以采取种种措施，主要是动用行政手段，让地方官和地方士绅主办的乡团来查禁义和拳，要地方官责令各村镇庄长、首事、地保"劝导"各村村民不得设厂习拳、聚众滋事，并令他们出具保证书，保证本村没有义和拳活动，如果发现有义和拳活动，必须立即禀报，若有隐瞒不报，即加监禁。地主、乡绅纷纷退出，至少不支持义和拳。如有父兄听任子弟学习邪拳，除将子弟正法外，父兄也要监禁三年。如果举报某家设坛设厂，查实后没收被举报者家产，并将该犯家产一半赏给举报者。这些措施最大限度地切断或弱化了义和团与农村的联系，失去根基与依托后，义和团迅速萎缩。对"滋事"的大股义和团，在用武力解决的同时，还采取悬赏购线的方式，通过线人掌握义和团情报，尤其是其"首要"的动向。查禁拳厂，严缉首要，胁从不问，是他的基本方针。对聚众40人以上的"首要"，他毫不留情地"绞立决"，但两三个月下来，他捕杀的首犯约有几十人，比传说的少很多。对普通成员，则勒令解散，遣送回乡，一般都不惩处。

在采取这些有效措施的同时，他又发告示劝谕平民与教民。他劝谕平民，洋人设立教堂传教是国家与外国订立的条约，官府与民众有责任保护教堂。平民与教民发生矛盾时，只能向地方官员呈诉申理，不得私自报复，如果聚众闹教，哄抢财物，私相寻仇，不仅违背王法，而且让国家受到连累。同时又劝谕教民，虽然信奉洋教，但仍是中国之人，必须遵守本国法令，如果恃仗教会势力为非作歹，官府一定依法惩办，决不宽贷。对外国传教士，他也警告说应当遵守中国法度，不得干预地方官审理案件。同时通饬各级官员，遇有平民与教民诉讼，不分民教，但论曲直是非，持平办理。如果外国传教士干预案件审理，应当根据条约章程予以驳斥，不得偏听袒护；如果传教士仍不罢休、不安本分，则禀请上司核办。对于各种摊派，平民摊派多少，教民也应同样摊派。[①]

这些软硬兼施、多管齐下的措施很快见效。两个多月后，发生最早、教案最多的山东义和团渐渐沉寂，袁世凯于是下令各地方官停止每日例行禀报，改为有事随时禀报。山东义和团开始向附近的直隶发展。

但是，慈禧支持义和团的态度越来越强烈，1900年5月1日，朝廷下谕准备把义和团改为官办团练，征求袁世凯的意见。袁世凯知道事关重大，上奏朝廷明确表示反对："该拳会

① 《义和团档案史料续编》，中华书局1990年版，第506—508页。

聚众游行，每于数百里外劫取财物，不得谓之为保护身家；焚杀掳赎，抗官拒兵，不得谓之非作奸犯科；掠害平民，骚扰地方，不得谓之专仇洋教。"最后，他坚决地、不容置疑地说："是宜严禁预防，未可权宜迁就。"①

　　然而，袁世凯的意见并未引起朝廷重视，清廷政策更加明确支持、倚靠义和团。从 6 月上旬起，在朝廷的允许、纵容下，大量义和团进入北京、天津。10 日，英、法、德、俄、日、美、意、奥以保护使馆为名，组织八国联军两千余人，从天津向北京进发，受到义和团阻击。袁世凯生怕义和团来到山东，将战火烧到山东，便派重兵驻守山东与直隶交界处，明令如果"直匪"来到山东，立即痛加剿捕，希望能把义和团阻挡在山东境外，避免与八国联军冲突。

　　不过，中央政府对外态度由摇摆暧昧而迅速转为强硬主战，这使一省巡抚袁世凯难以置身事外，时局的发展对他的谋略是一个巨大挑战。6 月 15 日，慈禧知道京城恐会不保，急令袁世凯带兵前往抗击八国联军。接到勤王谕旨后，袁世凯面临严峻的考验和艰难的抉择，心急如焚。他知道，自己的军队根本不是八国联军的对手，如果前去勤王，与八国联军开战，那么自己辛苦数年，好不容易培养、锻炼出的军事实力将毁于一旦；如果不去勤王，则是抗旨之罪，等待他的将是严惩。经过一番苦思冥想，他决定不带兵前去勤王。他给朝廷上奏说，现在山东半岛局势紧张，列强虎视眈眈，山东为南北咽喉，海疆重地，不容有失。而且，山东境内人心浮动，外有匪徒窜

① 《义和团档案史料》上册，第 95 页。

入，随时需兵力弹压，所以自己无法率大队前往，只能派将领孙金彪率三千人前往。其实，这三千人还是山东原有的人马，并非他的精锐嫡系部队。朝廷被他的这一番说辞打动，认为山东确实紧要，不容有失，于是谕令他不仅不必率队前来，已经出发的三千人马也调头回到山东，加强山东防务。

6月16日，朝廷发布上谕更明确说，虽然拳民仇杀教民，肆行无忌，本应严行剿办，但"愚民无知，姑开一面之网。即着责成刚毅、董福祥，一面亲自开导，勒令解散；其有年力精壮者，即行招募成军，严加约束。该拳民既以义勇为名，如足备折冲御侮之资，朝廷原可宥其前愆，以观后效。究竟该拳民临敌接仗，有无把握，世铎等须细加察验，谋定后动，万不可孟浪从事"①。此谕虽责成刚、董二人"亲自开导，勒令解散"，但实质是要拣选义和拳中的年轻力壮者"召募成军"，一些拳民就可以军队名义继续存在。但形势变化极快，义和拳尚未被招募成军，6月21日，慈禧最后决定向列国开战，发布战争动员令，传旨嘉奖团民为义民。23日，命令各督抚将"义民"召集成团，抵御外侮，特别强调："沿江沿海各省尤宜急办！"② 这几道谕旨，标志着清廷对义和拳由剿到抚的政策最终形成。

朝廷的这几道谕旨，使袁世凯此前严厉处置义和团的种种规定的合法性顿然丧失，在他严打下，潜藏数月的山东义和团突然重起，来势凶猛。面对这种情势，袁世凯决心抗不遵命，上奏朝廷说山东良民无心聚众结团，如果现在召集成团，那些

①《义和团档案史料》上册，第145页。
②《义和团档案史料》上册，第163页。

一向为非作歹之徒必然会借机公然啸聚，结果他们根本不能御外侮，内地反而先受其祸，所以对"匪"依然要严厉查禁。当然，对朝廷谕旨，他也不能全然反对，表示朝廷办团决定完全正确，自己会延举公正绅士，认真举办团练。

有义和团首领持端王载漪、庄王载勋的令箭到山东济南见袁世凯，说奉端、庄二王之命来此设"坛"。袁世凯大惊，集僚属商议，认为如果允准，则祸患地方；如果不准许，端、庄二王把持朝政，严谴立至。最后决定采取王士珍提出的建议，以"盗王家令箭罪"将该首领斩首，令箭封还。

在找种种理由拒绝朝廷谕旨时，他又一再向朝廷大表忠心："倘有敌兵登岸，即当躬亲出省督队，与之决战"，"无论何国来犯，即当亲督各营，竭力剿办，但有臣在，必当尽守土之职分"。①

对义和团，无论是山东本地的，还是闯入山东的直隶义和团，袁世凯都无情镇压。由于整体不赞成朝廷政策，所以他加入了东南诸省督抚与开战国达成的"东南互保"行列。甚至可以说，他在东南互保中起了非常重要的作用。加入"东南互保"的省份中只有山东是北方省份，它是义和团的发源地且义和团又开始在此活跃，这是他与刘坤一、张之洞、李鸿章等人处境的大不同之处——他们远处"东南"，且面对的局面相对平静。而且，在烟台设有领事馆的有 15 个国家，能否在义和团的故乡保护洋人的安全，是对他的考验，甚至是对"东南互保"的考验。

①《义和团档案史洋》上册，第 243、365 页。

　　他决心镇压义和团，但此举又违背朝廷旨意。精于权谋、善于应变的袁世凯抓住八国联军猛攻天津，朝廷命令他派兵马前去增援的机会将计就计，采取了极其狠毒的一招。他命令所有义和团都前往天津增援，令示地方官员："查东省与直隶交界一带，冒充拳民而实为匪者甚多。现经本部院分缮谕单，派员饬赴各属剀切示谕，果系忠愤义民欲为国家效力，谕令其即日驰往天津等处，帮助官军齐心拒敌，以伸同仇之忱。倘畏葸不前，仍复结党横行抢掠滋事，即系乱民而非义和，应即严捕渠魁，照土匪章程惩办。如敢拒捕，格杀勿论。"①

　　他还四处张贴告示，劝诱义和团迅速离开山东，北上抵制八国联军，强调真正的义和团现在都聚集在北京、天津，为朝廷效力，攻打洋人，并且功成之后还有重赏，所以切勿在本省停留。凡是依然逗留本省的，必定是假冒、伪托的义和团，毫无忠义之心，都是黑团。良民要千万留神，不要受这种"匪"的诱胁。官兵剿捕时，玉石难分，保住自己身家性命最重要。"津沽战船毕集，洋兵麇集一方。现已调兵勒捕，断难任其逞强。洋人罪大恶极，无不立见消亡。谕尔拳民义勇，均各效力疆场。现既叠邀重赏，尤应激发天良。速赴前敌助战，毋再羁留故乡。"②

　　如果是义和团，就应赶赴天津与洋人作战，不去天津而仍在山东境内的，就是不忠于朝廷的应剿之匪，应格杀勿论！这

---

① 中国社会科学院近代史研究所近代史资料编辑室编：《山东义和团案卷》上册，齐鲁书社 1980 年版，第 414 页。
② 转引自张寄谦：《义和团在山东活动情况二三事》，《历史档案》1981 年第 1 期。

个办法一方面表示了自己对朝廷的忠诚，另一方面派兵把山东战斗力最强的一部分义和团"礼送出境"，大大减低了消灭山东义和团的困难。在此期间，他究竟杀害了多少义和团员已不可考，有人说数万，而他自己对外国人说共杀死四千余人。总之，经过残酷镇压，山东境内义和团被剿灭殆尽。为了确保山东境内"安靖"，他还多次越过省界到直隶追剿义和团。

由于天津吃紧，朝廷又想起不久前同意调回山东的孙金彪三千人马，急令袁世凯派孙金彪三千人马立即赶往天津。袁世凯知道这三千人马到天津与八国联军作战肯定有去无回，虽说这并非他的嫡系、主力部队，但他一点实力都不愿损失。于是他上奏朝廷说，孙部已经往返奔驰一千数百里，又是炎暑酷热之际，军队已经疲病交加，再赶到八百余里之外的天津，恐怕一时无法赶到，即便赶到，肯定疲惫不堪，无法战斗。与上次奏折一样，他又以山东时局不稳，内有盗匪嚣张，外有德国虎视眈眈，山东防务吃紧为理由，乞谅无法派兵前往："臣职在守土，存亡与共，如贪赴援他省之名，而忘本省设防之实，臣实有所不敢。"[1] 这次由于情况紧迫，朝廷未像上次那样被他说服，严旨不允，仍命他凛遵前旨，不得借端延诿。无奈之下，他仍以孙部疲惫为由，改派夏辛酉带六营北上，但又授意夏观望缓进，直到8月14日北京失陷，该部仍未到达。天津失陷后，北京危在旦夕，朝廷分令各路援军迅速增援，特指令袁加派数营，援助军火。袁世凯得令后，立即送去大量军火，但并不加派部队。他回复朝廷说天津陷落后，游匪溃勇与土匪

---

[1] 《义和团档案史料》上册，第198—199页。

勾结，且多持洋枪，自己左支右绌，已经防不胜防，实在抽不出兵力。当然他也要表示，京师是天下根本，现在军情紧急，自己本应奉诏出征，却无法前往，忧心如焚。乞求天恩俯准，将山东两股土匪消灭后再前往京师。审情度势，袁世凯公然抗诏。

盱衡大局，袁世凯认为，最重要的是保证山东境内包括传教士在内的所有洋人安全，并尽全力避免与洋人开仗。他训令各级官员将各地的外国人连同家人移送到济南和通商口岸，保证他们的生命安全，同时下令要保护教民和教堂。对直隶逃来的传教士，他也全力保护。在他周密的保护下，山东境内无一外国人遇害。当八国联军从直隶南下，逼近山东时，袁世凯急忙与德国公使联系，以山东义和团已被剿尽、没有洋人在山东遇害为由，乞求八国联军不要进入山东。同时，他急令地方赶制大量界牌，立在与直隶交界处。果然，八国联军部队见到界牌就掉头而去，未进入山东。山东士绅见袁世凯居然能使"四夷钦服"，能保山东一方平安，不禁齐声感颂。袁的威望，陡然高涨。

坚持剿灭义和团、拒不派兵增援京师、借故拖延勤王、想方设法保护洋人，这些都是抗旨之举，认真追究起来，罪责巨大。袁世凯当然深知此点，所以又在另一方面极力弥补。8月14日，八国联军攻下北京，慈禧押着光绪仓皇西逃，来不及多带食物用品，经常饥饿赶路。慈禧命各省解款救济，袁世凯立即解去白银十万两，并将截存的安徽、江苏饷银一并解去，后又派人送去二十一万两白银和贡缎二百匹，还送去大量食物和军火，比其他任何督抚都多。同时，他对自己的恩人、慈禧的宠臣荣禄更加巴结，请他在慈禧面前为自己美言。时局的发展使慈禧深悔自己当时的决策，对"东南互保"官员心存感激，对袁世凯的疑虑不仅消散，反而更加信任。1901 年 11 月 7 日，李鸿章病逝的同日，清廷授袁世凯为署理直隶总督兼北洋大臣。11 月 28 日，慈禧称赞他"共保东南疆土，尽心筹划"，"卓著勋劳"，赏加太子少保衔。袁世凯格外珍重此头衔，此后众人都称其为"袁宫保"。1901 年底 1902 年初，慈禧从西安"回銮"时，路过直隶，袁世凯赶到省界恭候，慈禧两次召见他。到保定后，慈禧停留三天，他又得以陪伴左右，又亲自护送慈禧进京。慈禧对他更加赏识，赏穿黄马褂、紫禁城骑马。1902 年 6 月，朝廷实授袁为直隶总督兼北洋大臣。

三

1899 年 12 月初袁世凯署理山东巡抚是他从政的开始，但随后两年主要是在处理山东教案和庚子之乱，所以在接任直隶总督之前，他的权势主要还是限于军事方面。接任直隶总督后，处理直隶善后事宜，尤其是接收了八国联军在天津的军事殖民政府及随后的"北洋新政"，使他在行政方面的权力与影响急遽扩大。

1900 年 7 月 14 日，八国联军侵占天津后，急于使之成为联军物资供应、车马运输、医疗救治等后勤保障的基地，同时恢复天津秩序，统治、管理大都市天津。经过一番磋商，最终由对天津出兵最多的俄、英、日三国各派一名军官组成委员会，委员有同等的发言权，后来德、法、美的代表也先后上任。具有军政府性质的天津临时政府于 1900 年 7 月 30 日成立，地点设于直隶总督衙门，名称是"天津临时政府"或"暂行管理津郡城厢内外地方事务都统衙门"，稍后确定正式中文名称为"都统衙门"。清季八旗分驻各省，坐镇地方，专设将军、都统等职官统率，天津临时政府最后确定中文名为"都统衙门"，表明其为军政府。都统衙门是联军司令部组建的，归属联军司令部管辖，一切行动都得受八国联军和各国的最高军事当局制约，适应其需要。

作为军政府，都统衙门并不实行分权或自治体制，而是实行委员会集权制，集立法、司法和行政权力于一身。根据联军司令会议通过的"天津行政条例"，委员会有权制定和公布具有法律效用的各种条例，有权颁布行政命令、征税，有权使用中国政府的一切财产，有裁判权，有一套司法制度和诉讼程序，有权处以罚金，判处驱逐出境和死刑等。都统衙门司法不独立，但具体的法律制度则是按照西方近代法律体系建立的。

都统衙门下设总文案（即秘书处）、汉文案、巡捕处、发审司、库务司、工程局、卫生局、河巡捕等八个职能部门，均委外国军官和"中国通"主持政务。它的管辖范围，起初定为天津濠墙内，不包括英、法、德、日等租借地和早被八国联军占领的兵工厂、军营、铁路、电报等军事设施在内的方圆三十余里的地方，但时过不久，又迅速扩张到天津县属境暨宁河县属之新河以南的广阔地方。①

恢复秩序、镇压义和团余波，是都统衙门的首要任务，巡

---

① 陈瑞芳：《略论天津"都统衙门"的军事殖民统治》，《南开史学》1987 年第 2 期。

捕处、水上巡捕队格外重要。巡捕处是按西方现代城市警察局建设的，虽用巡捕旧名，其实就是现代警察。巡捕处是履行都统衙门的镇压职能的政权机构，先后从日、俄、英、法、美、德、意军队调来九百人组成巡捕队伍。1900年8月上旬，都统衙门为方便管理、巩固其统治，把天津成厢分为八段，添设了中国巡捕。每个区推举6名绅商协助治安管理，"遇有不法情弊"，绅商可以到都统衙门汉文案处"禀陈"。天津附近各村镇不久也都添设华人巡捕，保卫地方平安。都统衙门势力范围扩大后，把天津县司境及宁河县属之新河以南的地方划分为天津城区、城北区、城南区、军粮城区、塘沽区，除天津城区，其余各区都派一名军官办理区内一切事务，每村设中国巡捕。各村巡捕数根据村户多少来定。中国巡捕由外国巡捕领导，都归都统衙门巡捕官管辖。维护治安根本上还是要靠本地人，所以华人巡捕越来越多，后来达到千余名。都统衙门的巡捕不仅负责司法、治安，还负责交通、卫生等公共事务，这与中国传统衙门的管理有明显的不同，首次出现专门在街头站岗维持治安的巡捕，这是警察站岗维持交通、治安的肇始。

中国传统的行政体制中，城市并无专门政府机构，而是作为地方政府所在地，归属县管辖，如成都府城由成都、华阳两县分辖，苏州府城由长洲、吴县分辖，杭州府城由钱塘、仁和二县分辖。天津都统衙门按照城市行政体制，首次设立了城市行政区的建制。

当时的天津与中国其他许多城市一样，没有公共厕所，人们在公共场所习惯于随处便溺，城内外还设有多处粪厂，严重影响城市环境、卫生。都统衙门成立后不久，便做出城区禁止随地便溺的规定，路上行人随地大小便要罚款。同时以招标的方式建造公共厕所，老城区很快就建造了多处公共厕所，并有清洁夫按时清扫。都统衙门专门发布告谕，要求人们必须到厕所大小便，不在厕所大小便要受严罚。这些强制性措施促使城市环境发生了改变。

城市垃圾处理也开始现代化。此前天津生活垃圾都是随处倾倒，也没有现代化的垃圾处理设施。1900 年 11 月，都统衙门卫生局申请从速建造两座焚化炉，专门用来处理市民的垃圾污物，随后于 1901 年 3 月末颁布了《洁净地方章程》，规定居民每天必须将垃圾倾倒到划定的垃圾场，不得将污物倒弃院内或路旁、河边等处，垃圾由政府雇人收集，统一处理。住户每天要将自家门前地段清扫干净，居民区不得开设晒粪厂，要求所有粪厂迁到城外，并明文规定了严格的惩罚措施，违反这些规定者会被巡捕抓捕，受到罚款、鞭责等严厉处置。都统衙门卫生局组织专人清理河边、城内堆放的垃圾，雇用清洁夫打扫街道。这些举措使城市卫生状况发生了改观。

这期间，都统衙门还在老城区建设供水系统，经营自来水，并指定瑞记洋行为其代理商，但都统衙门对供水系统的设置、供水水源、消防用水的供给以及水价的限制等提出了一系列要求。城区街道上每隔一段距离，要安装供水龙头和消防储水池。当时的排水系统仍然是传统结构，长期缺乏维护，且无严格的管理，多处阻塞，成为导致城区环境恶化的一个主要因素。都统衙门利用民间集资或投资的方式，制定了强制性要求，要求各街区的士绅出资并组织居民修建和清理下水道，工程设计要经过都统衙门公共工程局审批，如验收工程质量高，都统衙门将承担部分工程费用。一家德国公司以占用政府土地为条件修建了老城区南部排水系统，这一排水系统一直沿用至20世纪50年代才被彻底改造。

1900年都统衙门刚一成立，就有欧洲人和日本人分别向其提出修筑电车的申请，最终比利时银行团投资的"天津电车电灯公司"获得了有轨电车的经营特许权。天津老城区此前没有路灯照明，1901年2月在与"天津电车电灯公司"达成协议时，都统衙门提出将专营权授予该公司的条件之一就是公司要为电车经过的马路以及其他道路提供电力路灯照明。

1902年夏，两广地区、长三角地带和华北平原发生霍乱，尤其是与京城近在咫尺的大都市天津，情况更加严重。霍乱爆发后，都统衙门卫生局采取了一系列严厉、有效的措施。首先是确立检疫制度。当时民间染病、病故隐匿不报及私自掩埋现象严重，为严防疫源扩散，洋人巡捕不时按户搜查，唯恐民间死者匿不举报，私埋院中；对赤贫者则施以棺木、义地等方面的救济。对因疫病而死者则将其房门用白灰封闭，其同院居民一并封在院内，不许出入，限定一礼拜为期。第二是卫生局制定了具有法律效力的隔离制度，制定了详细章程，规定了巡捕、绅董以及患病亲属的查疫或举报责任，以保证隔离治疗的贯彻执行。凡有患病者，其亲属、街邻、该段绅董，必须具报真实病情，否则将受重罚。对所查出病人涂以石灰，抬到医院医治，并将门封锁，派有巡捕看守，一星期内不准出入。第三，在防疫中起了重要作用的是兴建了一些临时性的官办医院和民间兴办的"保卫医院"。保卫医院是天津的绅商与洋行筹款创办的，向基层民众提供免费医疗的防疫医院，由于耗资甚巨，都统衙门也下拨大量资金，予以资助。医院分布尽可能覆盖城厢内外，以利患者就近诊治。由于一些民众此时对西医仍有各种传言，抱有警惕，这些以西医为主的保卫医院不仅具有慈善性，而且使民众渐渐打消了对西医的疑虑。第四，进行防疫卫生知识宣传，提高天津民众卫生防疫意识，卫生局及其他机构多次出示晓谕，要求居民注重日常卫生，尤其是饮食卫生，并做了许多细致入微的规定和宣传，如不喝生水、菜蔬要煮熟、厨房要净洁等。

天津都统衙门的这些措施取得了良好效果，甚至远较京师为好。如果从鸦片战争算起，此时西医入华已有六十年，但不获绝大多数华人信任，且无正式制度支持西医。此次天津防疫医院较多采用西方医院管理制度与西医疗法，效果良好，使民众对西医有了一定的了解和接触，民众的排斥和抵抗情绪逐渐发生转变；现代医学的科学方法，经实践证明，比一些地方传统的设坛焚香、驱避疫鬼之法有远为有效；都统衙门以行政手段将西医管理制度引入医院，制度管理完全参照西方医院，西医地位开始确立。这种观念与体制变化，最终推动了公共卫生观念的确立和卫生防疫体系的建立。

就在霍乱基本得到控制的 1902 年 8 月 15 日，袁世凯代表中国政府从都统衙门手中收回天津。收回天津，为袁世凯赢得了更大的政治资本。

《辛丑条约》1901 年 9 月 7 日正式签字之后，清政府满足了列强的种种要求，中外结束战争状态，天津就应归还给中国，清政府开始提出收回天津。袁世凯在 1901 年 11 月 7 日被任命为署理直隶总督兼任北洋大臣，接手收回天津的谈判重任。

在谈判过程中，八国联军提出了四项苛刻条件：1. 继续完成拆毁大沽炮台的工程；2. 中国军队不得在天津二十里内驻扎或前进；3. 已拆毁的炮台、城墙不得重修；4. 已审判定罪、定案者，不得重新审理，亦不得翻诉。对此，中方全部接受。一些正在进行的基础设施建设，如都统衙门与电车电灯公司和自来水公司签订的合同，中国当局必须明确承认。

谈判达成后，袁世凯于 1902 年 8 月 15 日代表清政府接管了天津政权，天津居民铺户高挂龙旗，悬灯结彩三日，庆祝天津收回。

都统衙门对执政天津期间的各项捐税收支都有详细的记录，管理严格。袁世凯接收天津办理政权移交时，都统衙门将全部收支账目清单，以及仍在施工的公共工程所需的费用、政府财政结余等一并交给了袁世凯。

袁世凯接管政权后，与电车电灯公司和自来水公司这两家公司重新谈判并签订协议。1903 年，自来水公司建成供水；1906 年，第一条电车轨道通车运行。

根据与都统衙门的约定，许多章程、机构将被保留，袁世凯接管天津以后据此将都统衙门统治时期的许多公共环境卫生管理章程和机构保留了下来。卫生局不仅被保留下来，而且其职员也被延聘，都统衙门时期的卫生局局长、一名法国军医此时被聘为顾问。

八国联军规定距天津二十华里不能驻扎中国军队，但巡警不在此列，所以袁世凯参照西法在保定先后设立警务总局和警务学堂，训练新式巡警，为接收天津时做准备。他上奏朝廷说："中国自保甲流弊，防盗不足，扰民有余，不得不改弦更张，转而从事于巡警。"① 接管天津后，袁世凯便奏请在天津设立巡警总局，清廷当即准奏。他全盘承接了都统衙门的警察制度和措施，巡警总局开始有警察三千余名，其实两千名是从保定巡警学校训练出来的，另外一千余名则是从都统衙门手中接收的华人巡捕，还留用了一些外国警官。巡捕改称"巡警"，这是除租界外警察最早在中国城市出现，是中国现代警察制度诞生的标志。随后的"直隶新政"中，最有成效、最为人夸赞的就是现代警务制度的建立。

历史在此刻似乎格外青睐袁世凯，它给李鸿章"分配"的角色是代表中国政府与列强签订丧权辱国的《辛丑条约》，万人咒骂；而给袁世凯"分配"的角色却是从列强手中收回天津，万人称赞。而且，袁世凯代表清政府接管了天津政权、都统衙门宣告解散后，开始了以天津为中心的"北洋新政"。临时军政府在两年多时间内的种种措施使天津城市的机构、体制、经济、社会以及城市建设等方面发生了深刻而重要的变化，无意中为袁世凯随后的新政打下了基础，搭好了框架。袁世凯从都统衙门手中接过了一个已然开始"现代化"的天津，顺势而为，雷厉风行，推行新政成绩显赫。"北洋新政"使袁的政治力量与政治影响空前强大。

在庚子乱局中，袁世凯在错走一步就有可能陷在身家性命很可能不保的危局之时，审时度势、通权达变、应付裕如。北

---

① 袁世凯：《设保定警务局暨警务学堂拟定章程折（附章程）》，骆宝善、刘路生主编：《袁世凯全集》（第 10 卷），河南大学出版社 2013 年版，第 399 页。

洋系的武卫前军、后军、中军、左军在与八国联军的作战中或是全军覆没，或是被解散，或是损失严重、所存无多，在此情况下，他的武卫右军不仅完好无损，而且实力大大增强。他的一些心腹在他的保举下任职北洋，日后成为他的"基本盘"。直隶拱卫京城，但防务已经形同虚设，急需新的军事力量镇守直隶、稳定社会秩序，此时只有袁世凯有此实力。在如此错综复杂的局面中，他反而在很短时间内就由巡抚高升为总督，而且是"总督之首"的直隶总督且兼北洋大臣，一跃而与李鸿章、张之洞、刘坤一齐名并列，享有力挽狂澜的"四大督抚"之一的赞誉，继李鸿章之后成为清末政治力量最强的"北洋系"首领。在东南互保和收回天津的过程中，他与洋人密切打交道，他的影响和势力开始深入从前染指不多的外交领域，北洋新政更使他声誉卓著。

在有许多大臣丧身的庚子之乱中，袁世凯却从工部右侍郎升山东巡抚，再升直隶总督兼北洋大臣，从军事实力、政治权力、社会声望到外交影响，反而大获其利，成为清末政坛权势最强、动关大局的重臣。

"庚子之乱"似乎是命运赐给他的意外厚礼，此时他当然不会知道："所有命运馈赠的礼物，早已在暗中标好了价格。"

1905：三种力量角力中国

在中国近代史上，百余年前的 1905 年是个重要时刻。在这一年，立宪派、革命派和清王朝这三种政治力量在中国这个大舞台上的彼此角力更为激烈，都在尽最大努力实现自己或改革，或革命，或自保的目的。不少影响中国未来命运的关键性事件均在此年发生。风云变幻，世纪沧桑，"再回首已是百年身"。将百余年前历史之幕的一角重新拉开，仍使人如观新剧，浮想联翩。

中国成为日俄战场

自 1898 年维新运动失败、康梁逃往海外后，维新、立宪运动进入低潮。虽经过几年惨淡经营，并无大起色。在 1904 年之前，立宪运动仍囿于海外少数"立宪派"的舆论宣传，声势不大，国内影响有限。但从 1905 年起，情况突变，立宪运动骤然高涨，开始发展成为全国性政治运动。一个直接的原因，则是日俄战争的刺激。

日俄战争是日本和俄罗斯两个帝国为扩大自己的势力范围，侵略、争夺我国东北，在我国领土上进行的一场帝国主义战争。

由于与我国东北接壤，近代以来沙俄一直将东北视为自己的势力范围，不断扩大对东北的侵略。而经过明治维新、实行君主立宪的日本帝国刚刚崛起，正在走向军国主义。它制定的所谓"大陆政策"，其战略目标是首先吞并朝鲜，然后侵占中国东北，并以此作为进一步侵略中国、称霸东亚的基地。这样，中国东北成为日俄两国矛盾的焦点。甲午战争中，中国大败，中国政府签订了割地赔款的《马关条约》，其中规定将中国的辽东半岛割让给日本。对此，企图独霸东北的沙俄大为冲动，联合法、德要求日本"还辽"。日本自知实力不能与这三国对抗，于是被迫同意将辽东半岛"归还"中国，但向中国索取了三千万两白银作为"赎辽费"。自此，日俄矛盾更加尖锐。

1900 年八国联军侵华期间，沙俄乘机派十几万军队侵占我国东北。1901 年初，俄国外交大臣提出约款十二条，规定俄国有驻兵东北"保护"铁路权、出兵"剿抚"权、要求革办中国官吏权，而中国却不能在东北驻军、不得运入兵器、不能修造铁路等，实际上是全面剥夺了中国在东北的主权。在民众的抗议下，清政府拒绝在此约款上签字。

1902 年 4 月，清政府与俄国订立《中俄交收东三省条约》，规定俄军分三期在十八个月内撤走。但 1903 年春，规定撤军时间即将到期时，俄国不但没有撤军打算，反而增兵东北并向中国政府提出由俄国独占东北等七项无理要求，想把我国东北变成"黄俄罗斯"。这样，俄国独占东北的计划与日本夺取东北的战略发生严重冲突。经过几年积极准备，日本自忖实力大增，决定与俄针锋相对，争夺中国东北。从 1903 年 8 月起，日、俄两国为宰割我国东北，进行多次谈判，但一直未能达成分赃协议。在谈判的同时，双方实际都在积极备战，战争一触即发。1904 年 2 月 8 日，日本对中国旅顺口的俄国舰队发动突然袭击，日俄战争实际爆发。10 日，双方正式宣战。对这场以中国领土为战场、使我国东北居民饱受战争祸害的战争，清政府竟然在 12 日宣布自守"局外中立"，甚至声称"彼此均系友邦"！

立宪风潮初起

对这场在中国领土上进行的、直接关系到中国利害甚至命运的战争，国人当然极为关注。但有意思的是，国人虽然谴责这场使东北居民惨遭兵燹之祸的战争，对国家衰败至此、遍地生灵涂炭深感痛心，但相当一部分人却对这场战争的胜负更感兴趣，纷纷预测战争进程、结局及其对中国的影响。特别是此时仍十分弱小的立宪派敏锐地感觉到，这场战争有可能使国人的思想发生有利于政治改革的变化，自然关注异常。

自 1898 年戊戌维新失败后，康有为、梁启超流亡海外，继续进行立宪运动，但其活动和影响主要是在海外，对国内的影响十分有限。对这场两个列强在中国大地上的厮杀，立宪派当然十分愤怒。同时，他们又做出判断，认为实行君主立宪的日本可以战胜仍行君主专制的沙俄。就在日俄宣战后的第三天，立宪派的《中外日报》即发表社论，认为长期以来都是白种人打败黄种人，白种人对非白种人进行殖民统治，而这次战争将使人认识到"国家强弱之分，不是由于种而是由于制"，明确提出国家强弱的关键在于制度，而不在其他。还有文章预料日将胜俄，而此战之后"吾国人之理想必有与今天大异者矣"。甚至还有人认为，这次战争将使国人"悟世界政治之趋势，参军国之内情，而触一般社会之噩梦，则日俄之战不可谓非中国之幸"。他们说得很明白："盖专制、立宪，中国之一大问题也。若俄胜日败，则我政府之意，必以为中国所以贫弱者，非宪政之不立，乃专制之未工。"如若这样，中国的立宪改革将更加困难。

与立宪派预料并希望日本获胜相反，清廷和守旧派则预料并希望俄国获胜，而且已经具体制定了亲俄外交方针。他们认为日本为一小小岛国，远非地大物博的俄国的对手。他们还认为日本实行君主立宪是"以权与民"，这样士兵在战场必然会"各顾其命"，难打胜仗；而俄国是君掌大权，军队一定令行禁止，因此必然是俄胜日败。对此，立宪派反驳说，国家的强弱不在大小，而在精神。日本虽小，但经君主立宪后精神蓬勃，"俄国虽大，而腐败之气象与我国等"。另外，民权乃天赋之权，"故立宪国民每至战阵之场，各以保守天权为务，生死不计也"，而这是"专制之国以军令示威者所可同日语耶"？

战争的发展证明立宪派预料的正确。从1904年2月到8月，双方舰队在旅顺口附近多次海战，俄舰受重大损失。同时，日本陆军从新义州渡过鸭绿江，突破俄军防线。1905年1月，旅顺口俄国守军投降。二三月间，双方以60万兵力展开沈阳会战，俄军败北。为挽回败局，俄国从欧洲调舰队东驶，结果于5月在对马海峡被日军全歼。历时一年多的日俄战争，终以日本大获全胜告终。

平心而论，立宪派一年前作出日本必胜的结论相当大胆，甚至有些冒险，更多地带有价值取向的成分。因为近代以来的所谓"公例"是黄种人被白种人打败，而且以两国的幅员、实力来看，当时公认俄国远在日本之上。所以日胜俄败的结果一出，立宪派当然借此大做文章，宣传说这场战争"非军队之竞争，乃政治之竞争。卒之日胜而俄败，专制立宪，得失皎然"，"此非日俄之战，而立宪、专制二政体之战也"，"以小克大，以亚挫欧，赫然违历史之公例，非以立宪不立宪之义解释之，殆为无因之果"。

由于国家一直濒临亡国之危，而且中国完全没有立宪传统，所以多数国人并不关心限制皇帝权力的"立宪"、保护公民的"权利"等，而萦绕心头的是国之兴亡。此次日本在打败君主专制的中国后，竟又打败公认强大的也是君主专制的俄国，似乎以具体直观的事例告诉国人立宪可以强国、救亡。所以此前十年的甲午战争使一些先进者感到中国的富强在于维新，但有此认识者毕竟少而又少，而此时的日俄战争再次给国人以强烈刺激，促人猛醒，社会舆论和观念发生了相当大的变化，越来越多的人相信立宪可以富国强兵、可以救亡图存，甚至某些原先反对立宪的守旧人物也转而倾向支持立宪。这样，原本影响不大、只有少数人参与的立宪活动因此影响大增，开始"复苏"，不久就迅速高涨，对全国性立宪运动的形成起了有力的推动作用。

"强国"是"立宪"的重要动因，无此动因，立宪在中国很难启动，这是中国与西方"宪政"的启动非常不同的地方。但在相当程度上，也预示了一旦"国强"之后，"宪政"即被抛弃（虽然从未实现过"宪政"，但在"国强"之前起码从理论上不反对"宪政"）的命运。

革命力量大联合

1894 年底，孙中山在海外创办中国第一个革命小团体"兴中会"，并于 1895 年秋发动了"广州起义"，这是革命者第一次武装发难。虽然影响有限，但这毕竟是孙氏革命事业的重要起点。

到 1905 年，孙中山开展革命活动恰满十年。在这十年中，孙中山颠沛流离，矢志不渝地为革命奔走，而中国的形势也开始悄悄生变。他曾于 1900 年秋发动惠州起义，起义虽然失败，却在国内外产生重大影响。孙中山明显感到民心丕变：五年前的起义失败后，"举国舆论莫不目予辈为乱臣贼子、大逆不道，咒诅谩骂之声，不绝于耳"，甚至亲人都将他视为洪水猛兽；而此时"鲜闻一般人之恶声相加，而有识之士，且多为吾人扼腕叹惜，恨其事之不成矣。前后相较，差若天渊"。

在这十年间，社会矛盾更加尖锐，一支革命的重要力量——现代知识分子群体——开始形成。随着国内新式教育迅速发展，出国留学盛极一时，与中国传统文人迥异的现代知识分子人数骤增。他们深受新思潮的影响，逐渐成为革命派的重要力量。1903 年，是这些青年学生"走向革命"的转折点。

如果说"立宪"的复苏是日俄战争的一个重要后果，那么一些青年由"爱国"走向"革命"，则是日俄战争的另一个重要后果。

早在 1901 年初，俄国外交大臣提出全面剥夺中国在东北的主权的约款时，爱国民众于当年 3 月就两次在上海张园集会，谴责俄国侵略，要求清政府拒绝签字。此举得到全国及海外华人的广泛响应，他们还致电督抚呼吁拒俄。这次集会以士绅为主，对政府颇有期待，有人称为"尊君爱国有同心也"。正是在这种压力下，清政府未敢与俄签约。

1903年4月，俄国拒绝按约撤军的消息传来，4月27日，在上海的十八省各界爱国人士第三次在张园集会，声讨俄国侵略中国的野蛮罪行，并一致议决发出两道通电，一道致各国外交部，一道致清政府外务部，抗议俄国侵略，并成立了领导运动的中国四民总会。4月29日，在日本东京的中国留学生集会，与会者群情激愤，决议成立拒俄义勇队，黄兴等130多人签名入队，陈天华等50余人签名加入本部。4月30日，在蔡元培的主持下，四民总会、爱国学社等1200余人在张园举行第四次拒俄大会。蔡元培首先发表演说，当他读到"俄祸日急，留日学生已电北洋主战，结义勇队赴敌，望协助"时，群情激愤，会议议决改名为国民总会。邹容等1600余人先后签名入会。同日，北京的京师大学堂学生集会，抗议俄国侵略。5月中旬，拒俄义勇队改为"军国民教育会"。在很短时间内，以青年学生为主体的拒俄爱国运动在大半个中国轰轰烈烈展开，尤其是留日学生，更加激烈。

面对独立的学生爱国运动，清政府认为这是"反清革命"。驻日公使蔡钧在奏折中和给两江总督端方的电报中都将"拒俄义勇军"与从前的唐才常武装勤王的自立军相比，"名为拒俄，实则革命"。对此时尚属"保皇立宪"阵营中的"拒俄"学生，清政府一开始是严令禁止，禁而不止之后，干脆坚决镇压。正是清政府对学生拒俄运动的严厉镇压，促使学生迅速激进化，开始转向革命。蔡元培是"辛亥元勋"之一，但在1903年底，在他参与创办的《俄事警闻》上发表《告革命党》等文，还劝革命党人在盗贼"盗劫吾物"的时候，不应该"不追盗而徒责吾仆通盗之罪"，应与清政府共同抗俄。日俄战争爆发后，《俄事警闻》停刊，于1904年2月底改为《警钟日报》出刊，蔡元培任主笔。正是在这期间，蔡元培变得更加激烈，在1904年还参加了军国民教育会的"暗杀团"。轰动一时的邹容的《革命军》、陈天华的《警世钟》都出版于拒俄运动高潮中，影响之大难以估量。1903年7月，"军国民教育会"将原定宗旨中的"实行爱国主义"改为"实行民族主义"，此所谓"民族主义"，即反对清廷之革命是也。

上海和东京是这些新式知识分子最为集中的地方，在1903年前后，革命小团体纷纷涌现，并形成办刊、办报、出书宣传革命思想的热潮，在短短两三年间出现的政治性刊物就有近二十种。卢梭、伏尔泰、华盛顿……悉数被介绍进来。有人撰文欢呼："今者卢梭之《民约论》潮汹汹然，蓬蓬然，其东来矣！吾党爱国之士，列炬以烛之，张乐以导之，呼万岁以迎之。"有"号角一声惊梦醒"之誉的《革命军》更是宣传只有"革命"才能"扫除数千年种种之专制政体，脱去数千年种种之奴隶性质"。

此前，孙中山的活动重点是会党，在留日学生中并无"市场"，留日学生甚至将他视为"盗寇"。但1903年夏他来到日本时，发现情况大有改观，一些留日学生主动与他接触，探讨中国之未来。从此，孙中山的活动重点就由组建会党转为动员留日学生，"革命力量"开始形成，"革命"与"改良"

道分两途，"革命"虽仍弱小，但已有资格与"改良"展开理论论战。拒俄运动、日俄战争，使学生将"国家"与"朝廷"区分开来，从"爱国"走向"革命"，为1905年革命力量的"大联合"打下基础。

1905年4月，《革命军》的作者邹容病逝狱中，两年前引起巨大反响的《革命军》再引万众瞩目。1905年12月，革命党人陈天华蹈海自尽，他的革命檄文《警世钟》《猛回头》亦再引万人传诵，甚至被"奉为至宝"，尤其是在两湖地区，"三户之市，稍识字之人，无不喜朗诵之"。革命思潮，汹涌而来。

在许许多多的革命小团体中，影响比较大的有华兴会、科学补习所和光复会等。但就组织形式和活动方式而言，这些团体基本上都没有脱离旧式会党的范畴，且浓厚地域色彩，因而使革命派的力量大受影响。到1905年，随着形势的发展，成立统一的全国性革命政党的任务提上了历史议程。1905年8月，经过孙中山、黄兴等人的多方努力，将分散的革命小团体联合、统一起来的具备近代资产阶级革命政党规模的中国同盟会终于正式成立，并于当年11月创办了影响深远、在革命宣传中起了重要作用的机关刊物《民报》。同盟会将原本分散的革命力量汇集一处，因此力量空前壮大。自此以后，"革命风潮，一日千丈"。

但意义更深远的，还是中国同盟会制定的革命纲领。在同盟会成立大会上通过的《军政府宣言》规定以"驱除鞑虏、恢复中华、建立民国、平均地权"为宗旨，而孙中山在《〈民报〉发刊词》中，首次将这十六字纲领概括为民族主义、民权主义和民生主义。"三民主义"的提出，使革命派有了比较完整的理论基础，而且深深地影响了此后半个多世纪中国的命运。

清王朝的被动变革

对清王朝来说，1905 年也是个非常重要的年头。

从 1901 年慈禧在西逃途中颁谕同意变法开始，虽有诸如将"总理衙门"改为"外务部"之举，但不外"洋务"旧议和几年前维新派的举措，几年来"新政"并无重大进展。但到了 1905 年，它终于不能"原地不动"了；而它的点点"进步"，则与立宪派的辗转推动大有关系。

"立宪"不是革命，而是在体制之内的改革，所以立宪派十分注重策动清政府内的王公大臣、封疆大吏要求立宪。在他们的多方策动下，许多权要也认识到立宪的重要性。1904 年春，不少大臣上奏，或要求派大臣出洋"考求新政"，或要求"一切尽行改革，期于悉符各国最善之政策而后已"。而出使法国大臣孙宝琦则上折明言应该"立宪"："各国之立宪政体洵可效法"，应"仿英、德、日本之制，定为立宪政体之国"。这些奏折虽然并未打动清廷，却引起了巨大社会反响，使立宪派深受鼓舞，加紧活动，赞同立宪的王公大臣也越来越多。

1905 年 1 月，出使日本大臣杨枢奏请立"变法大纲"，"似宜仿效日本"定为立宪政体。6 月以后，直隶总督袁世凯、两江总督周馥、湖广总督张之洞、两广总督岑春煊等或联名或单独上奏，有人还多次上奏要求立宪，甚至具体提出以十二年为期。清政府八位总督中已有五位主张立宪，而主张立宪的巡抚和驻外使节更多。深受慈禧倚重的军机大臣瞿鸿机和奕劻这时也支持立宪。在这种情势下，清廷终于在 7 月 16 日发布谕旨同意出洋考察政治："方今时局艰难，百端待理，朝廷屡下明诏，力图变法，锐意振兴。数年以来，规模虽具，而实效未彰，总由承办人员向无讲求，未能洞达原委"，现在决定派员"分赴东西洋各国，考求一切政治，以期择善而从，嗣后再行选派，分班前往"。

虽然此谕并未提及"立宪"，但这毕竟是清政府预备立宪的标志，因此得到国内外广泛好评。有外国舆论认为，这说明中国"已如梦方醒"，而"京内京外，学界、商界，欣然色喜，群相走告"，"学界谱诗歌，军界演军乐，商界则预备金花彩烛"，准备热烈欢送五大员出洋考察政治。11 月末，清廷下令成立考察政治馆，其职能是研究、编选各国宪政资料供朝廷参考，在预备宪政的路上又走了一小步。经过一番曲折，五大臣终于在 12 月底离京，踏上出洋考察政治之路。

1905 年清政府的另一个重大举措是"废科举"。早在洋务运动时期，近代新式教育就开始在中国出现，经过几十年的发展，科举制对新式教育、对社会发展的束缚越来明显，显然早已过时。虽然一些洋务大员和维新派人士对科举制度早就多有抨击，但一直无人敢正式提出废科举。1905 年 9 月，张之洞、袁世凯、赵尔巽、周馥、岑春煊、端方等将军、督抚会衔上奏，要求立即停开科举。他们警告说："科举不停，学校不广，士心既莫能坚定，民智复无由大开，求其进化日新也难矣。"清廷对社会变革的态度明显比政治变革积极得多，当月即谕令从 1906 年开始，废除已有千余年历史的科举制。这确是一个划时代的历史事件，时人认为："言其重要，直无异于古之废封建、开阡陌。"科举制的废除使社会统治的传统基础士绅阶层开始分化，新式知识分子开始向"中心"挺进，加快了传统社会系统的解体。新的社会结构，更需要新的治理方式。

如果说 1905 年以前，立宪派、革命派还过于弱小，根本不是清廷的对手的话，那么此时，它们的力量空前壮大，已可与清廷比试一番。此后，这三种力量的互相角力，最终决定了近代中国的命运。立宪派与革命派激烈论战，最终以革命派胜利而结束。立宪派之所以败下阵来，其实并不是其理论无力，而在其理论的基点是清政府能立宪。然而，清政府 1905 年在重重压力下迈出不小的一步后，却又基本踏步不前。这时，政治的逻辑只能是革命。

历史说明，虽然也感到"时局艰难"，但清廷对历史大势和局势的紧迫并无真切了解和感受。它似乎对民意全然不解，攻击朝政的"谤文"历来都有，并不足怪，但这种"谤文"能得到普遍叫好时，则大有深意。如果清廷在镇压革命党人时也能认真想一想诸如《革命军》《猛回头》《警世钟》这样"犯上作乱"之文为何能使人皆拍手称快，当不至对民意如此无知。同样，清廷也没有重视和珍视当它宣布"考求一切政治，以期择善而从"时国内那种人心振奋、欣喜相告的民情民意。对已处风雨飘摇中的清政府来说，这确是非常难得的一次得到举国称赞的举动。然而，它却没有依民情、顺民意地在立宪的路上继续前进，而是踯躅不前。它不愿放弃任何权力，并过于相信自己力量，以为一切都能在它掌控之中，仿佛历史也可以按照它理想的节奏发展。因此，它终只是被动地"走一步算一步"。它已经丧失了 1898 年的机会，眼看着又丧失了 1905 年"开局不错"的机会。它，还能再次把握住历史的机会吗？

噫吁嚱，"山雨欲来"之 1905！

1911：革命

清廷"制造"革命党

发动辛亥革命的"革命党"无疑是激进的,然而,开始时人数极少、原本很难成气候的革命党,最后竟能一举推翻清王朝,结束中国几千年帝制,确实出人意料。这种天翻地覆之变当然有许多深刻的政治、经济、社会的原因,其中还有一点或许不那么深刻但也不能不注意的原因,那就是实际上是清政府"制造"了革命党。

1894年夏,孙中山上书李鸿章阐述自己改革观念被拒后,立即走上了激进的革命道路。1895年底他发动的"广州起义"尚未正式起事便被镇压,用他自己的话说,此时"风气未开,人心锢塞","举国舆论莫不目予辈为乱臣贼子、大逆不道,咒诅谩骂之声,不绝于耳"。1900年底,他又发动了依然以失败告终的"惠州起义"。不过,五年之后,舆论开始有所变化,已"鲜闻一般人之恶声相加,而有识之士,且多为吾人扼腕叹惜,恨其事之不成矣。前后相较,差若天渊"。此话很可能有夸大之处,但同情革命党的较以前多了不少,却是事实。因为在这五年中,清政府不是越来越开明、宽容,反而越来越愚昧、专制:血腥镇压了温和的维新变法,又为了慈禧的一己之利而以全民族的灾难为代价向"万国"宣战。这种倒行逆施,恐对革命党博得更多"扼腕叹惜,恨其事之不成"的同情帮助不小。

众所周知，留日学生是革命党的主要力量。但留日学生起初对政治的兴趣有限，更不倾向于革命。所以孙中山等人在广州起义失败后流亡日本时，工作的主要对象是在日华侨，而不是留日学生。但维新失败，梁启超亡命日本，议论国是，对留日学生触动很大，他们开始关心政治。这时，留日学生就成了革命党与立宪派争夺的对象。由于康、梁的地位、名声与学识水平，学生中倾向康、梁者自然居多。为争夺青年学生，本不居优势的革命派于是主动挑起论战。1905 年 11 月，同盟会机关报《民报》创刊，革命派即以此为阵地向立宪派猛烈进攻，而立宪派则主要以《新民丛报》为阵地奋起反击，双方展开了一场规模空前、声势浩大的激烈论战，持续了 15 个月之久。论战涉及清王朝的性质、种族与民族问题、国民素质、中国应该建立什么样的政体、土地制度、革命会不会招致列强干涉进而引起中国崩溃等许多方面。但是，最紧迫、最核心、最重要，甚至决定论战双方胜负的，却是要不要暴力革命的问题。

简单说，革命派认为，只有用暴力革命推翻清王朝，才能共和立宪。立宪派则认为，暴力只会导致血流漂杵，带来巨大的灾难，得不偿失。他们写道："革命之举，必假借于暴民乱人之力。天下岂有与暴人乱民共事，而能完成者乎？终亦必亡，不过举身家国而同毙耳。"他们相信，只要人民要求立宪，清政府"终必出于让步之一途"，可以实现代价最小的和平转型。

纯从道理上说，立宪派无疑更有道理。然而，其理论立足的前提是清政府在压力下必能让步，实行立宪。如果这个前提不存在，则无论说得多么"有理"，终将无济于事，"有理"

也会被人认为"无理"。这一点，梁启超其实十分清楚，所以他在1906年给乃师康有为的信中承认："革命党现在东京占极大之势力，万余学生从之过半；前此预备立宪诏下，其机稍息，及改官制有名无实，其势益张，近且举国若狂矣。东京各省人皆有，彼播种于此间，而蔓延于内地……"清廷刚宣布预备立宪时，革命派的力量就"稍息"；而当人们认识到清廷的立宪有名无实时，革命派就"其势益张"。显然，革命派力量的"息"与"张"，与清廷所作所为大有干系。所以，论战不到半年，梁启超就通过种种关系，私下托人与"革命党"讲和，希望停止论战。1907年初，他在《新民丛报》发表了《现政府与革命党》一文，更是承认："革命党者，以扑灭现政府为目的者也。而现政府者，制造革命党之一大工场也。"端的是一语中的。

这场论战，以往说革命派"大获全胜"，肯定夸张。双方各有道理，实难分胜负。但经此论战，革命派的影响、声势空前壮大却是事实。主要原因，还在于拒不进行实质性改革的清政府是"制造革命党之一大工场"！梁氏一直反对激进革命，反复论述暴力将带来灾难性后果，极力主张温和改革，却能正视不利于自己观点、主张的事实，确实难得。因此，此话格外值得所有"反对激进主义"者重视。

事实一再证明，梁氏所言不虚。且看清廷1908年秋公布的《钦定宪法大纲》中规定"君上大权"的14条：1. 大清皇帝统治大清帝国，万世一系，永永尊戴。2. 君上神圣尊严，不可侵犯。3. 钦定颁行法律及发交议案之权。凡法律虽经议院议决，而未奉诏命批准颁布者，不能见诸施行。4. 召集、开闭、停展及解散议院之权；解散之时，即令国民重新选举新议员，其被解散之旧议员即与齐民无异；倘有抗违，量其情节以相当之法律处治。5. 设官制禄及黜陟百司之权。用人之权，操之君上，而大臣辅弼之，议院不得干预。6. 统率海陆军及编定军制之权。君上调遣全国军队，制定常备兵额，得以全权执行。凡一切军事，皆非议院所得干预。7. 宣战、讲和、订立条约，及派遣使臣、与认受使臣之权。国交之事，由君上亲裁，不付议院议决。8. 宣告戒严之权。当紧急时，得以诏令限制臣民之自由。9. 爵赏及恩赦之权。恩出自君上，非臣下所得擅专。10. 总揽司法权。委任审判衙门，遵钦定法律行之，不以诏令随时更改。司法之权，操诸君上，审判官本由君上委任，代行司法；不以诏令随时更改者，案件关系至重，故必以已经钦定法律为准，免涉纷歧。11. 发命令及使发命令之权。惟已定之法律，非交议院协赞奏经钦定时，不以命令更改废止。法律为君上实行司法权之用，命令为君上实行行政权之用，两权分立，故不以命令改废法律。12. 在议院闭会时，遇有紧急之事，得发代法律之诏令，并得以诏令筹措必需之财用，惟至次年会期，须交议院协议。13. 皇室经费应由君上制定常额，自国库提支，议院不得置议。14. 皇室大典应由君上督率皇族及特派大臣议定，议院不得干预。总体而言，基本上是抄袭了主张皇权至高无上的日本"明治宪法"。但日本宪法规定，在议会闭会期间，君主所发布的紧急敕令可代替法律，但下次会期在议会提出时，若得不到议会的承诺，则政府应公布敕令失效。而清政府的《钦定宪法大纲》则改为"惟至次年会期，须交议院协议"。日本议会对君权本就不强的事后否决权在此变成了更弱的"协议"权。"明治宪法"规定："天皇宣告戒严。戒严要件及效力，由法律规定之。"《钦定宪法大纲》则明确改为皇上有"宣告戒严之权。当紧急时，得以诏令限制臣民之自由"。

对于"臣民权利义务"，"明治宪法"共列有 15 条，而清廷的《钦定宪法大纲》却根本未将其作为正式宪法条文，仅将其作为"附录"！足见其对"臣民权利义务"还不如"明治宪法"那样重视。并且，又将其简化为 9 条，删去了"明治宪法"中"臣民"有"居住及迁徙之自由""书信秘密不受侵犯""信教之自由""遵守相当之礼貌并遵照所定规程，得实行请愿"等条款。

在这种"君权"比"明治宪法"扩大、"民权"比其缩小的"宪法"框架下，再加上清政府的"立宪"实际步骤一拖再拖，连以温和的士绅为主的立宪派都指其为"假立宪""伪立宪"，更不必说广大民众和"逢清必反"的革命派的反应了。现在，有不少论者极力想搞清清政府究竟是"真立宪"，还是"假立宪"。这种探索自有其意义，但对于研究清王朝为何灭亡、激进的革命党为何成功而言，更重要、更有意义的探索不是清政府此时的立宪究竟是"真情实意"还是"虚情假意"，而是它的行为给被统治者何种印象、何种感觉及他们最后的主观认定其是"真"还是"假"。如果他们认定清政府是真立宪，则激进的革命党的活动空间将十分有限，更难成功；如果他们认定清政府是假立宪，温和变革的前提就全然失去，激进的革命党就能占据上风。

事实说明，清政府在巨大压力下的让步妥协非常有限；它的立宪无论是"理论原则"，还是"具体实践"，都远未达到温和的立宪派的要求，更未能让社会各界相信其"真立宪"。当一个政权的统治基础都对其动机大表怀疑、毫不信任，对其所作所为大表反对时，这个政权就面临着严重的"合法性危机"。严重的"合法性危机"恰为激进的革命准备了条件。此时，清政府就面临着这样的严重"合法性危机"，一场暴力革命，恐怕已难避免。还是旧话一句，如果真要反对、消解"激进"，重要的不是指责、批评革命党的"激进"，而是研究分析何以产生激进、激进何以能够成功。"现政府者，制造革命党之一大工场也。"一直坚决"反激进""反革命"的梁启超，一语道破此中玄机。"饮冰室主人"言之谆谆，岂意清廷听之藐藐！

何以"激进"？

不经过激烈变革尤其是剧烈革命必然造成的社会大动荡、大破坏，而收取变革、革命所带来的社会进步之实效，洵属社会进步之理想途径，无疑值得鼓吹和追求。但若以近代中国为例来指责戊戌变法和辛亥革命"过激"，以此反对"激进主义"，则有违史实甚矣！"激进主义"的危害确易为许多"正义在手，仇恨在胸"之士所忽略，所以提醒人们对其抱以应有的警惕当然大有意义，但想以如此简单、主观的历史解读来消解"激进主义"，则不啻南辕北辙，无裨于事，甚或有害。因此，与其指责近代中国"激进"，不如冷静客观地分析究竟是谁"激进"、这段历史何以"激进"，方能对症下药。

从太平天国之后，中国近代社会变革的动力不断下移。今日认为十分温和的洋务运动，在发轫之时却被强大的保守势力指为"溃夷夏之防，为乱阶之倡"（与今日"全盘西化"的指责一样严重），曾遇到今人难以想象、难以理解的巨大阻力。以现代大机器生产来造枪炮、船舰，通电话电报，明明是统治者在近代要生存就必不可少的措施，却遇到统治阶级中冥顽不化者以"夷夏纲常"这类传统意识形态的合法性为据来强烈反对，并将其视为"激进"。因此，是在镇压太平天国运动中得一定权力的汉族地方官员，而不是满族中央大员，成为"洋务运动"的主要动力。

当"洋务"的发展将体制变革作为历史的要求提出之后，不是重权在握的中央朝臣或地方大员，而是统治阶级中的最下层，即功名不高的读书人成为变革的主要动力，是他们发动了戊戌维新运动，变革的动力再次下移。当时的读书人虽是统治阶级中的低层，但仍是"体制内"的阶层，并不希望"革命"。有趣的是，戊戌变法现在总被指为"激进"，而清政府在短短几年后，即八国联军血洗北京之后才被动实行的"新政""立宪"，其变革范围已大大超过戊戌变法，现在却往往被推为改良的典范。如"维新"时期根本未敢提出"废科举"，只是提出改革考试内容，以"策论取士"取代"八股取士"，却遭到了强烈反对。但在几年后的"新政"中，清廷却不得不把几千年的科举制彻底废除。在政治改革方面，维新所做的也不过是减汰冗员、裁撤机构、设立制度局等行政方面的措施，并没有颁布关于制定宪法或开议会的措施。当谭嗣同、林旭等进入军机处后，想提出开议院的主张，康有为以旧党力量过大而制止。这些都说明了戊戌变法实际上是非常温和的。然而，清政府却以十分"极端""激进"的手段来对待如此温和的变革，六君子喋血菜市口，康、梁等被迫流亡海外。究竟是维新派"激进"，还是保守派"极端"，不是一清二楚吗？当清政府连"体制内"的改革者都不能容忍，把他们推向"体制外"时，社会变革的动力便又往下移，"体制外"的社会下层，如留学生、会党，便不可避免地成为变革的主要动力。这样，一场社会革命便难以避免了。

辛亥革命在一段时期内几乎成为"激进"的代名词，但人们似乎忘记了，被尊为"辛亥之父"的孙中山并非一开始就想"干革命"的，而是想方设法通过王韬上书李鸿章，想走"改良"路线。只是在"改良"被拒之后，他才立志"革命"。清政府的"新政"和"立宪"之所以被辛亥革命打断，主要在于它的"新政"完全是被动的，并且一拖再拖。

本来，在1898年戊戌维新时，清政府尚有一定的变革主动权，但它拒绝改革，丧失了一次难得的机会。只是在经历了两年后的"庚子巨变"这种大流血之后，它才在内外交迫的情况下，不得已而为之地开始"新政"。1901年1月29日，慈禧在西逃途中以光绪的名义颁下谕旨，表示愿意"变法"，当然仍强调"不易者三纲五常"。不过为时已晚，形势已经剧变，尤其是经历了庚子流血的巨变后，清廷统治的合法性开始遭到普遍的怀疑。由一个合法性遭到严重质疑的政府来领导对社会各阶层利益进行调整和再分配的改革，的确有些勉为其难。更重要的是，在几年之后再做这些已远远不够，需要做更多的改革或妥让。但清政府对此似乎并无察觉，各项急需的、能缓和各种尖锐矛盾的"新政"内容却一拖再拖，迟迟不肯出台。此时，局限于"行政"方面的"新政"已无济于事，人们开始提出"立宪"的要求。到1904年，不少重臣都半公开地主张"开国会"，提出应"仿英、德、日本之制，定为立宪政体之国"。

1906年9月1日，清廷终于发布了仿行立宪的上谕，宣布进入预备立宪阶段。对此迟来的顺应民意之举，国内依然万众欢腾，一些大城市甚至张灯结彩，敲锣打鼓。学生、市民、绅商集会、游行、演讲表示庆贺，"何幸一道光明从海而生，立宪上谕从天而降，试问凡我同舟，何等庆幸"！人们自发撰写的《欢迎立宪歌》表达了对朝廷的热爱尊崇和对必然带来暴力的革命的反对："大清立宪，大皇帝万岁万万岁！光绪三十二年秋，欢声动地球。""和平改革都无苦，立宪在君主。""纷纷革命颈流血，无非蛮动力。一人坐定大风潮，立宪及今朝。"

然而，清廷并不珍视此时对它来说极其珍贵的民情民意。在立宪原则上，清廷认为日本宪法强调"君主大权"，最合己意，也就是说，以日本为典范的意义主要在于皇权依然至高无上。所以清政府为"准备立宪"而成立的"宪政编查馆"着意研究并出版了一系列对日本宪法和行政制度进行解释的著作，并负责起草了著名的 1908 年的《宪法大纲》，共二十三条。其中第一、二两条差不多是直接从 1889 年"明治宪法"的第一、三两条中翻译过来的："大清皇帝统治大清帝国，万世一系，永永尊戴"，"君上神圣尊严，不可侵犯"。这二十三条中有十四条是关于"君上大权"的，对权力的垄断甚至超过了日本的"明治宪法"。对此，激进的革命派和温和的立宪派都极表反对，认为其"偏重于命令权"，"专制之余风未泯"，"最足假以文饰其专制"，并警告清廷若要"出其狡猾阴险之手段，假钦定宪法之名，颁空文数十条以愚吾民"，必"动摇国本而伤君民之感情"。在实际预备立宪过程中，清廷总以条件不具备为由一再拖延，温和的立宪派终于也认识到"政府宁肯与人民一尺之空文，不肯与人民一寸之实事"，开始号召"人民与之争者，宜与争实事，而不与争空文"。从 1907 年起，立宪派就发起和平请愿，要求开国会，而地方士绅和商界首领对开国会的要求更甚。从 1910 年 1 月起到 11 月止，在不到一年的时间里，以地方士绅为主的立宪派发动了四次大规模的国会请愿运动，声势浩大，遍及全国。尽管"开国会"的呼声越来越响，一浪高过一浪，清廷就是毫不妥协，不愿让出点滴权力，拒不开国会，拒不立宪，反而采取越来越激烈的手段镇压立宪运动。清政府确已不可救药，对各种警劝充耳不闻，一意孤行，仍要大权独揽，结果便是众叛亲离，真正"动摇国本"，最终垮台。

就在辛亥革命前夜的 1911 年 5 月 8 日，清廷利令智昏地出台了一个垄断权力的皇族内阁。这个内阁由 13 人组成，其中 9 名为满人，汉人只有 4 名；而在这 9 名满人中竟有 7 名为皇族成员，因此人们称之为皇族内阁。这种"组阁"完全违背了皇族成员不能入阁当国务大臣的基本原则，实际向世人宣示清廷所谓"立宪"只是一个幌子、其实根本不愿放弃一丁点权力的真实面目。此举实无异于自掘坟墓，结果使作为其统治基础的士绅阶层与其迅速疏远，最终弃它而去。

清政府在政治上拒不变革，在经济政策上也摇摆不定，主要是对民营经济的政策时紧时松，经常大幅度摇摆。就在 1911 年 5 月推出人心失尽的皇族内阁之时，它又倒行逆施地宣布要将原本股份制的民营铁路收归国有。为了保卫自己的产权，以绅商为主的几省股民自然要发起"保路运动"。四川保路风潮相对最为激烈，最后成为辛亥革命的导火索。然而，四川的保路运动的绅商首领一开始坚持的是毫不过激的"文明争路"，他们刊发光绪牌位和以前谕旨中"庶政公诸舆论""川路准归商办"两句话，令各家各户张贴，还要设案焚香。凡此种种，不可谓不文明、不温和、不理性、不克制、不合理、不合法。但是，清政府还是在 9 月初逮捕了领导保路的绅商首领，随后在成都开枪打死三十余名手无寸铁的和平请愿者！这究竟是绅商"过激"，还是清政府"过激"？与一个月后的辛亥革命、清王朝的垮台又有何因果联系？史实彰彰，何须多言。

正是清政府的冥顽不化，包括政治上拒绝改革，经济上摇摆不定，甚至倒行逆施，使从来温和谨慎的士绅商董都开始远离它、抛弃它，进而反对它！昔日所谓"缙绅之家"比今日所谓"中产阶级"还要"多产"，因此更加接近贴近亲近统治者、更加祈盼和平稳定、更加温良恭俭让，他们尚且态度大变，又怎能指责孙中山等革命党人推翻清王朝是"激进"呢？武昌起义时，孙中山远在美国科罗拉多，事先并无预闻，第二天才从美国报纸上得知此事，亦从一个侧面说明清王朝的轰然坍塌实因其统治基础已经根本动摇。换句话说，是清政府的颟顸与极端顽固，最后造就了辛亥革命的"激进"。纵观晚清历史，每当还有一线希望，还能控制一定局面的时候，清廷总是拒不变革；直到时机已逝、完全丧失操控能力的时候，它才匆匆忙忙地被动变革。改革愈迟，所付出的"利息"也将愈大。但清廷对此似乎毫无认识，它总是在下一个阶段才做原本是上一个阶段应做的事情，而且拒不"付息"，不愿再多做一点让步和妥协，步步被动，一拖再拖，一误再误，完全丧失了变革的主动权，始终是被形势推着走。这样，它后来便不得不为此付出更高的代价，直到完全破产。

改革是当事各方都以理性的态度妥协的结果，只要有一方坚持不妥协，就无法改革，社会矛盾必然以不是"坚决镇压"

就是"激烈革命"一类的暴力方式解决。一场巨大的社会革命，其实并非革命者的主观激进造成的。在社会矛盾中，统治者往往居于主导地位，革命往往是由统治者的种种"极端"触发、造成的。几乎每个时代、每个社会都会有各种各样的激进思想，但在承平年代、开明社会，形形色色的激进思想于民众之影响者几希，更掀不起能动荡社会的大风大浪，只能是屈居一隅的少数人信念，不足为意。然而，一旦社会腐朽不堪，而统治者又拒绝以改革来疏不满、缓危机，民众忍无可忍，最后抱定"与汝偕亡"之心，则蛰伏已久的激进思想便狂飙突起，成为席卷一切的巨浪大潮。此时此刻，唯最激进者最有吸引力，暴力肯定不断升级，愈演愈烈，最终火烧昆岗，玉石俱焚，然势已至此，奈何者谁？

因此，人们自然向往并总是称赞英国革命的平和。但在英国革命时期，正是由于统治者善于妥协，才使英国革命相对平和。纵观近代中国历史，清朝统治者根本没有英国统治者那种审时度势的能力、容纳各方的明智与气度，尤其没有那种不断妥协的精神。历史说明，近代中国的"激进"其实是清政府的"极端"逼迫出来的。所以，与其指责民众变革的"激进"，不如批评统治者顽固的"极端"；与其呼吁民众不要"激进变革"，不如吁请统治者不要"极端顽固"。恐怕，这才是化解"激进"的最有效途径。

中国的"百科全书式"巨人

——梁启超的现代意义

在伟大的"文艺复兴"时期，产生了许许多多文化、思想的巨人，对人类历史产生了深刻影响。这些巨人如群星璀璨，永耀人间。其中不少人不仅仅是在某一方面有专长，而是在艺术、哲学、文学、科学等许多方面都取得了惊人的成就，因此被称为"百科全书式"的人物。

现代中国面临政治、经济、社会和文化的全面转型，这是历史转折的时代，也是需要巨人、产生巨人的时代。梁启超，便是这个大时代产生的"百科全书式"巨人，对近代中国的政治、思想、文化许多方面都产生了深刻影响。对梁启超其人其事，人们的研究确已多多，但正如对经典著作人们总是一读再读、辄有新获一样，这位"百科全书式"的巨人也值得我们"一读再读"。重新"阅读"梁启超，不仅使我们对他有新的认识，更重要的，是使我们对现代中国的认识更加深刻。因为他的命运，与现代中国的命运紧紧相连，他的探求，在当代仍有深刻意义……

民 权 与 君 权

1894 年，甲午中日战争爆发，中国惨败，第二年丧权辱国的《马关条约》签订，亡国之祸迫在眉睫，有识之士不能不思考、探索救国之道。在这种背景下，发生了意义深远的维新变法运动。正是在 1895 年开始的维新运动中，年仅 22 岁的梁启超登上了风云激荡政治舞台。乍一亮相，梁氏便光彩夺目，以至人们常常将他与其师康有为并列，时人甚至把维新变法运动称为"康梁变法"。

梁启超的"暴得大名"，是从担任有维新派机关报之称的《时务报》主笔开始的。他撰写的一篇篇"笔锋常带感情"的檄文，总是引起一些人的强烈共鸣，同时引起另一些人的激烈反对，在沉闷已久的思想界突然掀起一阵精神风暴。

面临"三千年未有之变局"的近代中国，只有变法才能图存，但"法"应如何变？梁启超说："吾今为一言以蔽之曰：变法之本，在育人才；人才之兴，在开学校；学校之立，在变科举；而一切要其大成，在变官制。"（《论变法不知本原之害》）所谓"变官制"，就是政治体制改革，政治体制的根本变革就是实行君主立宪。面对中国长期皇权无限的传统，梁启超必须从理论上重新界说"君权"与"民权"的关系。他向人们说道：中国"自秦迄明，垂二千年，法禁则日密，政教则日夷。君权则日尊，国威则日损"（《论中国积弱由于防弊》），"当知三代以后，君权日益尊，民权日益衰，为中国致弱之根原"（《西学书目表后序》）。君权尊则国威损，确实一语道出中国落后的根本原因。但为何君权尊则国威损呢？梁启超的论证是，因为举国上下只尊一人，只有一人有绝对权威，则上至百官，下至百姓，只能因循守旧，结果是官民都"愚而不能智"，国势自然衰弱。在这种情况下，如果发生外患或内乱，便"如汤沃雪，遂以灭亡。于是昔之所以防人者，则适足为自敝之具而已"。要想国家强大，只有增强民权。

为增强民权，梁启超提出了"群"的概念。这里所谓的"群"，就是后来所说的"社会"。对西方的初步了解，使梁启超认识到"社会"的重要性。在从日本引入"社会"一词之前，人们往往用中国传统的"群"这一概念来译指"society"。不过正如梁启超所阐释的，此时的"群"与中国传统的"群"已相当不同。梁氏现在所说之"群"，是一个与皇权、国家、政府相对的概念。中国传统是以君主的"独术"统治，现在应以注重社会的"群术"统治。在他的阐述中，"群"又与"公"有某种相通之处。因此，"君主者何，私而已矣；民主者何，公而已矣"（《与严幼陵先生书》）。国家的强大，就在于用民主制的"公"的"群术"取代君主专制的"私"的"独术"。这样，由"群"的概念生发出政治民主、公民的政治参与等中国传统政治文化中完全没有的内容。他发人深省地自问自答："问泰西各国何以强？曰议院哉！议院哉！……议院者，民贼所最不利也。"（《古议院考》）同时，只有组成现代社团，才能成为现代意义上的"群"。他认为"群"在政治上的结合是议院，在经济上的结合是公司，而在士绅的结合则是各种学会。其中学会是其他结合的基础，因为学会一可以广开民智，而"开民智"是民主政治的前提；二可以形成一个纽带，将不同职业、阶层的人联系起来，对改变中国民众"一盘散沙"的状况有重要作用。在维新运动中，梁启超本人就积极参加了许多民间社团、学会的组织工作和各种活动。报纸是把"群"联系起来的另一重要载体，梁启超在《时务报》

创刊号上发表《论报馆有益于国事》一文，认为"觇国之强弱，则于其通塞而已"，而"去塞求通，厥道非一，而报馆其导端也"。报刊是国之耳目喉舌，若无耳目喉舌，便是"废疾"，"而起天下之废疾者，则报馆之为也"。他还强调现代报刊对民间社会的重要性，因为除了军国大事之外，报纸还详记人数之生死、民业之盈绌、学会之程课、物产之品目、格致之新理、器艺之新制等，无所不记。总之，"有一学即有一报"，通过在报刊上的公开交流和讨论，不仅"通上下"，而且"开民智"，使民众容易产生共识，彼此精神联系更加密切。

把"群"作为与群权、国家、政府权力相对的扩大民权、实行民主的基础，梁氏实际上已触摸到了现代市民社会理论的一些要点。

梁启超不仅从强国的角度论证实行君主立宪、政治改革的必要性，而且从历史发展规律的角度论证政治变革的必然性和合理性。根据康有为建立在今文经学基础上的"三世说"，梁启超提出，人类发展无例外地要经过"三世六别"这几个时期、阶段。所谓"三世"是"多君为政"之世、"一君为政"之世和"民为政"之世。每个历史时期又分为两个阶段，因此共有"六别"。"多君世"前后有酋长之世、封建及世卿之世，"一君世"前后有君主之世、君民共主之世，"民政世"前后有总统之世、无总统之世。此时的中国，正处"一君世"时期中从君主之世向君民共主之世的过渡阶段，因此维新变法、实行君主立宪不仅是势所必至，也是理所当然之举。

从政治体制改革入手，重新论说"君权"与"民权"的关系，确是抓住了问题的根本。

造就"新民"

维新运动失败之后，梁启超亡命日本。在日本期间，他对西方、"西学"有了更多的了解和更加深入的认识。用他自己的话说，是"稍能读东文，思想为之一变"（《三十自述》）。他认识到，在政治制度背后，实际有一种更广的文化支持，具体表现为国民素质或曰国民性。因此，他提出要造就"新民"，并以"中国之新民"作为自己的笔名。为此，他在1902年2月创办了《新民丛报》，发表了约11万字的总题为《新民说》的系列文章，连载四年。

当然，从"政治"转向"启蒙"并非根本的立场、观点变化，而是一种深化。在维新时期他就强调"变法之本，在育人才"，因此把学校建设提到非常重要的位置。抵日未久，他更感"国民性"的重要。在《中国积弱溯源论》中，他批评说奴性、愚昧、虚伪、为我、怯懦等已造成了中国人的人格缺欠，国人的这种集体性缺欠是国家贫弱的根本原因。启蒙的任务就是要将品性上有根本缺欠的"国人"，改造成现代意义上的"国民"。在《呵旁观者文》中，他痛斥国人的冷漠，把"旁观者"细分为浑沌派、为我派、呜呼派、笑骂派、暴弃派、待时派等，其共同点是"无血性""放弃责任"，世上最可憎可鄙的就是"旁观者"。细读《呵旁观者文》一文，不能不使人想起这一时期也在日本留学，稍后也以"改造国民性"为己任的鲁迅后来所写的著名小说《药》。《药》中的烈士为国人牺牲，但国人却根本无动于衷，在烈士就义时反而在一旁看热闹，甚至有人为给自己的孩子治病，拿馒头蘸烈士之血。从《呵旁观者文》到《药》，内在思想、情感一脉相承，从中也可看到梁氏的影响既深且广。在《过渡时代论》中，他又呼吁国人要树立"冒险性""忍耐性"和"别择性"这三种德性，以适应新时代的要求，企盼具备这三种德性的平民英雄能在中国层出不穷。

中国漫长的封建社会形成了一整套系统严密、以儒学忠孝为支柱的意识形态结构。在这个等级结构中，每个人都不是独立的个体，而是在君臣、父子、夫妻关系之中。站在权力顶端的是至高无上的皇帝，全社会都匍匐在他的脚下，绝对服从他，他一个人否定了其他所有的人，个人的独立性完全丧失。梁启超意识到，启蒙的重点是个人独立："今日欲言独立，当先言个人之独立，乃能言全体之独立。""为我也，利己也，私也，中国古义以为恶德者也。是果恶德乎？……天下之道德法律，未有不自利己而立者也……故人而无利己之思想者，则必放弃其权利，弛掷其责任，而终至于无以自立。""盖西国政治之基础在于民权，而民权之巩固，由于国民竞争权利寸步不肯稍让。即以人人不拔一毫之心，以自利者利天下。观于此，然后知中国人号称利己心重者，实则非真利己也。苟其真利己，何以他人剥夺己之权利，握制己之生命，而恬然安之，恬然让之，曾不以为意也。"（《十种德性相反相成义》）他认为，社会应以个人为基本单位，因此一反中国轻视个人、抹煞个性的传统，大力提倡被视为大逆不道的个人主义，启发人人自觉，为做一个真正的人而奋斗。他甚至从中国古代被视为异端邪说的杨朱哲学中，为个人主义寻找根据："昔中国杨朱以为我立教，曰：'人人不拔一毫，人人不利天下，天下治矣。'吾昔甚疑其言，甚恶其言"，现在却认为这是至理名言。（《十种德性相反相成义》）因为"一部分之权利，合之即为全体之权利；一私人之权利思想，积之即为一国家之权利思想。故欲养成此思想，必自个人始。人人皆不肯损一毫，则亦谁复敢撄他人之锋而损其一毫者，故曰天下治矣，非虚言也"（《新民说》）。中国当时面临豆剖瓜分的危险，救亡无疑是当务之急，但梁启超认为救国的根本也在于个人主义："故今日救治之策，惟有提倡独立。人人各断绝倚赖，如孤军陷重围，以人自为战之心，作背城借一之举，庶可以扫拔已往数千年奴性之壁垒，可以脱离此后四百兆奴种之沉沦。"（《十种德性相反相成义》）

当然，从中也可看出梁氏的"个人主义"与西方古典自由主义的"个人主义"还是有相当大的差异。西方古典自由主义把"个人"作为价值的终点，而在梁启超的思想中，个人主义根本的目的仍是"救国"、强国，有以"国权"压倒"民权"的内在逻辑。如果说这是理论上的失误，则不仅仅是梁氏个人才有的"失误"，稍后中国的自由主义者如胡适、丁文江都有此"失误"。或许可以说，这是中国"自由主义"者的集体"失误"。其思想渊源与时代、社会背景，值得深究。但无论如何，梁氏此时把"个人"作为立国的基础或基本单位，对向来否定个人的中国传统来说，实具划时代意义。或者说，也只有经此途径或过程，个人主义才能在中国文化中渐据一席之地。

独立的个人必然要求平等的权利，只有平等的权利才能保证个人的独立。要想实现个人独立，必然要强调个人权利。他强调："国民不能得权利于政府也，则争之。政府见国民之争权利也，则让之。欲使吾国之国权与他国之国权平等，必先使吾国中人人固有之权皆平等，必先使吾国民在我国所享之权利与他国民在彼国所享之权利相平等。"（《新民说》）同时，梁启超还以西方启蒙学者提出的天赋人权说作为自己的根据："天生人而赋之以权利，且赋之以扩充此权利之智识，保护此权利之能力。"（《新民说》）因此他斩钉截铁地说："凡人所以为人者有二大要件：一曰生命，二曰权利。二者缺一，时乃非人。"受专制制度压迫的中国人无任何权利，"以故吾中国四万万人，无一可称完人者"（《十种德性相反相成义》）。"无一可称完人者"，确是中华民族的千年之叹。个人权利与个人自由紧紧相连，梁启超具体提出了政治、宗教、民族、生计等四大自由，并认为"生计上之自由者，资本家与劳动者，相互而保其自由也"，"凡劳力者，自食其力，地主与资本家，不得以奴隶蓄之。是贫民对于素封者所争得之自由也"（《新民说》）。对自由，他热情地讴歌道："於戏，璀璨哉，自由之花！於戏，庄严哉，自由之神！"（《新民说》）

由"从政"到"问学"

与社会思想的激进相反，梁启超在政治思想方面却一直坚持渐进改革的主张，反对革命。为此，他在海外与以孙中山为首的革命派进行了激烈论战，双方势同水火。辛亥革命后，在观望、犹疑几近一年之后，梁启超于 1912 年 10 初回到国内。

面对已经推翻帝制、实行共和的现实，梁启超又以极大的热情投身"政党政治"。在袁世凯的支持下，他组织了进步党，与国民党对峙。在国民党领袖宋教仁被袁世凯刺杀后，举国悲愤，梁启超却为袁世凯辩护。革命党人发动的反对袁世凯的"二次革命"爆发后，他又坚决支持袁世凯镇压革命党。在袁世凯统治时期，他先后出任司法总长、币制局总裁等职；参政院成立后，又被任命为参政员。在民初政坛上，他活跃非常，俨然一个炙手可热的人物，似可一展平生抱负。

但是，实权一直掌握在袁世凯手中，梁氏其实不过是个"台面"人物。当袁世凯的称帝野心开始暴露时，梁启超渐有觉察。在 1914 年 12 月底，他辞去币制局总裁一职，开始有意与袁保持一定距离。1915 年春夏，袁世凯帝制自为的野心已公之于世，梁启超曾给袁书长信一封，劝袁切勿称帝，破坏共和国体；还曾拉袁之部下冯国璋一同觐见袁世凯，当面劝阻袁世凯称帝。但各方努力均无效果，袁仍执意称帝。梁启超终于忍无可忍，在 8 月 21 日一夜之间写出万余言的《异哉！所谓国体问题者》，坚决反对袁世凯称帝，并从理论上对帝制派的种种谬论作了深刻、犀利的批驳。听说梁写此文后，袁世凯深知这篇文章的分量与作用，即派亲信以 20 万元贿赂梁启超，要他勿发此文，另一方面以要他回味曾亡命海外多年的甘苦相威胁。利益引诱，梁不为所动；危言相胁，梁不屑一顾。这篇文章发表后，举国震动，吹响了反袁斗争的号角。

梁启超不仅在理论上、舆论上高擎反袁大旗，而且筹划了他的学生蔡锷到云南发动讨伐袁世凯的护国战争，具体参与了一系列反袁的军事和政治活动。反袁斗争胜利后，政治更加混乱，军阀彼此争战不断。在如此这般混乱的政局中，梁氏又支持以段祺瑞为首的北洋军阀，反对孙中山、黄兴等革命党人。
这期间，他积极促使北京政府对德宣战；1917 年 7 月 1 日，
张勋复辟，他不仅通电反对，而且亲至段祺瑞住处，力劝段举
兵反张；7 月 17 日，他出任段内阁的财政总长。此时，他又
以为能倚段之实力，实现自己政党政治和用现代理财方法建设
国家的理想。但是，仅短短几个月的时间，理想就完全破灭。
所谓国会，完全被段祺瑞玩弄于股掌之中。财政大权，也全被
段掌握，而他这个财政总长实际形同虚设。此时，他对政治失
望已极，终在 11 月中旬辞去财政总长一职，最后从自己深卷
其中二十余年的政坛中抽身而出，转入学界。

　　本想利用袁、段等这类大独裁者和军阀实现自己的救国理
想，结果反被他们利用、玩弄于股掌之中，这段经历不能不使
他格外痛苦。他痛定思痛地反省道："别人怎么样议论我，我
不管，我近来却发明了自己一种罪恶，罪恶的来源在那里呢？
因为我从前始终脱不掉'贤人政治'的旧观念，始终想凭借
一种固有的旧势力来改良这国家，所以和那些不该共事或不愿
共事的人也共过几回事。虽然我自信没有做坏事，多少总不免
被人利用我做坏事，我良心上无限苦痛，觉得简直是我间接的
罪恶。"（《外交欤内政欤》）这，确是梁氏的肺腑之言，也道
出中国近代知识分子面临的困境。在梁启超之后，胡适、丁文
江等人震惊于国内政治的黑暗，在 20 世纪 20 年代初期还曾想
依靠军阀组成"好人政府"，改良中国政治，结果也被军阀视
为掌上玩物。胡适在《一年半的回顾》一文中沮丧地承认政
治改革的梦想失败："我们谈政治的人到此地步，真可谓止了
壁了。"丁文江心有不甘，在几经活动之后，于 1926 年 5 月被

军阀孙传芳任命为新设立的"淞沪商埠督办公署"总办，似乎给了他一展平生抱负和发挥行政才能的机会。但期望有益于社会的丁文江实际站在了进步力量的对立面，北伐军占领上海前夕，他终于辞去职务，但仍为北伐军通缉。据丁的好友蒋廷黻回忆，丁文江曾多次揶揄地说："中国的问题要想解决，非得书生与流氓配合起来不可。"（《我所记得的丁在君》）

梁、胡、丁三人的感叹如出一辙，当非偶然。近代中国正处在传统意识形态和社会制度大变动的时代，旧秩序已轰然倒塌，新秩序远未建立。在这种情况下，很难建立起"文治"的政治架构，实际是"有枪便是草头王"，一切都是"枪杆子"说了算。"文人"想对实际政治发生影响，不得不依靠、利用"武人"，然而结果却总是被"武人"所玩弄，被"固有的旧势力"利用。不过，他们往往明知此种努力不仅很可能无裨于事，甚至会弄脏自己的"羽毛"，但"以天下为己任"的情怀又使他们不得不深涉政坛。此中的是非曲直，的确值得再三寻思。

思 想 与 文 化

1919年初，当年以力主"采西学"、宣传新思想著称的梁启超以中国出席巴黎和会代表团会外顾问的资格，率张君劢、丁文江等人踏上了疮痍满目的欧洲大陆。惨绝人寰的世界大战造成的物质破坏和精神的深创巨痛，使梁启超惊心动魄。终于，这位维新运动的健将一反既往，对西方文明许多方面大失所望。1920年，他在著名的《欧游心影录节录》中惊呼："当时讴歌科学万能的人，满望着科学成功，黄金世界便指日出现。如今功总算成了……我们人类不惟没有得着幸福，倒反带来许多灾难……欧洲人做了一场科学万能的大梦，到如今却叫起科学破产来。"

他的这篇文章实际成为稍后中国思想史上著名的"科玄论战"的前导。以张君劢为代表的"玄学派"认为，不论科学怎样发达，也不能解决人生观问题。而以丁文江为首的"科学派"则认为，科学可以解决包括人生观在内的所有问题。张、丁的论战引起了思想界的激烈反应。梁启超首先以"局外中立人"的身份制订《关于玄学科学论战之〈战时国际公法〉》，稍后又写了《人生观与科学》一文参加论战，支持张君劢。尽管这次论战并未得出，也不可能得出明确的结论，但这次震撼思想界的大论战本身却极有意义。从思想史的角度看，这是近代中国最富哲学色彩的一场论战，探讨了心物关系、实证哲学与人本哲学、理学与汉学、东西方文明等多方面问题；从中国哲学发展的角度来看，这次论战意味着中国实证哲学流派的形成，开始突破传统直观把握的宇宙观，标志着中国现代哲学的真正开端。这场论战是"五四"新文化运动后，各主要思想派别有关哲学、科学和东西方文化的第一次全面论战。中国现代哲学的长进与不足在这次短暂而热烈的讨论中都得到充分反映，对各思想流派今后的发展都有着深刻影响。

"五四运动"后，社会主义思潮异军突起，思想界展开了关于社会主义的激烈论战。作为文化思想界的重量级人物，梁启超当然也是这场重要论争的主角之一。

对社会主义思潮，梁启超早就有所了解，成为中国最早介绍社会主义的人之一。在 1906 年与革命党辩论时，他就对同盟会中某些人主张建设"社会国家"的主张提出质疑："即行社会革命，建设社会的国家，则必以国家为一公司，且为独一无二之公司，此公司之性质，则取全国人民之衣食住，乃至所执职业，一切干涉之而负其责任。"（《杂答某报》）看官须知，此话写于世界上"第一个社会主义国家"建立之十余年前，也就是说，在尚无任何"实例"可供参考借鉴之时，他仅凭只言片语就能看到在这种体制下存在所有权力都为国家所有的巨大危险，确实深具洞见。当然，这只是他的"洞见"，与其他所有人一样，并没有对这个问题继续作深入的学理上的研究探索。近四十年后，原籍奥地利、后加入英国国籍的经济学家哈耶克在 1944 年出版了《通往奴役之路》，对这个问题作了深入研究。他从经济学、社会学和知识论等诸多方面探讨这一问题。他论证说："在一个经济生活受到彻底管制的国家中，甚至形式上承认个人权利或少数人的平等权利都会失去任何意义。""由于在现代条件下，我们的每一件事几乎都要依赖别人来提供手段，因而经济计划几乎将涉及我们全部生活的各个方面。从我们的原始的需要到我们和家庭、朋友的关系，从我们工作的性质到我们闲暇的利用，很少有生活的哪一个方面，计划者不对之施加'有意识的控制'。""如果我们面对一个垄断者时，我们将唯他之命是听。而指挥整个经济体系的当局将是一个多么强大的垄断者，是可以想象得到的。"（《通往奴役之路》，中国社会科学出版社 1997 年版，第 86、91、92 页）当然，除了学理深厚外，哈氏比梁启超有利的一点是，此时毕竟已是"二战"末期，苏联的"斯大林模式"社会主义和纳粹德国的"国家社会主义"的特点已充分显露。此后几十年，哈耶克穷毕生之精力致力于此，巨著不断，终成这一学派的领军人物。

无论怎样，梁启超的"洞见"虽然早于哈耶克几十年，但毕竟只是"思想的火花"而无深刻的学理支持，其思想、观点自易因时代、社会剧变而变。何况，20世纪上半叶是"革命的年代"，尤其是第一次世界大战后，社会主义革命更是风起云涌，他对社会主义的看法，也发生了重要变化。

1919年漫游欧洲之后，梁启超看到了资本主义的弊病和社会主义在欧洲的兴起，他在《欧游心影录节录》中敏感地提出："社会革命，恐怕是二十世纪史唯一的特色，没有一国能免，不过争早晚罢了。"他认为列宁领导的十月革命"将来历史价值，最少也不在法国大革命之下，影响自然是及于别国"。梁氏所言很快得到印证，20世纪的历史证实，包括中国在内的"别国"，确实深受十月革命影响。但是，梁启超同时认为，当下的中国要走社会主义是"搔不着痒处"。因为"社会主义，自然是现代最有价值的学说，国内提倡新思潮的人渐渐的注意研究他，也是很好的现象"，但"至于实行方法，那就各国各时代种种不同"。"欧洲为什么有社会主义？是由工业革命孕育出来。因为工业组织发达得偏畸，愈发达愈生毒害，社会主义家想种种方法来矫正他，说得都是对症下药。在没有工业的中国，想要把他悉数搬来应用，流弊有无且不必管，却最苦的是搔不着痒处。"他认为马克思提出的"生产机关"国有论在欧洲是"救时良药"，但在中国情况就完全不同。如铁路国有"是欧美社会党最坚持的大问题"，但此时的中国早已实行了铁路国有，可是"结果如何"？他认为"在这种政治组织之下提倡集产，岂非杀羊豢虎"。所以在当时中国的条件下，若提倡"生产机关""归到国家"，他"头一个就反对"。

在 20 世纪 20 年代初关于社会主义的论战中，他进一步阐述了自己的观点，写了《复张东荪书论社会主义运动》这篇长文，支持张东荪与陈独秀、李大钊、李达等马克思主义者论战，反对中国现在实行社会主义。他的基本观点是，中国社会当下的主要矛盾不是无产阶级和资产阶级的矛盾，而是中国的资本主义才刚刚产生，远未发达，无产阶级更谈不上发达。中国当下的主要问题是民族资产阶级受到外国的压迫，是劳动者很难在现代新式工业生产中找到工作，社会主义在当时的中国缺乏必要的物质条件。"吾以为社会主义所以不能实现于今日之中国者，其总原因在于无劳动阶级"，"故今日中国之社会运动，当以多数人取得劳动者地位为第一义"。中国当前的任务不是实行社会主义，而是发展刚刚产生的资本主义。"欧美目前最迫切之问题，在如何而能使多数之劳动者地位得以改善。中国目前最迫切之问题，在如何而能使多数之人民得以变为劳动者。"他自注道，"此劳动者指新式工业组织之劳动者"，即无产阶级。他承认，随着资本主义的发展，"资本阶级所随带之罪恶，自必相缘而至"，会有种种"可厌可憎之畸形的发展"。但资本主义"从一方面观察，极可厌憎，从他方观察，又极可欢迎"，对中国来说是"利大于弊"。现在，"资本阶级将兴于中国，其机运殆已成熟，断非吾侪微力所能抗阻"。他写道："以社会主义运动之立场而论，欲此主义之传播与实现，不能不以劳动阶级为运动之主体。劳动阶级不存在之国家，欲社会主义之实现，其道无由。而劳动阶级之发生，恒必与资本阶级相缘。故必有资本阶级，然后有劳动阶级；有劳动阶级，然后社会主义运动有所凭借……"但他又承认："资本主义必非国家终局之目的明矣，不过借以为过渡。"所谓过渡，当然是指向社会主义过渡。

这表明，此时他已未如自己1906年那样、未如后来的哈耶克那样，从根本上否定社会主义，而是承认所有国家、社会的最终目的仍是社会主义，只是当时的中国还不具备实现社会主义的条件而已，只有先经过资本主义阶段，才有开始社会主义运动的条件。最终，还是要过渡到他曾经不赞成的由国家掌控一切的社会主义。由此也可看出，当时中国思想界从根本上反对社会主义者其实并不多见。或许，这也是当时的世界性潮流，所以哈耶克备受冷落几十年也就不难理解了，而他能坚持己见几十年，不断探索，也委实不易。

不管梁、哈观点的变与不变，社会主义要建立在资本主义的社会物质的基础之上，却是马克思主义的基本原理之一。梁启超实际提出了没有经过资本主义阶段的社会能否直接进入社会主义的问题，而这个问题却一直到改革开放后，才重新引起理论界注意，并成为长期引起激烈争论的热点问题。现在，无论人们认为他的观点是对是错，表示赞同还是反对，都不能不承认他提出的是一个紧扣中国社会实际的"真问题"。遗憾的是，在那个激烈动荡的时代，他的声音很快就被淹没，反对者在对他的观点作总体批判的时候，根本未重视这个问题背后的深刻意义。或许，只有经过曲折探索、付出巨大代价之后，才能重视、体会梁氏几十年前所论的深意所在。

作为启蒙者，梁启超对域外新思想、新学说引进的作用自不待言。对中国传统文化的研究，在许多方面他也做了开创性工作，对先秦思想史、佛学、清代学术史、新史学等诸多方面都做了深入的研究。除了著述之外，他创办了松坡图书馆，自任馆长，是为国家图书馆的前身。1925 年清华国学研究院开办，他出任"四大导师"之一，对清华国学院的发展作出了特殊的贡献……今天这仍是文化学术界的美谈，清华国学院的学术成就、学术规范、教学方法至今仍令学界钦羡，对今天学术事业的发展仍极有借鉴意义。

1929 年 1 月 19 日，梁启超因病在北京逝世。他在逝世前不久撰《辛稼轩年谱》时，曾引辛氏为朱熹所作祭文云："所不朽者，垂万世名；孰谓公死，凛凛犹生。"此句为他激赏，其实也可作他的写照。之所以"凛凛犹生"，就在于他的一生，至今仍极有意义。

"吾爱孔子，吾尤爱真理"

无论是出于策略考虑，还是由知识结构决定，总之康有为是以"托古改制"这一中国历代"改革者"最常用的方式，登上近代中国的思想、政治舞台的。他的《新学伪经考》《孔子改制考》和《春秋董氏学》，以鬼斧神工之法颠覆了几千年来的孔子和儒学形象，再造了一个"改革"的孔子和儒学，为自己的改革提供了重要的思想资源与合法性。

梁启超拜康有为为师的时候，正是康有为构建他的儒学之时，梁对乃师的再造的"儒学"大为折服，随后就参与了《新学伪经考》《孔子改制考》和《春秋董氏学》等书的编写工作。维新运动开始之后，梁启超更是依老师康有为之说，积极主张奉孔子为"教主""圣人"，主张立儒学为国教，以此作为变法的最重要理论根据。在著名的《变法通议》一文中，他将"保教"与"保国"和"保种"并列为变法的目的。他的《西学书目表后序》，则明确要求将孔子奉为教主，强调通过读经，"当知孔子之为教主"，大力宣扬"孔教之至善，六经之致用"，同时声明这并非因为自己信孔尊孔而"自祖其教之言也"。在给康有为的信中，他甚至认为此时创立、传播"孔教"比维新运动还要重要，坦承"弟子自思所学未足，大有入山数年"钻研孔教之志。因此，他对在民间设立孔庙、举行祭孔活动也非常支持，在 1896 年底曾给驻美公使伍廷芳写信，建议仿照西方宗教仪式，在美洲的海外华人中劝设孔庙，定期礼拜。

维新变法失败，梁启超被迫流亡日本。在日本，他接触到西方的大量新思想、新观念，思想进入另一境界，用他自己的话说，就是"脑质"为之改变。他脱离了维新时期以"托古改制"宣扬改革的中国传统话语，而更多地以"西学"词汇、观念作为自己理论的基础。而同样流亡海外的康有为，此时仍坚持"托古改制"理念，并在海外更为积极地开展以儒学为国教的"保教"活动。对此，梁启超渐生歧意，终于在1902年发表了《保教非所以尊孔论》一文，公开反对保教、反对立儒学为"国教"，与乃师大唱反调。开篇他即声明："此篇与著者数年前之论相反对，所谓我操我矛以伐我者也。今是昨非，不敢自默。其为思想之进步乎，抑退步乎？吾欲以读者思想之进退决之。"

他承认，自己曾是"保教"大旗下之"一小卒徒也"，现在之所以反对，首先是因为"教非人力所能保"。他认为各种宗教并存是一种自然而然的竞争和发展的结果。

其次，他认为儒学的本质并非宗教，而持保教论者现在也处处模仿佛教、基督教，主张"设教会，立教堂，定礼拜之仪式，著信仰之规条"。姑且不论这种主张能否成功，即使能成功，也是对孔子的诬蔑，因为孔子并未像耶稣那样自称是上帝之子，也未如"佛之自称统属天龙"，"孔子，人也，先圣也，先师也，非天也，非鬼也，非神也"。他批评保教的根本失误在于根本不知宗教为何物，误解了宗教的概念，最后"则所保者必非孔教矣"。

　　第三，他承认主张保教者有抵制基督教在中国传播、抵制帝国主义侵略中国的良苦用心，但他明确说道："耶教之入中国也，有两目的：一曰真传教者，二曰各国政府利用之以侵我权利者。中国人之入耶教也，亦有两种类：一曰真信教者，二曰利用外国教士以抗官吏武断乡曲者。"但真传教、真信教者，对中国并无害处，而基督教之所长，"又安可诬也"？"吾中国汪汪若千顷之波"，不但有本土的道教，而且对外来的佛教、伊斯兰教都能容纳，何必于基督教独不能容呢？"至各国政府与乡里莠民之利用此教以侵我主权，挠我政治，此又必非开孔子会、倡言保教之遂能抵抗也。"根本措施是要"使政事修明，国能自立"，"主权在我，谁能侵之！故彼之持保教抵制之说者，吾见其进退无据也"。

　　而后，他详细论述了政教分离、思想自由、信仰自由等问题。他提醒说，保教论者自以为高人一等，"而不知与近世文明法律之精神，适相刺谬也"。不知其师康有为读到此句时作何感想。梁氏还以欧洲历史上血流成河的几百年宗教战争说明政教不分的可怕结果，正是这场巨大的灾难，使欧洲各国开始政教分离，"画定政治与宗教之权限，使不相侵越也。政治属世间法，宗教属出世法。教会不能以其权侵政府，固无论矣，而政府亦不能滥用其权以干预国民之心魂也"。他特别强调："自由之理：凡一人之言论、行事、思想，不至有害于他人之自由权者，则政府不得干涉之。我欲信何教，其利害皆我自受之，无损于人者也，故他人与政府皆不得干预。"因此，社会才大大进步。如果将儒学立为国教，中国将"教争"立起，"而政争亦将随之而起，是为国民分裂之厉阶也。言保教者不可不深长思也"。他告诫说，"保教"的最大危害是"束缚国民思想"，因为"文明之所以进，其原因不一端，而思想自由，其总因也"。他认为孔子之所以为孔子，正以其思想之自由也，但自汉武帝以后，儒学却成为束缚思想自由的绳索，使思想渐渐窒息。历代大儒的思想、演说其实"皆由思想束缚于一点，不能自开生面，如群猿得一果，跳掷以相攫，如群妪得一钱，诟骂以相夺，其情状抑何可怜哉"！他不禁叹道："呜呼，居今日诸学日新、思潮横溢之时代，而犹以保教为尊孔子，斯亦不可以已乎！"

面对各种几乎是势不可挡的"新学"，当时的保教论者中亦有人力辩可以用现在的新学说、新理论重新解释孔子。对此，梁启超大大不以为然："曰某某者孔子所已知也，某某者孔子所曾言也，其一片苦心，吾亦敬之"，但这其实是"重诬孔子而益阻人思想自由之路也"。他认为孔子所见或有与今日新学理暗合之处，然若一定要将二者一一比附纳入，这种思维的实质还是因真理与孔子暗合才接受，"是所爱者仍在孔子，非在真理也"，而对那些不能与孔子暗合的学理，"则将明知为铁案不易之真理"，也不敢接受、遵从，结果是阻碍了真理在国人中的传播。因此，他颇为激动地写道："故吾最恶乎舞文贱儒，动以西学缘附中学者，以其名为开新，实则保守，煽思想界之奴性而滋益之也。我有耳目，我有心思，生今日文明灿烂之世界，罗列中外古今之学术，坐于堂上而判其曲直，可者取之，否者弃之，斯宁非丈夫第一快意事耶！""然则以此术保教者，非诬则愚，要之决无益于国民可断言也！"如果去掉过于尖刻的"舞文贱儒"四字，此番评析，对百年后的

"新儒家"却也完全适用，不能不令人啧啧称奇。君不见，时下祭孔、拜孔、尊孔之风正盛，更不乏以和谐、环保、自由、民主、法制、公平、正义、人权、市场经济等一切现代价值来诠释、比附儒学，论证所有这些价值、观念儒学早就有之，想以此使儒学"返本开新"的"新儒"学者。若起梁氏于地下，面对此情此景，他依然会果决地做出"非诬则愚，要之决无益于国民"的断言罢。

最后，他再次强调："保教妨思想自由，是本论之最大目的也。"承认"区区小子，昔也为保教党之骁将，今也为保教党之大敌"，因为"吾爱孔子，吾尤爱真理！吾爱先辈，吾尤爱国家！吾爱故人，吾尤爱自由！吾又知孔子之爱真理，先辈、故人之爱国家、爱自由，更有甚于吾者也。吾以是自信，吾以是忏悔。为二千年来翻案，吾所不惜；与四万万人挑战，吾所不惧。吾以是报孔子之恩我，吾以是报群教主之恩我，吾以是报我国民之恩我"。

为此，梁启超专门给老师康有为写信，反复陈说自己反对保教的理由，甚至批评老师在海外筹款建筑孔庙、祭孔祀天活动对本党并无益处，"徒为虚文，浪费金钱而已"，还批评花20万捐资在新加坡建一孔庙实在可惜，不如兴办学校和其他公益事业。

《保教非所以尊孔论》不啻梁启超的"谢本师"，文章一出，康梁虽然私谊仍在，但学术、思想已明确分为两途。对梁氏来说，爱老师，但更爱真理；爱孔子，但更反对将思想定于一尊、反对任何限制人们思想自由的"国教"。

"以自由为体，以民主为用"

——严复思想简论

　　严复，字又陵，1854 年 1 月出生在福州一个中医的家中，幼年就开始接受传统的私塾教育，苦读四书五经，准备走科举入仕的旧路。但 12 岁时父亲突然病故，家中已无力供他长期读书，只得另走他路。

　　这时，中国社会在鸦片战争之后正在缓慢变化，引进西方现代大机器生产造枪炮轮船的洋务运动刚刚开始。1867 年，13 岁的严复进入洋务派创办的福州马尾船厂附设的船政学堂，开始学习数、理、化、天文、地理、航海、英语等新知识。当时，这些都是被人看不起的"末技"，富贵人家子弟入此种学堂者绝少，大都是贫寒人家子弟在无奈之中才甘受歧视进入这类学校。严复毕业之后，曾在海军短暂实习，于 1876 年被派往英国学习海军。在英国留学期间，他除了进一步系统学习自然科学和海军知识外，还研读了许多哲学、社会科学著作。1879 年，25 岁的严复学成归国，在母校教了一年书后就来到李鸿章在天津创办的北洋水师学堂。此后近 20 年中，严复便一直在这所学校任职。当时留学归来人员由于没有科举的"功名"，仍受歧视，所以从 1885 年起，严复连续三次回乡参加每三年一次的乡试，但每次都名落孙山。严复的仕途并不顺利，不获李鸿章重用，直到 1890 年，才当上权力不大的北洋水师学堂校长。

虽然仕途不顺，但严复一直关心时局，深忧中国的未来，思考救国之道。甲午战争的惨败使中国面临被瓜分的危险，给他极强的刺激，痛感不能不公开说出自己的思考，以唤醒国人。1895 年，他发表了《论世变之亟》《救亡决论》《原强》及《辟韩》这四篇文章。在这些文章中，他不仅介绍了进化论，而且以此作为理论基础呼吁中国必须急变、大变，对传统的专制制度作了尖锐的批判。他公开论说自秦以来"为中国之君者"都是窃国大盗，"君臣之伦，盖出于不得已也"。西方强大的"命脉"在于"学术则黜伪而崇真，于刑政则屈私以为公"，即追求真理、立政为公。他认为此二者中国虽然也有，但西方"行之而常通，吾行之而常病者，则自由与不自由异耳"。因为"自由一言，真中国历古圣贤之所深畏，而从未尝立以为教者也"。西方富强的奥秘在于"以自由为体，以民主为用"。在后来的一些文章中，他对"中学为体，西学为用"作了更尖锐的批判，认为牛体不可为马用，"未闻以牛为体以马为用者也"。1898 年，严复将《天演论》翻译出版。

此时，维新变法正处关键时刻，《天演论》的正式出版，犹如狂飙突起，惊心动魄，使人深受震撼，以至近代中国思想界的风潮竟为之一变。一本不过几万字的译作，居然能引起如此巨大的社会反响和思潮剧变，的确令人叹为观止。人们不能不佩服严复先生目光如炬，在林林总总、令人眼花缭乱的西方思潮中所"精选"者总能切中近世中国之"要害"，因此在汗牛充栋、数不胜数的西方典籍中所选译的那薄薄几册，却都影响重大，引起中国思想界长久且剧烈的震荡。因为甲午战争的惨败，中国面临"豆剖瓜分"的亡国之险，深受刺激的严复决定翻译英国生物学家赫胥黎的《天演论》，以主张"物竞天择，适者生存""天演竞争，优胜劣败"的"进化论"促国人猛醒，变法自强。这是"严译"的第一本，也是影响最大的一本。

由英国科学家达尔文创立的进化论的基本观点是，生物并非"造物主"创造的、一成不变的，生物的变化规律是由低级到高级不断进化。进化的原因就在于自然选择，适者生存、进化，不适者则退化、消灭。英国社会学家斯宾塞将进化论由生物界引入人类社会，认为人类社会的进化规律也是如此。这自然很容易得出胜优败劣的结论，为"弱肉强食"的帝国主义提供了某种理论依据。达尔文主义，尤其是社会达尔文主义在西方引起了长期的激烈争论和反对，其中非常重要的一点是认为这种理论"反道德"。赫胥黎是一位达尔文主义者，却反对社会达尔文主义，他这本书的主旨就是为了维护进化论的"纯正"而反对斯宾塞的理论。这本小册子的原名是"进化论与伦理学"，其重点在"伦理学"。作者明确反对"进化的伦理"，认为这是由对"适者生存"的错误理解引起的。社会中的人无疑要受宇宙演进过程的支配，因此容易"弱肉强食"，但唯其如此，才更要强调伦理道德的作用。他的论述结果是："社会进展意味着对宇宙过程每一步的抑制，并代之以另一种可以称为伦理的过程；这个过程的结局，并不是那些碰巧最适应于已有的全部环境的人得以生存，而是那些伦理上最优秀的人得以继续生存。"所以强者应该自我约束，帮助弱者。

但颇堪玩味的是，严复在翻译赫胥黎此书时，其书名只取原书名的前半部"进化论"（旧译"天演论"）而砍去了后半部之"伦理学"，其用心已十分明显。他不仅写有"译序"，还在译文中加了大量按语，引导读者的思路。他之所以要翻译赫胥黎此书，是因为此书"于自强保种之事，反复三致意焉"，因为此书对进化论作了非常简明准确、通俗易懂的概括和解说。但严复完全清楚此书的主旨是反对斯宾塞的社会达尔文主义，而社会达尔文主义却正是严所赞同的，起码是中国变革所急需的，因此是应介绍、引进的。所以他在导言和按语中，处处以斯宾塞的理论来反对赫氏强调"道德"的理论。严复强调因为人是动物，所以动物、植物的进化规律也适用于人类社会，因此在导言中反而介绍、盛赞斯宾塞的著作："呜呼，欧洲自有生民以来，无此作也。"在译到赫胥黎认为道德、天良是"保群之主"的观点时，他立即加按语以社会达尔文主义的理论进行详细反驳，认为"保群"最重要的因素还是"天择"，所以"赫胥黎执其末以齐其本，此其言群理所以不若斯宾塞之密也"。他从澳洲无针土蜂几年中就被外来的有针蜂灭绝，说到美洲、澳洲土著的几被消灭，这使国人意识到自己已经面临灭顶之灾。但他对斯宾塞"任天为治"，即全凭自然淘汰的观点又有不满，认为人的努力、奋斗、变革终可以"与天争胜"，所以中国并不必然要亡，不过如果不想"亡国灭种"，就要不断努力变化（进化），只有"变"才能"适"，只有"适"才能"强"。

其实，早在1895年开始写的一系列鼓吹变法的文章中，严复已着手介绍进化论，《天演论》译稿已在维新士大夫中间流传。谭嗣同在看到有关文章后忙向友人推荐，称"好极，好极"；梁启超读完译稿便开始宣传，并以进化论作为自己的理论根据；康有为看到手稿后赞叹道："眼中未见此等人。"此书在1898年正式出版后，引起了更大的社会轰动，一时竞谈"天择""适存"……稍后的革命党人也承认："自严氏之书出，而物竞天择之理，厘然当于人心，中国民气为之一变。"各种救亡的社会风潮不断，"而严氏之功，盖亦匪细"。鲁迅在几十年后还回忆起自己年轻时买来《天演论》"一口气读下去，'物竞''天择'也出来了"，虽有一位本家长辈的坚决反对，但他"自己不觉得有什么不对"，一有空闲，照读不误。胡适也回忆说："《天演论》出版之后，不上几年，便风行到全国，竟做了中学生的读物了。""在中国累次战败之后，在庚子、辛丑大耻辱之后，这个'优胜劣败、适者生存'的公式确是一种当头棒喝。""'天演''物竞''淘汰''天择'等等术语都渐渐成了报纸文章的熟语，渐渐成了一般爱国志士的'口头禅'。"许多人还以进化论术语来给自己的小孩取名，有人以此改名，胡适原名洪骍，读了《天演论》后便决定改名为"适"，字"适之"。

《天演论》在近代中国影响如此巨大，主要是因为它为近代中国的变革提供了重要的理论根据和思想资源。鸦片战争使中国面对另一种文明的挑战，但中国的变革却极其缓慢，遇到顽固守旧者的强烈、巨大的反对。连林则徐、魏源为和侵略者作战而了解敌情都被斥责为"离经叛道"，"知夷""悉夷"竟被视作可耻之事。学习外语、修铁路、造轮船、制造枪炮及引进现代化大机器生产等等现代化事业都被指责为"大逆不道"，是用"洋人之法"取代"祖宗之法"，阻力重重。更进一步的"政教之变"，更是难以言及。面对守旧者以"纲常名教""夷夏之防"等传统思想作为反对变革的根据，国人仍多抱中国是"天朝上国"的心态，抱残守缺，麻木不仁，反对学习西方的现实，改革者只能以实际的需要作为求"变"的借口，却一直提不出新的学说作为自己的理论根据和思想基础。严复介绍进化论的目的就是为了说明"物各竞存，最宜者立，动植如是，政教亦如是也"，不能不变。进化论、社会达尔文主义的引进中国，的确"生逢其会"，适应了中国社会的需要。社会达尔文主义在西方曾是弱肉强食的理论根据，在近代中国的语境中却成为弱者奋发图强的有力武器，的确值得深思。这说明，理论本身的"言词"并不十分重要，关键在于这种理论由谁掌握，又是被如何运用的。由于紧扣中国社会的脉动，严复对读者进行了成功的"引导"，一部反对社会达尔文主义的书在近代中国却成为宣传社会达尔文主义的书。深通西学却又不食洋不化，源于严氏对本土社会有着真切了解。这种态度，今天尤应珍重。

戊戌维新失败，严复的心情极其沉痛，曾写诗以表心志。他在脍炙人口的《戊戌八月感事》中写道："求治翻为罪，明时误爱才。伏尸名士贱，称疾诏书哀。燕市天如晦，宣南雨又来。临河鸣犊叹，莫遣寸心灰。"表达了对光绪帝和维新党人的深深同情，对遇难"六君子"的深沉哀悼，谴责慈禧太后镇压变法运动的罪恶，勉励自己身临逆境不要灰心丧气。

1900年义和团运动兴起，他离开天津来到上海，此后过了相当长一段不安定的生活。但在漂泊之中，他仍"致力于译述以警世"，到1909年止，先后翻译出版了亚当·斯密的

《原富》、斯宾塞的《群学肄言》、穆勒的《群己权界论》和《穆勒名学》、甄克思的《社会通诠》、孟德斯鸠的《法意》、耶方斯的《名学浅说》。这些译作，部部都是"对症下药"，把现代西方富强之本、中国人闻所未闻的古典自由主义经济学、自由主义哲学、法学、社会学、逻辑学第一次较为系统地介绍进来，为中国迫切需要的"新知"的引入奠定了重要基础，为中国思想界引进了丰富的新资源。正是这种新资源，使中国思想界不久就"面貌一新"。

然而，对近代中国社会的急剧变化，尤其是对辛亥革命，严复总感格格不入，并抱以日益强烈的敌视态度。同时，在思想上，他开始"回归"，对中国传统思想大唱赞歌，而对自己当年大力译介的西学持日益强烈的批判态度。他此时认为西方"三百年来之进化，只做到利己杀人寡廉鲜耻八个字"，"欧洲三百年科学，尽作驱禽食肉看"。而中国的"一线命根，仍是数千年来先王教化之泽"，"现在一线生机，存在于复辟"。总之，中国的"圣哲教化""四书五经"和君主制才是救世的"最富矿藏"。这种思想，对他此时的政治活动有着直接的影响。1912 年，他出任北京大学校长，不久又任袁世凯总统府顾问。为了复辟帝制，袁世凯通令各省尊孔祀孔，成立孔教会，严复带头列名为孔教会的发起人之一。1915 年，袁世凯终于称帝，严复又成为其御用团体"筹安会"的发起人之一。袁世凯复辟帝制失败后，严复的处境颇为凄凉，最终于 1921 年在家乡福州病逝。

对严复晚年的思想转变，历来歧说纷呈，褒贬不一。现在，又有论者以自认的西方最流行的"后现代"理论为据，盛赞严氏的这种转变是因其"对于现代性的负面效应始终持警惕态度"，"一开始就对现代性有异乎寻常的认识"（张汝伦：《理解严复》，《读书》1998 年第 11 期）……这些学者不是从中国的语境出发，而是把西方的问题作为中国的问题，如西方流行"现代性危机""消解启蒙"。这些学者为迎合所谓世界"学术前沿"，甚至扭曲中国社会现实，认定中国也进入了"后现代"社会，当务之急不仅不是"现代性追求"，不是更加开放，反而是对"现代性"进行批判，是以所谓"后现代""后殖民"理论对"理性""启蒙""自由""民主"等进行消解，不如此便是"跟不上国际学术潮流"。这种脱离本土的"前沿"与既得利益权势实际不谋而合，所以上述要人们从此角度"理解严复"的论者有意对严复的转变与其拥袁称帝的关系语焉不详，想来还是羞于承认在"中国语境"中不是别人，正是所谓"现代性"的批判者其实最容易成为袁世凯一类专制者的帮闲。

容闳的独特意义

一部风起云涌的中国近代史，几乎就是一幕幕你死我活的民族、阶级间的生死大搏斗，刀光剑影，险象环生。在这充满血与火的历史舞台上，无论"进步"还是"反动"、肯定还是否定、赞扬还是批判，人们的目光自然容易长期"聚焦"于林则徐、洪秀全、杨秀清、曾国藩、左宗棠、李鸿章、张之洞、康有为、梁启超、谭嗣同、慈禧、袁世凯、孙中山、黄兴等叱咤风云的人物。不过，他们都是某一历史阶段的"主角"，而未能参与近代史的"全程"。而远不能被称作风云人物的容闳，却是唯一"全程"参与近代史的幸运者。容闳被称为中国近代"留学之父"或"新式教育"的催生者，其实，他的贡献远不止于教育领域。他的一生，不仅像镜子一样映照了近代中国的历史走向，且有迥异于他人的独特意义。

一、启 蒙 先 驱

清道光八年（1828）深秋，容闳（原名光照，号纯甫）出生在广东香山县一户贫困农家。此时，原属香山县的小岛澳门已被葡萄牙殖民者占租近三百年。中国历有边患，对一个远离中原、荒芜不堪的弹丸小岛被"红毛夷"占租，长期以来并不在意。然而，自15世纪地理大发现之后，全球化的进程已经开始，澳门的被占租其实是"全球化"序曲中的小小一节。这种背景与传统边患完全不同，其意义迟早会在历史的进程中表现出来。因此，在华夏文化版图中长期处于"边陲"的岭南地区，必将一跃而得全球化的"风气之先"，成为引领近代中国的先进之区。身处当时尚属偏僻之地的贫穷农家之子容闳，因缘际会，成为历史新潮中"向涛头立"的弄潮儿。

明中期后，西方的自然科学已经超过中国，来华传教的西方传教士将西方先进的自然科学知识介绍到中国作为传教策略。从清初直到康熙朝中期，传教士仍可在中国传教。因与教会的矛盾冲突，从康熙朝后期直到鸦片战争前，清朝一直实行禁教政策。但是，西方传教士一直没有停止悄悄在中国沿海传教的活动，并兴办一些医院和学校，以吸引贫穷人家入教。葡占澳门，自然成为传教的大本营。

幼小的容闳白天帮家里做力所能及的农活，捞鱼捉蟹，晚上在油灯下听在私塾读书的哥哥诵读《论语》《孟子》《中庸》和唐诗宋词。容闳7岁时，父亲把他送到澳门一所教会学校上学。小儿子容闳之所以小小年纪就被送到外国教会学校，是因为容父作为一个贫苦的普通农民，拥有最简单、最朴素的想法。他供养大儿子读传统的私塾，想让他走中国传统科举功名之路，通过科举当官。但他家贫穷，只能供养一个孩子读书，无力负担小儿子容闳读私塾的费用。而外国教会学校免除学杂费，还免费提供食宿，正好可将容闳送去读书。另外，他曾看到邻居就因有人懂得"红毛夷"的一些"番话"而发财，这给他以启发，大儿子走读书做官的路，小儿子走读书发财的路。这些都说明，与澳门紧邻的广东香山地区的穷苦民众最早破除了"华夷之辨""华夏中心"等传统偏见，接受外来文明已无心理或文化障碍。

在教会学校，容闳学习英语和近代自然科学课程，又兼听中文教师讲授"四书五经"。不久，这所学校停办，容闳回家务农。1840 年，容闳的父亲病逝，家中更加贫困，容闳有时做农活，有时挑担沿街叫卖。这年秋天，经人介绍，容闳再到澳门，在天主教办的一家印刷厂当童工，11 月进入教会办的马礼逊学校读书。自从香港被租借给英国后，西方传教士和有关机构纷纷由澳门迁往香港，容闳也随马礼逊学校由澳门来到香港。马礼逊学校的校长是毕业于耶鲁大学的美国人勃朗牧师，这所学校开设中西课程，实行中英文双语教育，中文教育仍以"四书五经"为主。几年的教会学校教育，使他对西方历史、地理、文化有了初步的了解，知道了拿破仑的伟业、纽约的繁华。他曾写过一篇题为"溯哈德孙河遨游纽约之意想"的作文，描述了自己对大都市纽约摩天大楼林立之繁华盛状的"意想"。这些都表明一种"世界"的知识、观念，正在华夏文化"边陲"的"草根"中一点点传播。而当时绝大多数国人，对此都一无所知。如果说林则徐、魏源是近代中国"精英"开始"睁眼看世界"的代表，那么容闳等几个乡间穷小子，则是"草根"开始"睁眼看世界"的代表。林、魏的看世界是"自觉的"，而容闳的看世界则是"自然的"。

1846 年年底，勃朗校长夫妇因病准备返美，临行前表示愿意带三五名学生一同赴美留学，容闳第一个表示愿去，随后又有两人表示愿意去。由于容闳等三人都是穷人家的孩子，勃朗设法为他们解决了路费、学费等留学的所有费用，而且还给他们的父母筹到了一笔赡养费。这些都使容闳十分感动。在容闳的青年时代，勃朗对容闳最为关心，处处提携，对他的帮助最大，影响也最大。勃朗一生从事教育事业，以改革旧教育、提倡新式教育为己任。他提倡教育民主、平等、自由的观点，这些成为容闳教育观的基础。后来容闳对太平天国提出的"七策"中关于教育制度的系统蓝图，就源于勃朗《致富新书》中的有关论述。容闳长期提倡的学生德智体全面发展的教育宗旨，也是勃朗关于各科教育协调发展的办学方针的延伸。

1847 年 1 月 4 日，容闳与其他两名同学一起跟随勃朗校长从广州黄埔港乘船赴美。经过埋葬拿破仑的圣赫勒拿岛时，船只短暂停留，补充给养，容闳一行也上岸一游。他们来到拿破仑墓地，见墓前有株大柳树在风中摇曳，于是各人折下一枝青柳，带到美国。4 月 12 日，他们到达纽约，容闳没想到纽约的繁华竟超过了自己几年前的"意想"，而几年前的"游纽约"的幻想今天竟成为事实，更使他感到只要努力，幻想也有可能变成事实，这使他今后做事更加坚韧。

稍事休息，他们便从纽约前往马萨诸塞州，入孟松学校。在孟松学校校长哈蒙德的教诲、影响下，容闳阅读了大量文学著作，如狄更斯、司各特和莎士比亚的作品，他尤其爱读《爱丁堡评论》杂志。在 18 世纪早中期的英国，一些著名学者如历史学家爱德华·吉本、思想家边沁、哲学家哈奇森和休谟、经济学家亚当·斯密、文学家司各特、社会学的鼻祖弗格森等人，活跃在苏格兰地区，以爱丁堡为中心，形成了一个思想派别，被称为"苏格兰启蒙学派"。历史学家伯克虽然来自爱尔兰，但由于长期生活在苏格兰，所以也常被归入这个学派。18 世纪的苏格兰实际上成了当时英国文化繁荣的代表，苏格兰的文化中心爱丁堡被称作"大不列颠的雅典"。苏格兰启蒙学派具有强烈的经验主义和反唯理论特点，重视个人知识在人类秩序形成中的作用，注重常识，强调社会演化的重要性，主张经济放任主义。容闳爱读的《爱丁堡评论》杂志，则是苏格兰启蒙学派的重要阵地。他们还从新知识和启蒙思想的角度抨击牛津和剑桥大学教育的腐朽衰败，表达了他们对大学教育的失望。后来容闳对中国传统教育的批判和改造，对中国社会改革的观点，也可看到这份杂志的影响，可以看到苏格兰启蒙学派潜移默化的间接影响。

容闳无疑是最早接触、接受近代启蒙思想的中国人。虽然他的了解、接受是零星的、破碎的、间接的、感性的，并因过于"超前"而影响不大，但其象征意义却不容低估，它预示着近代启蒙思潮即将激荡古老的中华大地。君不见，"启蒙"在近代中国虽然屡遭挫顿，甚至"夭折"，但又屡屡重生。而从 20 世纪 90 年代中期起，"苏格兰启蒙运动"终于引起国内思想界、学术界的重视。时距容闳接触苏格兰启蒙运动，已过去整整一个半世纪。作为具体的个人，容闳的经历纯属偶然；但作为"符号"出现的"容闳"，却是中国全球化进程中的必然。

二、崇洋不媚外

从孟松学校毕业后，容闳于 1848 年考入耶鲁大学，但昂贵的学费他根本负担不起，这时有关教会愿意为他提供资助，但条件是毕业后要当传教士回到中国传教。虽然容闳在这一年正式成为基督教徒，却拒绝了教会的资助。他表示，我虽贫穷，但生性自由，毕业后无论选择何种职业，只会选择对中国最有益的工作。正在困难之时，勃朗先生帮助他找到了一个妇女会，为他提供资助，使他最终头戴瓜皮帽、身穿长袍、拖着长辫子顺利走入耶鲁大学。在大学的几年中，他学习刻苦，文科成绩优秀，不过数学不好。他还利用课余时间半工半读，管理图书，担任二、三年级同学司膳，为其供应饭菜。他还加入了足球队和划船队，是划船队的主力之一。这些使他赢得了同学的尊敬，也使他对美国社会了解更深。虽然他在美国的大学生活如鱼得水，但他仍时时想起祖国，他说："予当修业期内，中国之腐败情形，时触予怀，适末年而尤甚。每一念及，辄为之怏怏不乐。""更念中国国民，身受无限痛苦，无限压制。"他亲眼看到了西方的富强，更感到中国的落后，但更使他忧心不已的是当时中国人对外部世界仍然茫无所知，仍认为中国是天下中心。所以，他在大学时就自问："我将用自己的所学去做些什么呢？在大学的最后一年结束之前，我已把自己将要付诸行动的事在心中规划出一幅略图。我决心要做的事就是：中国的年轻一代应当享受与我同样的教育利益；这样通过西方教育，中国将得以复兴，变成文明富强的国家。我的志向就是去实现这一目标，而此目标犹如一颗明星，时刻指明我前进的方向。"事实证明，从他 1854 年回国到 1872 年办成留学之事，历经 18 年，他一直为此目标努力奋斗，忠贞不渝。1854 年，容闳以优异的成绩从耶鲁大学毕业，获文学学士学位，于这年秋天自纽约乘船踏上归程，决心把自己学到的新知识改造离别了 8 年的祖国。

他为报国而回，但尴尬地发现自己对汉语已十分陌生，故于 1855 年夏天在广州补习了半年汉语。就在这期间，他看到时任两广总督叶名琛残酷镇压农民起义军，屠杀上万人，尸横遍野。他愤怒异常，因而认为农民的造反有一定道理，对太平天国抱有一定好感。

当年只有通过科举之路才能进入体制内，他是美国名校毕业的"海归"却"无人识"，于是只能通过关系给在广州的美国代理公使伯驾当秘书，薪水不高，且为国人看不起，但他想通过伯驾结识中国官员，向他们提出派中国学生出国留洋的建议。然而他根本没有机会结识中国官员，于是在三个月后辞职，来到香港，在香港高等审判厅当翻译。他勤奋钻研法律，没想到却遭到了香港英国律师的联合反对，他们认为容闳是中国人，会中文又精通英文，会抢了他们的饭碗。容闳于是愤而离开香港，来到上海，在英国人掌管的上海海关处任翻译。海关工作轻松，薪水极高，他曾问总税务司英国人李泰国，自己今后有没有升为总税务司的机会，李泰国明确告诉他中国人绝无此希望。容闳感到这是对华人的侮辱和歧视，于是决定辞职。李泰国认为容闳是嫌薪水太低，真实意图只是想以此提高薪水而已，于是把容的薪水突然提高到白银 200 两，以挽留容闳。但容闳志不在此，坚决辞职，离开了收入丰厚的海关。他的亲戚朋友都不理解他为何放弃报酬如此优厚的工作，不知道他究竟想找什么样的工作，觉得他是个怪人。他写道："我们来到人世间，不能只是为了动物般的生存而单调乏味地劳碌着。我为了求学而不得不努力工作，因而我以为我应当尽力利用自己所学到的有限知识，与其我个人受益，不如成为我民族所共有的福祉。我不断更换和改变职业，只是为了弄清楚我的忍受力，以及我怎样才能使自己成为一个造福于中国的人。"

从海关辞职后，容闳到一家专收中国丝茶的英商公司工作，当起了"买办"。买办收入颇丰，但非他所愿，他一心想的仍是如何引进西方近代教育制度，进而改造中国。不过，容闳虽然推崇近代西方的各种制度，却毫无"媚外"之态，他曾两次与欺辱他的洋人较量，在上海滩一时传为美谈。

一天晚上，容闳与仆人从基督堂祈祷归来，碰到一群醉酒的洋人东倒西歪、手舞足蹈、狂呼乱叫地迎面而来，路人避之唯恐不及。为容打灯笼的仆人也畏缩不前，不知如何是好。容闳要他不用害怕，一直向前。没想到，其中一个人想夺走容闳仆人的灯笼，还有一个人甚至想踢容闳，但由于酒醉，站立不稳，并没有踢到容闳。容闳认为他们酒醉，便不与他们计较，仍旧往前走。但是，突然他发现其中有几个人并没有喝醉，反而在后笑看他们胡闹，欺负中国人。容闳顿时大怒，走上前去，要他们告诉自己这两个想抢仆人灯笼和想踢自己的人的姓名。凑巧的是，其中一个人正是容闳1854年回国时所乘"尤里克"号的大副。容闳与尤里克号的船长认识，而且此船现在正由他所在的商行管理。第二天早晨，他就给尤里克号的船长写信抗议，并要船长将此信转给那名大副。船长收到信后，对大副的行为非常气愤，怒气冲冲把信交给大副。大副立即上岸，来到容闳住处，向容闳道歉。

另一次是容闳参加一次拍卖会，他身后站着一个身材高大健壮的苏格兰人，没想到此人却把棉花搓成一串小球，系在容闳的辫子上，以此取乐。容闳发现后，抑制住自己的愤怒，和颜悦色地要他把棉花球解下来，但这个苏格兰壮汉却流露出蔑视和嘲笑的神情。面对侮辱，容闳正言厉色地再次要他摘下棉花球。没想到这个苏格兰壮汉反而趁容闳不备，一拳打到他的脸上。容闳怒不可遏，虽然比他矮小许多，却用最大力气给他脸上回敬一拳。这一拳端的厉害，打得这个壮汉鼻口流血不止，两人厮打起来。被人拉开后，这个苏格兰壮汉感到大失颜面，立即挤进人群。后来，一个朋友告诉他，当时英国驻上海领事恰在现场，说："这个中国少年血气太盛了点。如果他不报复的话，可以到领事法庭对这个苏格兰人进行控告。现在既然他已报复，痛打了别人一番，并且当众让这个苏格兰人大丢其脸，就无控告此人的优势了。"那个苏格兰壮汉事发后一个星期都不好意思在公众场合露脸，说是为了养伤，实际是因为在众人面前被一个身材矮小的中国人打败，在租界引起相当大的轰动，一时间成为租界内外国人的谈资。此事在中国人中间也一时传为佳话，容闳因此备受敬重。事后，容闳说道："自从外国人在上海建立享有治外法权的租界以来，经常有中国人受外国人欺负的事情发生，但还没有听说过有中国人敢在外国人管辖的区域内毫无畏惧地赤手空拳进行反抗、捍卫自己的权利的。之所以会是这样，是因为中国人的温良和逆来顺受的性情，能容忍种种人身侮辱和冒犯，既不怨恨，也不抗争。这种情况，恰恰养成了一些无知的外国人的骄横心态，助长了他们不能平等对待中国人的横蛮嚣张气焰。然而，我认为他日中国教育普及，人人咸解公权、私权之意义，尔时无论何人，有敢侵害其权利者，必有胆力起而自卫矣。中国人懂得维护和捍卫自己权利的这一天很快就会到来。"那时，"中国人不再忍受任何形式的侵犯权利的行径，也更加不能容忍外国的侵略和扩张。中国国民的无知、自负和保守，顽固成性，是今日受人侮辱之结果"。

三、从"太平"到"洋务"

在上海，容闳的社交面逐渐扩大，与《几何原本》的翻译者、著名数学家李善兰，较早翻译西方数学、物理学著作的华蘅芳，化学家徐寿等名流成为朋友。这些人是中国当时绝无仅有的几个了解西方近代科学的人物，不久后，曾国藩兴办洋务，他们都入了曾国藩幕。

不过，容闳的目光，最先却是投向了太平天国，他把近代化改造中国的希望寄托在太平天国身上。之所以首先对太平天国寄以希望，一是洪秀全族兄洪仁玕 1859 年自香港到达"天京"，受到洪秀全重用，被封为干王。容闳在香港时就与洪仁玕相识，知道他思想开明，因此认为他有可能支持自己改造中国的构想。另外，容闳痛恨清政府的残暴、腐败，他对太平军本就一直好奇，抱有好感。所以他在 1860 年与两名外国传教士一起冒险前往"天京"考察，他承认："我此行的目的，就是要弄清楚太平军的性质，察看他们是否适合建立一个新政府，以取代清王朝。"

经过一番周折，容闳一行于 11 月 18 日到达天京，第二天就见到了干王。老友见面，分外高兴，畅谈甚欢，性急的容闳立即和盘托出自己的七点建国之策：1. 按照科学原则组建军队。2. 创办陆军军官学校，培养有学识、有才干的军官。3. 创办海军学校，建设海军。4. 组织良善文官政府，聘用有才智、有经验的人担任各行政部门的顾问。5. 创立现代银行、金融制度，厘定度量衡标准。6. 为国民建立各级学校教育体系，把《圣经》列为主课之一。7. 建立各种实业学校。这七条建议涉及政治、经济、军事、教育、文化等重要方面，是他改革旧制度、建立使中国社会近代化的资本主义制度的理想蓝图。虽然当时看来像是天方夜谭，其实反映了历史的趋势。两天后，洪仁玕又主动要和他见面，肯定了容闳所提出七点建议的优点和重要性，最后却说，他完全懂得这些建议的意义，不过只有他一人理解，得不到其他人的支持，所以无法实施。而且，其他诸王或将领都在外打仗，如此重大的事情要等他们打完仗回来后才能决定。这番话其实婉转告诉容闳，现在根本无法实行这些设想。容闳大失所望，当天就"寝不安席，食不甘味"。

没想到几天后，洪仁玕派人送给容闳一个小包裹，容闳打开一看，非常惊奇地发现里面是一方小印，长4英寸，宽1英寸，上面刻着他的名字和"义"字头衔。还有黄缎一幅，上面写明"义"的官爵，并盖有干王的官印。太平天国"王"下设六等爵位，即义、安、福、燕、豫、侯，"义"是仅次于"王"的爵位。按照太平天国的官秩爵序，属于第四等高阶。由此可见洪仁玕对他的重视。但容闳根据一个多月的观察，深感太平天国不能实现他的理想。他写道："根据对太平军领袖行为和品行及施行政策的判断，对于他们最后的成功，我是极抱怀疑的。""我确信太平天国既不能完成改革中国大业，也根本无法使中国复兴。"第二天，他来到干王府，对干王对自己如此器重，授予自己如此显贵的身份，深表感谢，但将委任状和官印当面还给洪仁玕，谢绝了洪仁玕的好意；同时告诉干王，无论何时，只要太平军领袖们决定实施他所提建议，或仅实施其中一项，只要需要，自己将尽力而为。最后，他失望地离开了天京。

虽然对太平天国相当不满和失望，但他并不完全否定太平天国："予意当时即无洪秀全，中国亦必不能免于革命。""恶根实种于满洲政府之政治，最大之真因为行政机关之腐败，政以贿成。上下官吏，即无人不中贿赂之毒。""于是所谓政府者，乃完全成一极大之欺诈机关矣。"政府、政治的严重腐败黑暗是农民造反的根本原因，这确是真知灼见。

容闳的天京之行，本想借太平天国来实行自己的教育计划和政治改革计划，结果完全落空。面对现实，容闳找不到一股可以施行自己抱负的政治力量，"于是不得不变计，欲从贸易入手，以为有极巨资财，则借雄厚财力"，有可能靠自己的力量实现自己的理想。敢于冒险的容闳在无人敢去的太平天军与清军"拉锯区"低价收茶，到上海、九江等地高价卖出，虽然历经风险，但收获颇丰。不过，他马上发现，中国并非"工商立国"，商人根本不可能影响国家的大政方针，想靠自己经商致富改造中国完全是幻想。梦想幻灭之后，容闳感到报国无门，不知路在何方，陷入深深的沮丧、彷徨之中。正在苦闷之时，1863年春他在九江收到的一封来信改变了他的命运，也将在某种程度上改变了近代中国的命运。

　　此信从安徽安庆寄来，写信者是容闳 1857 年在上海结识的张斯桂，此时他已是曾国藩的幕僚。他在信上说，自己承总督曾国藩之命邀请容闳到安庆，因为曾听说了容闳的情况后，甚想和他一见。读完信后，容闳顿时疑窦丛生，自己与张在上海只是点头之交，以后各居一地，不通音信，几年来毫无往来，此时突然来信要自己到安庆去见曾国藩，其真实目的究竟为何？自己根本不认识曾国藩，曾国藩也完全不知道自己，为什么要邀请自己到安庆去见他？会不会是因为自己几年前曾到过太平天国的天京，见过干王，献过七策，他要抓捕自己？会不会是自己来往于太平天国占领地区贩运茶叶，所以曾怀疑自己是太平军的奸细？总之，很可能是曾为了抓捕自己而故意用甜言蜜语诱使自己上钩，人心叵测，不能不防。思来想去，容闳决定还是小心谨慎为妙，于是给张回信，表示自己此时忙于生意，没有时间去安庆，婉言谢绝了曾国藩的邀请。不久，容闳又收到了张斯桂的第二封邀请信，内附他在上海认识的好朋友李善兰的一封信。李精通数学和天文学，学问人品素为容闳佩服。他们信中介绍了曾国藩想办近代工厂的想法，并介绍说他的两个好朋友、专门研究机器的华蘅芳、徐寿也在曾国藩幕中，曾国藩想要容闳为自己创设机器厂出力。容闳仔细琢磨来信，感到他们说的是实情，便复信表示同意，等自己茶叶生意忙过之后立即赶赴安庆。一个月后，容闳又分别收到张斯桂和李善兰的信，说曾国藩急欲尽早见到容闳，盼他能尽快弃商从政，来到自己幕下。在短短的三四个月内，曾国藩令张、李二人分别发五封信邀容来安庆，次次紧催，足见曾国藩对人才的重视和知人善任。

　　曾国藩礼贤下士的"三请"之举，使容闳大为感动，并且感到实现自己平生抱负的机会可能来临，于是在 1863 年 9 月的一天从九江乘船顺流而下，直达安庆。到达安庆后，张斯桂、李善兰、华蘅芳、徐寿等人都热情欢迎他。第二天，容闳即应召前往总督府拜谒曾国藩。曾国藩以会"相面"著称，见面后仔细打量容闳，先紧盯容的脸盘，后紧盯容的双眼。曾国藩详细问了容闳基本情况后，问道："你乐意就任军官职务吗？"容闳回答说："我很愿意就任这个职务，但我没有研究过兵书，胸无韬略，不熟悉军旅之事。"而曾国藩却肯定地说："予观汝貌，决为良好将才。以汝目光威稜，望而知为有胆识之人，必能发号施令，以驾驭军旅。"容闳谦逊地说："总督奖誉逾恒，良用惭悚。予于从军之事，胆或有之，独惜无军事上之学识及经验，恐不能副总督之期许耳。"容闳的诚实，令曾国藩非常满意。曾国藩说："这是一个诚实人。如果我能召见一百个人，问他这个问题，将有九十九个人马上回答说'能'，只是为了得到一个官位，不管能不能胜任，能不能打胜仗。但是这个人对自己的才能有正确的估价，并且在会谈时颇为谦逊。"

　　原来，曾国藩想设立机器厂，制造外国最先进的来复枪，召他入幕，主要是要他创办机器造枪厂。对此计划，容闳很是高兴，中国终于有执掌大权之人认识到办近代化机器工厂的重要，但对此计划他并不完全赞同。容闳认为曾国藩并不了解机器生产情况，中国现在最缺的不是生产具体武器的工厂，而是生产制造武器的机器的工厂，即"制器之器"。容闳向曾国藩等人解说道："中国今日欲建设机器厂，必以先立普通基础为主，不宜专以供特别之应用。所谓立普通基础者无他，即由此厂可造出种种分厂，更由分厂以专造各种特别之机械。简言之，即此厂当有制造机器之机器，以立一切制造厂之基础也。例如今有一厂，厂中有各式之车床、锥、锉等物；由此车床、锥、锉，可造出各种根本机器；由此根本机器，即可用以制造枪炮、农具、钟表及其他种种有机械之物。以中国幅员如是之大，必须有多数各种之机器厂，乃克敷用。而欲立各种之机器厂，必先有一良好之总厂以为母厂，然后乃可发生多数之子厂。既有多数之子厂，乃复并而为一，通力合作。以中国原料之廉，人工之贱，将来自造之机器，必较购之欧美者价廉多矣。是即予个人之鄙见也。"

曾国藩从善如流，对首先应办"机器母厂"的建议大表赞成，立即要他负责筹办此厂，到美国置办机器。一个星期后，曾国藩给容闳下了委任状，授予五品军功头衔，并请赐戴蓝翎，正式任命他为出洋委员。此头衔只在国家用兵时封赠从军有功之人，为文职所无，文职赏戴花翎，必由皇帝赐予，由此可见曾国藩对他特别器重，通过皇帝赐给他特殊的官阶和待遇。受曾氏之托，容闳于 12 月初离开上海，前往美国，购买新式机器。用容闳所买机器建造的工厂，就是现在的江南造船厂的前身。

洋务运动是以单纯生产军工产品发端的，而容闳从一开始就指出建立机器厂不能光生产军工产品，更重要的是以后可以生产农具、钟表及其他各种民用机械。他知道，中国的落后不仅在于武器，或者说主要并不是在于武器，而在于整个经济体系落后，没有基础性工业，国家就不能真正富强。他的超前认识影响了曾国藩，使曾从仅想创设制造来复枪的工厂改为建造机器制造厂，中国近代工业化因此有了一个较高的起点。

一个半世纪后，历史终于应验了容闳的预言，中国确以"原料之廉，人工之贱"，成为"世界工厂"。

四、艰难开辟留学之路

在美国留学毕业前夕，容闳就认定以派遣留学生为先导建立新式教育体制，是救国强国最重要的途径。回国之后，他一直想方设法，却屡屡碰壁，一筹莫展。得到曾国藩重用后，他感到此事可成，但要等待时机，因为自己与曾毕竟不熟，而且当时国人对新式教育，尤其是出洋留学完全没有概念，若操之过急，很可能欲速不达。

他在美国订制的机器于 1865 年 8 月顺利运到上海，完好无缺。容闳也在 9 月回到上海。这批机器成为江南制造总局里式样最新、最重要的母机。是中国工业化起步的重要标志。对容的工作，曾国藩大加赞扬，不久即保奏容闳为五品实官，使其任江苏省候补同知，在江苏省衙署任通事译员。任职期间，容闳结识了另一重要的洋务官员丁日昌，丁当时为苏松太道。两年后，丁日昌升为江苏巡抚。他对容闳的思想、见识非常了解、佩服。由于他与在中央掌大权的满族大臣文祥熟悉，所以鼓励容闳将自己的治国方略写个条陈，由他转给文祥。听到这个消息，容闳兴奋得犹如受到电击，跳了起来。他立即提了四点建议：第一，组织轮船股份公司，不准外国人入股；第二，政府派优异青年到外国留学；第三，政府开采矿产以尽地利；

第四，严厉禁止教会干涉人民词讼，以防外国干涉中国主权。这四条建议，容闳最看重的其实是第二条，即派青年学生到外国留学，但他知道实行这一条困难最大，一年前"同文馆"要开设数理化课程引起的激烈争论、反对余波未息，派学生出洋更加难以想象，所以将其列为"第二"；并且，此条对留学的目的、人数、方法、管理、经费等一系列问题都详加论述，使其切实可行。然而，条陈交上后并无下文，容闳深感失望。

失望但不灰心，容闳只要见到丁日昌，仍叮嘱他不要忘记自己的"留学教育计划"，恳请他向曾国藩提及此事，甚至请他直接向皇上奏请。丁日昌毕竟更了解官场成规，劝容闳不要操之过急，耐心等待。1870年，"天津教案"发生，曾国藩、丁日昌受命处理此事，急调容闳到天津担任翻译。容闳认为这是与曾密切接触的良机，可乘机向他提出自己的主张，于是急忙赴津。"天津教案"处理基本结束时，容闳再次向丁日昌详述了自己的计划，要他向曾国藩进言。第二天，丁日昌就向曾国藩大力推荐容闳的留学计划，终于获得曾的首肯，表示愿向朝廷奏请。容闳得此喜讯已是深夜，已经上床，睡意蒙眬，他后来回忆当时的情景："予闻此消息，乃喜而不寐，竟夜开眼如夜鹰，觉此身飘飘然如凌云步虚，忘其为偃卧床笫间。"历尽艰辛、为之奋斗了十几年的理想终于快要实现，他不能不如此兴奋；而且他坚信，如果他的教育计划能够实行，"借西方文明之学术以改良东方之文化，必可使此老大帝国，一变而为少年新中国"。

曾国藩知道此事重大，自己一人的威望仍嫌不足，于是立即联合李鸿章等人联名上奏，1870年冬得到清廷批准；1871

年 8 月、1872 年 2 月，曾、李又联名上奏，一方面进一步强调派遣留学生的重要性，催促朝廷尽快施行，另一方面明确了幼童留学的规章和具体方法，由陈兰彬任出洋局委员、容闳为副委员。

　　但是，克服了官方的障碍后，留学却又面临着民间的阻力。按照规划，朝廷决定挑选 120 名 12 岁左右的学生，分 4 年派赴美国，每年 30 名。但官方出钱派人到美国留学，竟然无人愿去！当时人们仍认为只有读"四书五经"、由科举当官才是"正途"，国内的新式学校本只能招收到没有地位身份的穷人家子弟，出洋留学更是被认为是有辱门楣之举，被所有人耻笑，略有钱财的家庭都不愿子弟出洋留学。所以，第一批留学生 30 名在上海竟然招不满额。为宣传留学，容闳深入江苏乡间，又回到家乡，招收部分家乡子弟。他还不得不到香港，在英国人开的学校中招收留学生。为了招满名额，清政府认为东南沿海一带向有出洋传统，所以把留学名额作为任务摊派给一些地方。地方官为了完成任务，只得到一些穷苦人家动员把小孩送出国留学。一名留美幼童后来回忆说："当我是一个小孩子的时候，有一天，一名官员来到村里，拜访各住户，看哪一家父母愿意把他们的儿子送到国外接受西方教育，由政府负责一切费用。有的人申请了，可是后来当地人散布流言，说西方野蛮人，会把他们的儿子活活地剥皮，再把狗皮接种到他们身上，当怪物展览赚钱，因此报名的人又撤销。"为打消此种顾虑，容闳便以自己的留学经历现身说法，证明留学并不会被剥皮展览。

　　从詹天佑的出国留学经历，便可见开创留学事业的艰难。

詹天佑也是广东香山人，与容闳是同乡。官派幼童留美，詹天佑一家原来并不知道，一名在香港做事的姓谭的邻居归来，才将这一消息告诉詹天佑的父亲詹兴洪，并力劝他送詹天佑出洋。詹家虽不富裕，但属小康之家，所以犹豫不决，还是希望詹天佑走科举之路，升官发财。但谭姓邻居因在香港多年，知道外洋的富裕，认为走科举之路最多找到一个"铁饭碗"，而出洋留学则有可能得到一个"金饭碗"。当时给儿子找媳妇要花很多彩礼钱，詹兴洪很喜欢谭家的小女儿，早就想与谭家订"娃娃亲"，谭某也非常喜欢詹天佑，认为此儿聪明，人品好，此时对詹兴洪提出，如果送詹天佑出国，他就同意与詹家定亲。在这种情况下，经过谭某反复劝说，加上可省一些彩礼钱，詹兴洪才同意把儿子天佑送到美国。

经过百般努力，好不容易才凑足的首批 30 名官派赴美留学生，于 1872 年 8 月中旬从上海启航赴美，开启了中西文化交流史上新的一页。

各批幼童出国前都要到上海出洋预备学校进行初步培训，临行前先要到上海道台衙门向道台大人磕头称谢，因为从理论上说，道台就是他们的主试官。见过道台后的第二天，他们还要拜见美国驻上海总领事。没想到见美国驻上海总领事时，不仅无须磕头，总领事反倒拿出茶点糖果招待他们，显得格外热情亲切。中、美两国官员的这种不同，给孩子们留下深刻印象；还未出国，他们就开始感到了中、美的文化差异。

到美国后，这些幼童在美国学校上学、住在美国人的家中，他们的行为和举止自然开始变化。容闳积极支持他们参加各种体育活动，篮球、棒球、足球，支持他们参加各种社团活动。他们迅速融入美国社会，例如自行车刚在美国问世时，幼童们也感到好奇，试着骑，耶鲁大学第一个学会骑自行车的人就是中国留美幼童；其中一人还当过耶鲁大学划船队队长，许多人还学会了跳舞。由于他们彬彬有礼，许多美国女孩都喜欢和他们跳舞，不少美国男生都非常忌妒。在服装上，他们由于经常运动，开始讨厌中国的长袍马褂，而喜欢穿运动衣。最使幼童感到头痛的是头上的辫子，一个美国人写道："这许多孩子的装饰，除了拖着一根辫子，与我们无异。当他们踢足球的时候，将辫子塞进内衣里，有时缠在头上，辫子一散开，对对手的诱惑过大。"因此，有的幼童把辫子剪掉，见清政府的留学监督官员时再戴上假辫子，清政府官员发现后非常愤怒。1876 年，幼童们参观了美国费城国际博览会，在参观博览会的第三天，美国总统格兰特还专门接见了留美幼童，他主动与幼童握手、照相、亲切交谈，鼓励他们用心学习。美国总统平易近人，与见中国官员要下跪磕头形成鲜明对照。幼童在美国一点点感受到近代文明的自由、平等、民主精神。

对学生们的变化，容闳认为正常，但先后到美主管其事的陈兰彬、区谔良、吴子登等却认为是大逆不道，双方矛盾日深。容闳以为，双方的不同，通过彼此沟通、交流就可解决，完全没有想到官场政治文化中偷偷向上级打对方"小报告"的传统。陈、区、吴等不断向朝廷、李鸿章等暗中汇报容闳的"劣迹"。他们攻击容闳对学生一味纵容，"任其放荡淫佚"，"并授学生以种种不应得之权利"，这些学生"好学美国人为运动游戏之事，读书少而游戏时多"，鼓励学生参加社团活动是鼓励学生"入各种秘密社会"，学生不遵孔孟之道，不愿行尊师跪礼，甚至有人信了基督教……总之，留学外洋是"利少弊多，难得资力"，"此等学生，若更令其久居美国，必致全失其爱国之心，他日纵能学成回国，非特无益于国家，亦且有害于社会。欲为中国国家谋幸福计，当从速解散留学事务所，撤回留美学生。能早一日实行，即国家早获一日之福"。支持留学事业的曾国藩已于几年前去世，国内顽固派官员本就坚决反对派留学生，此时借机全盘否定留学事业，有人上奏称留美幼童"毫无管束，遂致抛荒本业，纷纷入教"，甚至原来支持派留学生的恭亲王奕訢也态度生变。一时间朝野对留学事业的攻击、指责甚嚣尘上，沸沸扬扬。朝廷于是责令李鸿章等查明此事，对失职官员坚决调离，对留学生要严加管束，有不服从者"即行撤回"。李鸿章立即致信容闳，批评他严重失职，要他今后少管留学生事务，同时命令陈兰彬、吴子登等"设法整顿"留美幼童，但又要他们以大局为重，勿因个人积怨将事态扩大。

一直蒙在鼓里的容闳此时才知道陈、吴等人对他和留学生的诬告，愤怒异常，立即给李鸿章写信说明真相，但为时已晚。朝廷已深受陈兰彬等人的影响，认为留美幼童问题严重，容闳难辞其咎，而且陈兰彬等人继续连上奏章，罗织罪名，一再要求朝廷将留美学生完全撤回。得知清政府态度后，容闳又气又急，四处奔走，想方设法拜访、联络美国社会名流和政要，希望借助他们的力量劝说清政府改变态度，挽回事态。耶鲁大学校长朴德起草，一百多位大中小学校长、老师、幼童监护人联名给清政府主管留学事务的总理衙门写了一封长信，盛赞留美幼童近十年来的表现，说明他们品学兼优，有望成才，如果中途撤回，功亏一篑，前功尽弃，殊为可惜，对中国来说损失巨大。大文豪马克·吐温亲自找到曾经访问过中国、与李鸿章相识的前总统格兰特，请他帮忙。格兰特立即给李鸿章写信，希望中国政府允许这些学生在美完成学业后再回国，否则极为可惜。

但这些全无用处，当时国内朝野上下，无人知道、理解美国名牌大学校长的社会地位和意义，认为他很可能还只是一个"洋私塾先生"呢。而李鸿章得到格兰特的信后则举棋不定，提出留一半、撤一半的妥协办法，显示出典型的"李氏处事风格"。但这时朝廷已决定将留美幼童全部撤回，1881 年 6 月，总理衙门大臣奕訢上《奏请撤回留美肄业学生折》，援引陈兰彬的话指责留美幼童"腹少儒书，德性未坚，尚未究彼技能，先已沾其恶习"，不辨是非，"路歧丝染，未免见异思迁"，提出将留学生全部撤回。从 1881 年 8 月起，留美幼童分三批撤回，将近十年的留美学习，终于功亏一篑。

与大清王朝撤回留学生形成鲜明对照，明治维新后的日本向国外派遣留学生的规模越来越大。1854 年，闭关锁国的日本被美国军舰敲开了大门，一些藩国的首领认识到"开国进取"才是国家富强的根本之道，于是不顾幕府禁令偷偷派遣少数学生到欧美学习。但自明治维新以后，大量向国外派遣留学生成为日本国策，1869 年派了 50 个人，1870 年派了 150 人，到了 1873 年，就有上千人在欧美留学。派出的留学生中还有 5 名女生，明治天皇还亲自接见了 9 岁的津田梅子，慰勉她到国外好好学习；有一名还是詹天佑在美国的同班同学。很多留学生回国后，在日本的军事、教育、政治各方面的体制现代化变革中起了重要作用。中、日两国留学事业的不同命运，也从一个侧面预示了中、日两国在近代的不同命运。

留美幼童提前撤回、容闳教育兴国计划中途夭折，是中国近代化的一次严重挫折，不过，其意义却不容低估。与日本明治时期留学生对本国的作用相比，他们对中国社会近代化所起的作用固然要晚得多、小得多，但这恰说明中国的"出洋留学"面临的反对、困难和障碍要比日本强得多、大得多，所以其"突破性"意义或许更大。从晚清直到民国后的一段时间，中国的近代化事业艰难行进，人数不多的留美幼童在这困难重重的转型中起了非同小可的作用。据不完全统计，其中 7 人在中法、中日海战中牺牲；幼童中产生了国务总理 1 人，外交部长 2 人，海军元帅 2 人及海军军官多人，铁路专家和管理者 14 人（5 人是铁路局长），矿冶专家 9 人，军医 4 人，电信专家和管理人员多人（3 人担任电信局长），航运造船多人，而教师、律师、医生、新闻媒体人员、商人、金融界人士等则更多。这些人中包括曾任江南造船厂厂长的邝国光，创办清华大学的前身清华学校并担任第一任校长的唐国安和北洋大学校长蔡绍基。

容闳以留学为核心内容的教育兴国计划虽然失败，但毕竟是中国教育走向近代的艰难一步，是中国教育制度近代化的先声。而且，更是后来越来越强劲的"教育救国"思潮的先导，今日提出的"科教兴国"，亦可溯源至此。

"西学东渐"是中国近代化的重要内容，首批派遣留学生毕竟在当时壁垒森严的"夷夏之大防"中打开了一个缺口，越来越多的青年学生直接沐浴"欧风美雨"，开创了"西学东渐"的新阶段、中西文化交流史的新纪元。

五、参 与 维 新

留美幼童功败垂成，对容闳的理想和抱负无疑是一个重大打击。屋漏偏遭连夜雨，此时他的美国妻子又患重病，虽然容闳长期悉心照料，妻子却还是在 1886 年初夏病逝，留下两个儿子。容闳回忆这一段时间说，1880 年到 1886 年是他一生最不幸时期，幼童留美的"平生志愿"横被摧残，妻子又病故，"顿觉心灰，无复生趣。两儿失母时一才七龄，一才九龄。计嗣后十年，以严父而兼慈母，心力俱付劬劳鞠育之中"。

不过，在心灰意冷之中，他仍时时关心国事，常为自己报国无门而无限惆怅。1894 年 7 月，中日甲午战争爆发，身在异国他乡的容闳一直坐卧不安，焦灼地关心战事，为祖国命运担忧。湖广总督张之洞的幕僚蔡锡勇以前曾任中国驻美使馆参赞兼翻译，容闳在美与他相识，爱国心切的容闳连发两信给他，提出两大抗敌对策，要他转交张之洞。第一策是中国向英商借 1 500 万元，购军舰三四艘，雇佣外国兵 5 000 人，由太平洋抄袭日本之后，使日本"首尾不能相顾"，必然要调回部分在朝鲜的兵力，中国于是可乘机急练新军，海陆并进，抗击日本。第二策与第一策同时进行，由中国政府派员将台湾全岛抵押给任何一个欧美强国，借款 4 亿美金，作为全国海陆军与日本长期战斗的军费。或许这只是纸上谈兵的书生之见，但他的爱国情怀，跃然纸上。

对容闳的建议，张之洞倒是认为第一项可以一试，而第二项万不可行。于是发电报给容闳，要他立即前往伦敦办理此事。得张电报，容闳更感国家生死存亡之际自己义不容辞，立即由美赴英，几经努力，与英国银行界人士达成借款协议，以中国海关税作为担保。但由于清政府内以光绪为首的"帝党"和以慈禧为首的"后党"之间权争激烈，李鸿章与张之洞二人矛盾重重，各种矛盾错综复杂，明争暗斗，互相拆台。最终，张之洞提出的以海关税为担保向英国借巨款之举，被慈禧、李鸿章否决。

长期居住美国、满怀爱国热情却颇为天真的容闳，对高层如此复杂的政治斗争了解无多，他认为自己的方案有位高权重的张之洞支持肯定没问题，就抓紧时间与伦敦银行集团签订合约，没想到最终却未获最高当局批准。但伦敦银行集团却以毁约质问容闳，为何事先不与中国政府商定就匆忙签约，他们指责、控告容闳欺诈，并准备向法庭起诉。后经美国朋友调解，容闳才未被起诉，悻悻然回到美国。

容闳虽然成为派系斗争的牺牲品，还因此被英国银行指控，但他不气馁，满腔爱国热情并未因此减弱，反因《马关条约》的签订而更加高涨。返回美国后，他立即致电张之洞，表示仍愿为国效劳，请张指示"此后进行方针"。张之洞马上复电，要容闳回国商议。得张电后，容闳把儿子托付给美国朋友照料，之后便启程回国，于1895年夏初抵达上海。到上海后，他立即脱下西装，穿上刚刚买来的清朝官服，戴上假辫子，匆匆赶到南京，拜谒时署两江总督的张之洞。每当容闳问起伦敦借款之事，老于宦道的张之洞总是回避，也不告诉朝廷未批准的原因。但提起李鸿章，张之洞则恶语不断，容闳对国内政坛的派系之争、政治的复杂腐败，这才有更多的了解。会见中，张之洞问他有何兴国之策，他向张之洞提出聘请洋人为外交、财政、海军、陆军四部顾问，使中国行政机关依西欧成规，重新组织建设。

这些建议说明，他认为中国已到进行制度改革、建设的时候了。对这些建议，张之洞并未理睬，只委任他一个江南交涉委员的空衔。顶此空衔，容闳每月无事可做，却可领薪 150 元高薪，令不少人羡慕，但一心想为国做事的容闳感到非常烦闷无聊，不到三个月就辞职，回到上海。

虽然建议不被采纳，但容闳爱国之心不死，于是来到北京，想寻找机会打动朝廷。从 1896 年到 1898 年间，他通过各种渠道向清政府提出种种兴国方案，其中最重要的是提出设立国家银行、修筑全国铁路两大建议，并有详备可行的章程和实施细则。

此时的中国，尤其是沿海地区的近代工商业已有长足的进展，但整个国家还没有国家银行，这严重束缚了经济发展，而清政府根本没有认识到，也不知近代银行为何物。容闳深知近代银行对经济发展的重要，早在 1860 年就曾劝太平天国建立国家银行，后曾将美国的一些银行的组织、规章制度译成中文。1896 年 3 月，他以此为基础，通过有关大臣给光绪递上两个创办近代国家银行的条陈。这两个条陈共有大小条文 46 条，涉及银行的资金来源与权责、国家资本与商股关系、钞币发行与控制、财务清算、总行与分行关系、印发券票等，甚至连债券、银票的样式都附有草图，并详加说明。这是一套完整、系统、详细而且可行的近代银行方案，使国人闻所未闻，军机大臣、户部尚书翁同龢专门召见了他，翁在日记中写道："江苏候补道容闳，纯甫，久住美国，居然洋人矣。然谈银行颇得要。"他的计划很快得到光绪皇帝的批准。容闳备受鼓舞，立即着手选址买地、招聘挑选合适人员，并受户部委托准备赴美与美国财政部接洽有关事宜。

然而，正在此时，兴办国家银行的方案却被盛宣怀破坏。盛宣怀是经办洋务的重要官员，当然知道办现代银行不仅是大势所趋，且是重大利源，所以一心想自己承办这些事情。他不仅具有商人的头脑，更是老谋深算的官僚，用重金开路，因此他在朝廷上下人脉极广，而容闳对官场规则一窍不通，与各方官僚很少来往，根本不是他的对手。盛宣怀得知朝廷批准容闳创建国家银行的消息后，立即致电翁同龢请求暂缓实行容闳的计划，同时急忙携重金赶到北京，上下打点。在他的"努力"下，李鸿章、奕䜣、奕劻、李莲英等全都表态支持。1896 年11 月中旬，朝廷下谕要盛筹办银行，第二年 5 月末，盛宣怀创办的通商银行在上海开行，容闳的努力终告失败。

1896 年和 1898 年，容闳还分别给清政府上了两个兴修全国铁路的条陈。他的计划宏大而周密，对如何组建铁路股份公司、如何管理铁路及沿线通信设施、怎样开采铁路附近的煤矿铁矿、怎样招聘培养铁路技术管理人才等，都提出了细致入微的方案。虽然光绪皇帝在 1898 年 2 月批准了容闳的第二个条陈，即修筑津镇铁路，但铁路也涉及各方利益，于是各利益集团开始争夺、破坏，盛宣怀、王文韶、张之洞、刘坤一等高官串通一气，共同反对；而且由于此路经过山东境内，德国认为

"侵犯"其利益，也表反对。面对如此强大的反对阵营，容闳的筑路计划胎死腹中。

容闳一开始听说自己办银行、修路的计划最后被朝廷否决时非常惊讶，他确实想不到清政府已腐败到如此程度，一切要金钱开道。身为慈禧宠臣、最有实权、坚决反对"新式"事业的荣禄更是最为贪渎之人，凡事大多以向他行贿多少来决定行否。他以为，容闳从海外归来，必定非常富有，必有厚金报效自己，所以开始对容闳态度颇好。但容闳对这种"潜规则"一窍不通，认为只要自己的计划对国家、对朝廷有利，就会得到朝廷首肯，根本没想到或不屑于行贿，结果大权在握、炙手可热的荣禄也表示反对。

无情的事实使容闳对清政府贪腐的认识更加深刻，因此也更加愤怒，他一针见血地写道："究国家银行计划失败之原因，亦不外夫中国行政机关之腐败而已。尊自太后，贱及吏胥，自上至下，无一不以贿赂造成。贿赂之为物，予直欲目之为螺钉，一经钻入，即无坚不破也。简言之，吾人之在中国，只需有神通广大之金钱，即无事不可达其目的。事事物物，无非拍卖品，孰以重价购者孰得之。"

洋务派愿意创建现代银行、修造铁路，无疑较反对兴办这些近代新事业的顽固派大为开明进步。不过，由于这些新事业、新项目利益巨大，涉及各利益集团，因此各利益集团往往不择手段地争项目、争投资，想方设法阻挠、破坏他人立项。对这种利益的争夺与分配，应有一套规范、透明的制度与程序制约，使之尽可能公平、公正。否则，必将导致贪渎无厌、贿赂公行，政府与社会将被迅速腐化。纵观晚清历史，清政府一直未能进行制度改革，建立最基本的有关制度与程序，政府的巨额投资完全由官场的权力、权谋和金钱主导，这是清王朝最后覆亡的重要原因。

这时，已有人认识到问题的严重性，意识到危机已迫在眉睫，开始进行制度变革。以康有为、梁启超为代表的维新派登上了历史舞台。维新派的"机关报"《时务报》详细介绍了容闳创办国家银行和修筑铁路的经历，并加按语表示明确支持。湖南维新派创办的《湘报》也登载了容闳创办铁路之条陈的全文及最后受阻的详情，为容大抱不平。

容闳早就认为中国的根本问题是体制、制度问题，只是没有一个政治力量可以依靠，因此寻找、依靠洋务派从办新式教育入手，最后希望朝廷改造制度，对朝廷还抱有一线希望。现在，希望借力洋务派的努力最终失败，但一股要求变革政治制度的政治力量突然崛起，并对容闳表示支持、声援，容闳自然与之一拍即合。年已七旬的容闳，仍精神焕发地积极参与维新运动。容闳参加了康有为在北京发起的保国会的成立大会，对康的主张大表赞同，此后维新派开会他都积极参加，一起商讨变法大计。湖南在巡抚陈宝箴的经营下，实行"三湘新政"，成为维新运动中最有生气的省份。湖南维新派积极与容联系，容也对"三湘新政"大表支持，举荐了不少新式人才赴湘，双方互通声气，遥相呼应，相互支持。此时康、梁刚登上政治舞台，容长康 30 岁，长梁 45 岁，已有相当社会声望，且与康、梁是同乡，因此康、梁对他十分尊重，经常征求他的意见。容在东华门附近的金顶庙（又称关帝庙）寓所，成为维新派聚会商议变法大计的场所，几乎成为维新派的会议室。维新派人士尊称容为"纯老""纯公""纯斋"，他们的许多重要建议、奏折和应对策略，都是在此讨论产生。康有为在给光绪皇帝"统筹全局"的奏折中，估算概行新政大致需要"五六万万"之款，因此建议派容闳赴美筹款，并多次对其人品备加称赞，推荐他担任外事联络（如向外国借款、办理外交等）职务。维新派与顽固派的斗争一直非常激烈，容闳参与维新派活动引起了顽固派的注意。1898 年 5 月中旬，坚决反对维新的体仁阁大学士徐桐上折弹劾维新派官员张荫桓说："又闻张荫桓与其同乡人道员梁诚、容闳等，与洋人时相往还，行踪诡密。""与洋人时相往还"，虽未明说，却又明确含有与洋人勾结、卖国、汉奸之意，近代以来，这是中国政坛攻击政敌最厉害、最有效的武器。

　　6 月中旬，光绪皇帝正式颁发"明定国是"诏书，维新变法正式开始。制度变革必然严重触犯既得利益集团，因此新、旧两派的斗争越来越激烈，9 月中旬，双方已经水火不容，最后刀兵相见。光绪皇帝和维新派并无实权，实权掌握在坚决反对维新的慈禧手中，尤其是军权，完全被她掌控。在这生死存亡的关键时刻，维新派只能铤而走险，孤注一掷，由谭嗣同在 9 月 18 日深夜只身前往手握一支新军的袁世凯寓所，劝说袁支持维新、武装保护光绪皇帝。在这千钧一发之际，维新派约定在容闳寓所会面，等候谭的消息。当晚，梁启超先来容寓，稍后康有为也来此，他们与容一同紧张等待谭嗣同到来。谭嗣同带来的消息并不乐观，他们对未来忧心忡忡。随后两天，又传来光绪皇帝召见袁世凯但袁不表支持的消息。维新派一派愁云惨雾，在一筹莫展之际，天真的容闳主动提出自己可以出面一试，请美国驻华公使对朝廷进行外交干预，看能否挽救维新败局。但康有为等认为，美国在中国没有驻军，没有军事压力，仅凭外交手段根本不能使慈禧就范，谢绝了容的好意。9月21日，以西太后为首的顽固派发动政变，维新失败。光绪皇帝被囚，清政府下令通缉康、梁，杀害"六君子"，严厉处罚参加变法之官员。在清廷四处捕人、风声危急之时，容闳首先想到的是康、梁等人的安危，设法帮他们出逃。他曾请求美国公使营救康有为，写信给英国传教士李提摩太，请他设法营救梁启超。

容闳是维新的核心人物之一，自然也被清廷"撤差"和通缉。这时京城已是缇骑四出，官府疯狂抓捕维新党人，一片恐怖。容闳冒险潜逃出京，跑到上海，在租界躲避清政府追捕。

概括地说，容闳从积极参加洋务运动到积极支持维新运动，主要有以下三点原因：

一、容闳最早从美国回国时，就想以引进大机器生产、派遣留学生和变革政治制度使中国富强。只是由于当时连引进大机器生产、派留学生都阻力重重，十分困难，政治体制改革更无人敢行。所以，当时他能做的对中国最有益处的就是积极参加洋务运动，把各种新事物引入中国。

二、当洋务运动进行了三十年，即容闳参与洋务运动三十年后，洋务运动的弊病越来越明显，其局限性越来越明显地表现出来，尤其是中日甲午战争的失败，使人们意识到，只有政治体制改革才能救中国，以康有为为首的维新派的出现，就是这种认识、力量的代表。当这种力量出现后，早就持此观点的容闳自然参与其中。

三、容闳早期的洋务活动使他与洋务派官员有相当程度的私人交往，但留学生被遣返，尤其是后来办银行、修筑铁路被盛宣怀、张之洞等洋务官僚破坏，使他对洋务派更加失望。对洋务派的失望愈深，对维新派的支持自然愈积极、坚定。

六、走 向 革 命

由于风声日紧，容闳在上海租界并不安全，便又从上海潜往香港。

虽然慈禧太后发动了戊戌政变，将光绪皇帝囚禁起来，但光绪皇帝比她年轻得多，今后很可能仍会重新掌权。所以，光绪皇帝的存在始终是慈禧的心头之患，她便想将光绪废掉，另立新帝。消息传出，国人哗然。

1900 年 1 月下旬，上海电报局总办经元善联合在沪各省绅商等一千多人，发出反对废光绪另立新帝的通电。慈禧震怒，清政府立即通缉经元善。经元善只得逃到澳门，但澳门葡萄牙当局在清政府的授意下，将经拘押。容闳闻讯后，立即写信给香港总督，请其设法营救经元善。在香港总督卜力的斡旋下，澳门当局释放了经元善，容闳还将经接到香港。对容闳在危难时刻的大力相助，经元善感激不尽。

想在体制内改革的维新运动失败后，以孙中山为首的革命党人开始活跃起来。在这种大背景下，容闳开始与革命党人接触。在第一批出国幼童中，有容闳的族弟容星桥，他回国参加过 1884 年的中法海战，曾立功受奖，后退伍到香港经商。在香港期间，他与孙中山相识，并参加了兴中会。1990 年 3 月下旬，容闳来到新加坡，与康有为、新加坡富商邱菽园及台湾爱国诗人丘逢甲会面，商讨维新派在长江流域和广东地区武装起事、营救光绪帝的事。容闳当时曾试探英国是否支持维新派人士的武装起义，并希望刚刚认识的美国人荷马·李（Homer Lea）能召集 500 美国志愿兵，同时联络菲律宾义军参战。这年三四月间，经容星桥的介绍，容闳与革命党人多次接触，并向革命党人打听孙中山的情况，开始同情革命党。

此时，一场巨大的风暴正在形成，义和团在华北地区发展迅猛。而慈禧最终决定明确支持义和团，则是要利用义和团根绝维新隐患，又想借义和团来杀灭"洋人"。面对给中国社会、中华民族，也给清王朝和一些官僚带来巨大灾难的混乱，已经返回上海的容闳心急如焚。他致电张之洞，希望张之洞在江南另立新政府，捧出光绪皇帝，在中国维新图强。他在电报中建议张之洞："联合长江各省，召集国中贤俊，设立类似国会之保国会，成立中国独立政府，与八国议善后事宜；太后、皇上出奔，北京实无政府可言也。"对此建议，张之洞置之不理。东南地区的官员们，如刘坤一、张之洞、李鸿章开始"东南互保"，即东南地区保证外国人生命财产安全，外国不侵入这些地方。容闳认为，这一主张虽与他的方案非常不同，却是受他提议的启发而来。

这期间，容闳一方面支持张之洞的"东南互保"计划，一方面积极参与维新派人士唐才常策划的"自立军"起义之事。"八国联军"入侵北京，太后、皇上逃离京城，举国纷乱无主。维新派认为大变革的时机已到，1900 年 7 月，唐才常在上海张园召开国会会议，邀请维新派人士和少数革命党人与会。到会的有全国士绅、文化界和工商界人士，还有社会名流。大会一致推举容闳为临时会长，严复为副会长，唐才常自认总干事。7月26日，会议在上海愚园的南新厅召开，大会正式定名为"中国国会"，在不记名选举中，容闳得票最多，当选为正会长；严复得票第二，当选为副会长。容闳用英文起草了中国国会宣言，由严复译成中文。几次会议之后，定下了几条宗旨：第一，"保全中国自主之权"；第二，不认通匪矫诏之伪政府，即指慈禧太后掌控的清廷；第三，"请光绪皇帝复辟"；第四，联络外交；第五，推广中国未来之文明进化，使中国"立二十世纪最文明之政治模范，以立宪自由之政治权，与之人民，借以驱除排外篡夺之妄"。

如上所述，容闳对张之洞表示支持，寄希望于张之洞支持自立军起义、接受自立军的拥戴，宣布两湖起义。但是，张之洞却静观事变，既不表示反对，也不表示支持。最后，张之洞认为慈禧仍掌大权，为向慈禧表示自己的忠心，于是疯狂捕杀自立军，追捕国会领袖。8月9日，唐才常一行离开上海前往武汉，准备在武汉发动自立军起义，其中有容闳的族弟容星桥。临行前，唐才常曾会见容闳，商谈自立军起义事。8月21日，张之洞逮捕了自立军机关三十余人，次日即将唐才常等二十余人杀害，容星桥装扮成轮船苦力，才逃回上海。自立军起义宣告失败，容闳也被清政府通缉。此时，容闳实际已从改革走向了革命的边缘。

张之洞前后态度的变化，反映出一个久经官场的官僚的精明狡诈与冷酷无情。他当然知道支持自立军起义的巨大风险，但当时慈禧太后率当朝文武仓皇出逃，此时的中国确实处于"无政府"状态，无人能预料到中国下一步会有什么变化，因此，对拥戴光绪、主张维新的自立军，老谋深算的张之洞自然不会轻表反对。然而，一旦确定慈禧仍掌大权，大清王朝仍不会倒塌时，张之洞对自立军便毫不手软，血腥镇压，如此才能表示自己对慈禧、对大清王朝的忠诚。为洗清自己曾与维新派有过不浅来往，甚至曾经称赞容闳"才识博通、忠悃诚笃"因此有"立场不坚定"之嫌，张之洞在《宣布康党逆迹并查拿自立匪首片》中，开列的"匪首"名单中，容闳的大名赫然在列。在这种风口浪尖上，张之洞明白自己的险境，稍有差错，不仅丢官，很可能会掉脑袋。张之洞对自立军和容闳的态度，反映了中国传统社会的典型"官场文化"。

在义和团运动时期，不仅容闳"运动"张之洞在长江流域独立，孙中山也认为革命的时机已到，他做了几手准备，其中之一是对李鸿章寄予希望，想通过关系策动李鸿章在两广独立，成立新政府，并由容闳主管外交；同时加紧联络会党，准备在惠州发动武装起义，与长江流域自立军起义遥相呼应，武装割据华南的一部分，成立共和国。为联络以容闳为会长的中国国会，孙中山于 8 月 29 日来到上海，造访英国驻沪领事，这时他才得知自立军起义已经失败，清政府正在大肆搜捕国会成员和自立军成员。同时，清政府已经得知孙中山到达上海的消息，要上海道台马上设法捉拿孙中山。英国驻沪领事劝告孙中山马上逃走，以防不测。9 月 1 日，孙中山化名"中山樵"，容闳装扮成一名商人，化名"泰西"，容星桥化名"平田晋"，乘日本轮船"神户丸"一同由上海赴日。在船上，容与孙首次相遇，畅谈国家大事，容闳佩孙中山的人品、胆识和才能，开始明确支持革命。

回顾容闳"走向革命"的过程，令人感想殊多。当洋务运动顺应历史大势兴起时，他积极投身其间，想从器物、经济层面改造中国，使中国富强。当变革制度的维新运动走上历史舞台时，他积极参加致力于体制内改革的维新运动。这时，他并未从内心支持推翻清王朝的革命。而当洋务、维新运动都失败时，维新派被以慈禧为首的顽固派血腥镇压，后来又被他心目中的开明官员张之洞血腥镇压，使他更进一步认识到很难在体制内改革清政府了。这一切，都使他最后走向暴力革命。

七、"红 龙 计 划"

1901 年初，清政府在香港暗杀革命党人杨衢云，并设法缉拿容闳。容闳愤怒谴责清政府的残暴行为。

这年春天，容闳来到日本占领下的台湾游览。此时的台湾总督是儿玉源太郎子爵，清政府已将抓捕容闳的通缉令传送给香港、澳门、台湾当局，要他们配合协助捉拿容闳。与容闳见面时，儿玉将此通缉令拿出给容闳看。容闳不知儿玉意欲何为，冷静镇定地对儿玉说："予今在阁下完全治权之下，故无论何时，阁下可从心所欲，捕予送之中政府。予亦甚愿为中国而死，死固得其所也。"儿玉又取出一份早已准备好的旧报纸，上面登有中日甲午战争期间，容闳给张之洞的条陈，其中有向欧洲某国抵押台湾借巨款反抗日本侵略等内容。儿玉问容闳这个条陈是否确为他所写，容闳浩然正气地回答说确是自己手笔，他说："设将来中国再有类似于此之事实发生，予仍当抱定此宗旨，上类似于此之条陈于中政府，以与日本抵抗也。"容闳的大无畏气概赢得了儿玉的尊重。儿玉告诉容闳自己马上升迁返国，邀其到日本一游，并说可以将他介绍给日本明治天皇和政界重要人物，被容闳以年老体弱婉拒。

9月，一些革命党人在香港策划夺取广州的起义，决定事成后推举容闳为政府大总统，但容闳认为应当推举孙中山为大总统。此后，革命派与容闳联系密切。1902年夏，在香港策划夺取广州起义的革命党人谢缵泰写信给容闳，请他"在美国组织秘密社团，并为争取美国朋友和同情者的合作和支持而努力"。容闳复信表示："我将尽我的努力满足你们的需要。请尽早将暗号和密码寄来。对于我们的通讯，这是不可缺少的东西。"

虽然革命派的几次起义全都失败了，但容闳在美仍积极活动，联络了美国军事专家荷马·李和财政界重要人物布思（Charles Beach Bothe），计划筹款，训练武装力量，支援中国革命。

1908年11月14、15日，光绪皇帝和慈禧太后相继去世。革命党都认为变动机会来到，12月4日，容闳写信给荷马·李，建议他利用此大好时机，立即帮中国举行武装起义，如能取得一省，立即任命其为总督。第二天，容闳又致电荷马·李，抄录中国各秘密党派、会社名单，内有革命党领袖孙文；他还建议邀请各政党会社领袖到美国来，共商团结斗争、组织都统衙门的内阁及顾问委员会事宜。

1909年二三月间，容闳向荷马·李、布思提出了一个

"中国红龙计划"（Red Dragon-China）。该计划提出支持革命党进行武装斗争，筹款 500 万美元，购买 10 万支枪和 1 亿发子弹。此后，容闳一直努力实现此事。旅居新加坡的孙中山，与容闳通信频繁。在容闳介绍下，孙中山和荷马·李和布思联络密切，商量借款资助武装起义、推翻清王朝的问题。12 月 22 日，孙中山接受容闳的邀请，到达纽约与容闳见面。在容闳的安排下，孙中山分别与荷马·李和布思多次密谈，制定起义计划，决定通过布思向纽约财团洽谈借款 350 万美元，由荷马·李训练军官，以助中国革命党推翻清王朝。革命成功后，美国证券持有人享有在华办实业、开矿等特权。

1910 年 2 月，容闳致信孙中山，进一步提出"中国红龙计划"的实施步骤。并提出四条建议：1. 向美国银行借款 150 万至 200 万美元，作为起义费用；2. 任用精明能干、通晓军事的人统帅军队；3. 组织、训练海军；4. 成立都统衙门，推举贤才，接管起义后所夺取的城市。3 月初，容闳写信给孙中山，建议他与布思、荷马·李再次认真商谈、逐条落实借款事项。不久，容闳又写信给布思，提出一个借款计划，即借款 1 000 万美元，分 5 次支付，期限为 10 年，年利息为 15%。经多次协商、反复研究，孙中山和荷马·李、布思达成了五条协议：1. 向美国财团借款 350 万美元，分 4 次付给，作为军事经费；2. 在借款手续上，由孙中山草签一个由各省革命党代表联名签字的借款文件，作为正式借款的凭证，并以革命党领袖孙中山的名义，委任布思作为中国革命党在国外借款的全权代表，负责具体办理借款事宜；3. 认真商量筹组都统衙门，招纳各种有权威的贤能人才进入内阁；4. 请美国军事家帮助训练一批军官，增强起义指挥能力；5. 为了集中人力、财力，组织发动具有全局影响力的大型起义，暂时停止华南和长江流域的小型且准备不充分的武装起义。

孙中山将此协议和下一步行动计划迅速信告在国内的黄兴。由于种种原因，此计划未能实现，款项没有借到。但此计划却对孙中山此后的武装起义方针有积极影响，他放弃和停止了不成熟的小型武装起义，支持黄兴集中财力、人力，组织好影响巨大的广州黄花岗起义和武昌起义，体现了这个协议的影响力。

对"红龙计划"的实施，容闳一直十分关注，直到 1911 年春仍写信给荷马·李和布思，催促他们落实与孙中山谈判商定的计划。

1911 年 10 月 10 日，辛亥革命爆发，武昌起义成功。久卧病床的容闳兴奋异常。12 月 19 日到 29 日，容闳给谢缵泰连续写了三封信，热烈欢呼推翻帝制的伟大胜利，同时详述了自己对革命发展的观点。

在第一封信中，他提出三点重要意见：1. 提醒革命党人警惕"大阴谋家"袁世凯篡夺政权；2. 革命党人要精诚团结，防止内部争执、互相纠纷，以免陷入"内战的深渊"；3. 如果革命党人自身不团结、打内战，"肯定会导致外国干涉，这就意味着瓜分这个美好的国家"。第二封信的全部内容是强调要革命党警惕袁世凯，他在信中表示："目前使我焦急的是：掠夺成性的列强在北京，将有压倒一切的权力左右袁世凯、唐绍仪一伙；他们将使用一切手段影响上海的制宪会议通过君主立宪，并以袁世凯、唐绍仪控制新政府，这就简直同满清政府重新执政一样糟糕。""新中国应该由地道的中国人管理，而不应由骑墙派和卖国贼掌管，因为他们让欧洲掠夺者干预我国的内政。如果聘用外国人，宁可聘用美国人好得多。我们可以按照自己的意愿留用或解雇，并以此为条件与他们签订合同。这样一个重要的问题，应当由代表们在参政会上冷静讨论，并作出坚决的决定。"第三封信则是热烈祝贺孙中山就任临时大总统。表示病愈后想回国看看新中国。

虽然去国已久，但从信中可以看出他对国内情况并不隔膜，尤其是对袁世凯可能窃取革命成果的提醒，极有预见性。

1912 年 1 月 1 日，孙中山在南京就任都统衙门大总统，第二天便亲笔写信给容闳，诚邀他归国担任要职，并寄去一张自身近照。由此，可见他在孙中山心中的地位。但遗憾的是，命运并未给他再次回国、一展宏图的机会。4 月上旬，年老体迈、久病在身的容闳病情更加严重。在弥留之际，他特别叮嘱守候在床边的长子容觐彤要回国服务，以偿他为新生共和国效劳的夙愿。大儿子从耶鲁大学毕业后已找到一份称心如意的工作，收入优厚，因此不舍得放弃这份职业。容闳以手示意，叫大儿子坐近些，对儿子说："吾费如许金钱，养成汝辈人材，原冀回报祖国。今不此之务，唯小人利喻，患得患失，殊非我所望于汝二人者。"后来，他的两个儿子都先后实现了父亲的遗愿，回国服务。4 月 21 日上午，容闳病情继续恶化，抢救无效，逝世于美国康涅狄格州哈特福德城沙京街寓所。

容闳的一生，确有其独特的意义：

他的出现，是中国全球化的最初体现，意味着古老的中华文明将遇到一种新的文明的挑战、碰撞，并渐渐与之融合。全球化背景下的古老中国，最重要的时代课题就是"现代化"，容闳是中国现代化当之无愧的先驱人物和重要推动者。他最早提出以现代教育使国家富强的治国方针，并殚精竭虑付诸实施，成为中国现代教育的开创者。

中国的现代化是从经济层面向制度层面递进的，因此现代中国的历史发展轨迹便是一个时代、阶段被另一个时代、阶段迅速取代。前一个阶段的进步人物，往往成为后一个阶段的保守人物，成为阻碍社会发展的守旧力量。现代中国，这种历史人物不可胜数，因为思想认识或自身利益的原因，他们不能超越自己原来的立场、观点。然而容闳却能超越自己曾经参与甚至起过重要作用的历史阶段，毅然投身新的历史阶段，从太平天国到洋务运动，再到维新运动，最终参加推翻清王朝的革命运动。敏锐把握历史潮流和动向，与时俱进，是容闳思想和实践的重要特点，这在现代中国确实少见。

他的超越性源自只忠于自己的理想、原则，而不忠于、不依附任何其他政治利益集团，换句话说，他一直在寻找、利用能实现自己的理想的政治力量，一旦发现这种政治力量不能实现自己的理想，而新出现的政治力量更接近于自己的理想，便转身而去。独立性与超越性是现代知识分子的本质特征，所以容闳无疑是中国现代知识分子"第一人"，是中国现代知识分子产生的标志。

像容闳这种理性、温和者最终也一步步走向革命的过程，也是清王朝拒不主动变革甚至镇压体制内改革者，因此把许多原本是体制内的改革者推到体制外，一步步自取灭亡的过程。

中国的近代化道路是在列强侵略的背景下展开的，在帝国主义一次次侵略、打击下，现代中国一直面临着亡国的危险。爱国、救亡，无疑是近代中国最急迫的任务。面对强敌侵略，特别容易产生两种错误"情绪"。一种是充满激情但却盲目排外的爱国精神、爱国主义。由于现代中国是被已经现代化的列强侵略，这种爱国主义在坚决反抗侵略的同时，又非理性地排斥、拒绝任何现代文明。它对从强国引进的任何新事物都予以坚决反对，将任何学习西方的行为都痛斥为"卖国"。这种"爱国"，实际是误国。另一种情绪正好相反，或是由于中国的失败转而对中国完全失去信心，认为中国反抗、抵抗是没有意义的；或是完全从自己的利益出发，干脆成为汉奸，卖国求荣。然而，在中华民族的生死存亡关头，容闳的爱国思想、爱国精神却别有境界，尤其值得关注、发扬。他长期接受美国教育，毕业时中文甚至已经遗忘，对美国的富强有深刻的了解，但他却没有成为崇洋媚外的"洋奴"。相反，他没有忘记自己的祖国、对自己的祖国没有失去信心。毕业于美国第一流大学的容闳本可以在美国过上安逸富足的生活，但他毅然返国，想以自己的新思想、新观念、新知识救国救亡。他的救国理想是充分汲取现代文明成果、使中国实现现代化，从而使中华民族以崭新的面貌自立于世界民族之林。他的爱国精神的实质是爱国而不盲目排外，爱国而开放，充满爱国激情却又富于理性；从参与清王朝体制内的洋务运动，到参加推翻清王朝的革命，对他来说，爱国并不必然要爱朝廷，更不必然要忠君。